城市轨道交通
牵引变电所运行与维护

主　编　王吉峰　邓春兰
副主编　谢雪芳　张　润

西南交通大学出版社
·成　都·

内容简介

本书为全国高等职业教育城市轨道交通供配电技术和铁道供电技术专业立体化教材。全书共包括 6 个项目，分别为城市轨道交通供电系统概述，城市轨道交通牵引变电一次设备，城市轨道交通牵引变电二次设备，城市轨道交通供电设备维护及检修，城市轨道交通电力监控系统，交直流电源系统。

本书为校企合作开发，配数字资源，可作为高等职业教育城市轨道交通供配电技术专业、铁道供电技术专业城市轨道交通供电方向教学用书，也可作为相应的职业技能培训教材使用，同时还可供从事城轨交通供电运行与管理的相关人员参考。

图书在版编目（CIP）数据

城市轨道交通牵引变电所运行与维护 / 王吉峰，邓春兰主编. —成都：西南交通大学出版社，2023.1
ISBN 978-7-5643-9109-6

Ⅰ. ①城… Ⅱ. ①王… ②邓… Ⅲ. ①城市铁路 – 轨道交通 – 牵引变电所 – 运行 – 教材②城市铁路 – 轨道交通 – 牵引变电所 – 维修 – 教材 Ⅳ. ①U239.5

中国版本图书馆 CIP 数据核字（2022）第 251138 号

Chengshi Guidao Jiaotong Qianyin Biandiansuo Yunxing yu Weihu
城市轨道交通牵引变电所运行与维护

主　编 / 王吉峰　邓春兰
责任编辑 / 何明飞
封面设计 / 吴　兵

西南交通大学出版社出版发行
（四川省成都市金牛区二环路北一段 111 号西南交通大学创新大厦 21 楼　610031）
发行部电话：028-87600564　028-87600533
网址：http://www.xnjdcbs.com
印刷：四川煤田地质制图印务有限责任公司

成品尺寸　185 mm × 260 mm
印张　13　　字数　325 千
版次　2023 年 1 月第 1 版　　印次　2023 年 1 月第 1 次

书号　ISBN 978-7-5643-9109-6
定价　35.00 元

课件咨询电话：028-81435775
图书如有印装质量问题　本社负责退换

前 言

PREFACE

城市轨道交通具有运量大、快捷舒适、安全节能、污染轻、占地少等诸多优点，已成为我国众多大城市公共交通优先发展的领域。截止到 2022 年 12 月，我国内地已有 55 个城市开通运营 302 条城市轨道交通线路，运营线路总长已达到 10 291 km，位居世界第一。且在多年的运营中，未发生安全责任事故。

城市轨道交通事业的大发展为我国高等职业院校的毕业生提供了大量的就业岗位。巨大的市场需求推动了我国高等职业教育城市轨道交通类专业的建设与发展，不少高等职业院校的城市轨道交通类专业学生总数已快速增至甚至超过轨道交通类专业学生总数的一半。然而，与人才培养数量快速增长的喜人形势相比，城市轨道交通类专业教材的建设却明显滞后于行业发展，难以适应高素质技能型人才培养的需求。“城市轨道交通牵引变电所运行与维护”作为城市轨道交通供配电技术专业的一门重要专业课程，近几年来，业内相继出版了几本与之相关的高职教材，但是这些教材的内容与常规变配电所教材的重复率较高，而城市轨道交通牵引供电系统方面内容却较少，因此，本书完整编写了城市轨道交通牵引变电所原理及设备，同时配置了数字化素材，可以通过扫描二维码进行辅助学习，是一次有益的探索与尝试。

全书共分为 6 个项目：项目一为城市轨道交通供电系统的概述；项目二和项目三，着重介绍城市轨道交通牵引变电一、二次设备构成，工作原理等，这两部分内容是本书的教学重点，也是本书教学的难点；项目四介绍了城市轨道交通供电设备的维护及检修方法；项目五介绍了城市轨道交通电力监控系统；项目六介绍了变电所交直流电源系统。

本书编写总的指导思想是使学生较全面的了解与掌握城市轨道交通牵引变电所运行与维护的相关知识，完善城市轨道交通牵引变电所的知识结构，培养系统分析问题的能力。在编写过程中，一是力求全面系统地阐述城市轨道交通牵引变电所系统和设备，同时力争减少或避免同其他变电所教材内容的重叠；二是力求内容实用易懂，方便阅读。

本书由广州铁路职业技术学院王吉峰、安徽交通职业技术学院邓春兰任主编，广州铁路职业技术学院谢雪芳、西安亚成智能科技有限公司张润任副主编。其中项目一、项目二由王吉峰编写，并负责全书统稿；项目三由张润编写；项目四和项目五由邓春兰编写；项目六由谢雪芳编写。

本书编写过程中得到了西安亚成智能科技有限公司、广州地铁集团有限公司等企业工程技术人员大力支持，还参考了大量文献资料，虽未注明它们的出处，在此一并感谢!

由于编写人员水平有限，书中难免存在疏漏与不妥之处，殷切希望广大读者批评指正。

编　者

2022 年 8 月

二维码目录

LIST OF QR CODE

续表

序号	项目	类型	资源名称	页码
24	项目三	学生实操	变压器绕组超温报警和超温跳闸实训	091
25		学生实操	微机测控保护装置操作实训	091
26		学生实操	整流器交流侧过电压保护实训	097
27		学生实操	整流器直流侧过电压保护实训	098
28		学生实操	整流器快速熔断器保护实训	100
29		学生实操	整流器逆流保护实训	102
30		现场实操	地铁现场整流器功能性测试	103
31		动画	正极柜断路器合闸逻辑	113
32		学生实操	正极柜逆流保护	114
33		学生实操	35 kV 高压开关柜联跳正极柜实训	115
34		动画	正极柜联跳 35 kV 高压开关柜逻辑	115
35		动画	馈线断路器分闸逻辑	120
36		动画	馈线柜过流速断保护逻辑	122
37		动画	馈线低电压动作逻辑	127
38		动画	直流负极柜 2011 隔离开关分闸逻辑	130
39		动画	直流负极柜 2011 隔离开关合闸逻辑	130
40	项目四	微课	变电所设备巡视	136
41		微课	变电所巡检内容	136
42		微课	设备巡视的重点要求	136
43		微课	变电所安全设施的分类	136
44		微课	变电设备缺陷分类及示例说明	137
45		微课	接地装置维护	137
46		微课	防小动物设施检查维护	137
47		微课	SF6 高压断路器的巡视	138
48		微课	变电所检修流程	138
49		微课	电流互感器巡视	148
50		微课	电压互感器巡视	148
51		微课	电流互感器二次回路故障处理	148

续表

序号	项目	类型	资源名称	页码
52	项目四	现场实操	户外隔离开关巡视	148
53		微课	变压器的巡视	151
54		微课	变压器巡视的重点内容	151
55		现场实操	变压器呼吸器油杯油、吸潮剂更换	153
56		微课	干式变压器的运行与巡视检查	154
57		微课	整流元件的拆卸与安装	161
58	项目五	微课	城轨供电综合自动化系统的构成	172
59		微课	城轨供电综合自动化系统的功能	172
60		微课	继电保护及自动装置巡视	174
61	项目六	微课	变电所直流电源系统	185
62		微课	直流系统监控模块	189
63		微课	直流电源系统中的蓄电池	192
64		微课	蓄电池组的运行及维护	193
65		微课	蓄电池充放电作业	194
66		微课	直流系统巡视	196
67		微课	直流系统接地故障分析	196

目 录

CONTENTS

项目一
城市轨道交通供电系统概述

学习目标

1. 了解供电系统的组成。
2. 熟悉供电系统变电所的分类及运行方式。
3. 熟悉供电系统中直流牵引供电系统的组成。
4. 熟悉供电系统中降压及动力配电系统的组成。
5. 了解城市轨道交通供电系统功能与特点。

知识要求和技能要求

1. 掌握供电系统集中供电方式、分散供电方式及混合供电方式的区别。
2. 掌握主变电所、降压变电所、牵引降压混合变电所的功能和作用。
3. 能绘制直流牵引供电系统的一次接线图。
4. 能识读主变电所和牵引降压变电所主接线图中的各种电气设备。

任务一　供电系统组成及运行方式

供电系统是为城市轨道交通运营提供所需电能的系统，不仅为城市轨道交通电动列车提供牵引电能，还为城市轨道交通运营服务的其他设施提供电能，如照明、通风、空调、给排水、通信、火灾报警、自动扶梯等。在城市轨道交通的运营中，供电一旦中断，不仅会造成城市轨道交通运输的瘫痪，还会造成财产损失，甚至危及乘客的生命危险。因此，安全、可靠的电力供给是城市轨道交通正常运营的前提和重要保证。

一、供电系统的组成

城市轨道交通供电电源一般取自城市电网，通过城市电网一次电力系统和城市轨道交通供电系统实现电能的输送和变换，再以适当的电压等级供给城市轨道交通的各类用电设备。

城市轨道交通供电系统包括电源系统（主变电所或电源开闭所）、牵引供电系统和动力照明供电系统。其中，牵引供电系统包括牵引变电所和牵引网，动力照明供电系统包括降压变电所和动力照明配电系统。

城市轨道交通用电负荷根据重要程度分为一级负荷、二级负荷和三级负荷。其中，一级负荷最重要，应由两路独立电源供电，当任何一路电源发生故障中断供电时，另一路应能保证继续供电。在城市轨道交通供电系统中，牵引用电负荷为一级负荷，动力照明等用电负荷根据重要程度不同分为一级、二级或三级负荷。城市轨道交通的外部电源从电力系统引入的方式不同，分为集中供电方式、分散供电方式和混合供电方式三种。

集中供电方式是指在城市电网的适当位置，设置主变电所，由城市电网区域变电所以高压（通常为 110 kV）向主变电所供电，经主变电所降压成中压（通常为 35 kV 或 10 kV）向各车站变电所供电，结合各车站变电所进线形成中压环网，再由环网供沿线设置的牵引降压混合变电所和降压变电所供电。为了提高供电可靠性，同时便于城市轨道交通供电系统的统一管理，目前我国大多数城市地铁供电系统较多地采用集中供电方式。

分散供电方式是指不设主变电所，直接由城市电网区域变电所的 35 kV 或 10 kV 中压供电线路直接向城市轨道交通沿线设置的牵引降压混合所、降压变电所供电。采用这种供电方式的前提是城市电网比较发达，并且在相关车站附近有符合可靠性要求的供电电源。分散供电方式可设置电源开闭所，可与车站变电所合建。北京地铁 13 号线就采用了分散供电方式。

混合供电方式是以上两种方式的混合，即轨道交通线路的一部分采用集中供电方式，另一部分采用分散供电方式，但一般以集中供电方式为主，分散供电方式作为补充。有轨电车一般采用分散供电方式或混合供电方式。

城市轨道交通供电系统的组成如图 1-1-1 所示。

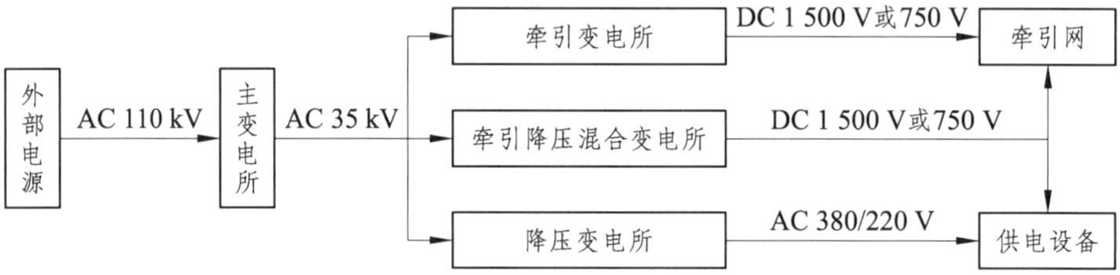

图 1-1-1　城市轨道交通供电系统的组成

二、变电所及其运行方式

（一）变电所的分类

变电所是城市轨道交通供电系统的重要组成部分，一般在城市轨道交通沿线设置，其数量及其在线路上的分布应综合考虑后确定。城市轨道交通的变电所可以建在地下，也可以建在地面。地下变电所不占用地上面积，但造价高；地面变电所占地面积大，土建造价低。

城市轨道交通供电系统一般设置三类变电所，即主变电所（分散供电方式为电源开闭所）、降压变电所、牵引降压混合变电所。

主变电所是指采用集中供电方式时，引接城市电网 35 kV 及以上电压等级的电源，经其降压后以中压供给城市轨道交通牵引变电所和降压变电所。主变电所位置选取时要考虑供电半径，一般一条地铁线路需要 2 ~ 3 座主变电所，两条地铁线路交叉位置附近可共用一座主变电所。

降压变电所从主变电所（电源开闭所）获得电能并降压变成低压交流电，供给地铁动力照明等设备使用。当由其他变电所引入中压电源而独立设置降压变电所时，成为跟随式降压变电所。

牵引变电所从主变电所（电源开闭所）获得电能，经过降压和整流后，变成电动列车需要的直流电（1 500 V 或 750 V）。牵引变电所根据相邻车站之间距离，一般每隔一座车站设置一个牵引变电所。由于每个车站都需要降压变电所，所以一般没有单独的牵引变电所，而是和降压变电所合并建成牵引降压混合变电所。

（二）变电所的运行方式

1. 主变电所

主变电所电源侧（如 110 kV）通常采用单元接线或桥形接线，两路电源同时供电，互为备用。负荷侧（如 35 kV）通常采用单母线分段形式，设置分段联络断路器，正常运行时，分段断路器断开，两台主变压器分列运行，共同负担全所的全部负荷。某主变电所的电气主接线如图 1-1-2 所示。

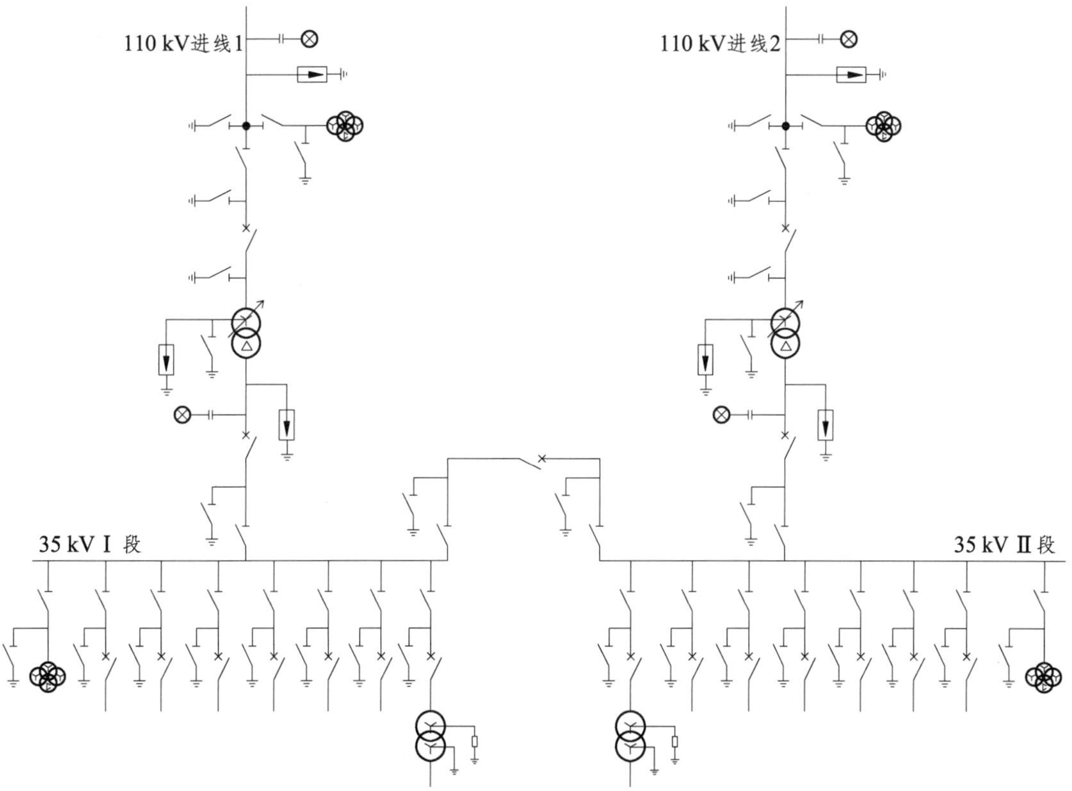

图 1-1-2　主变电所电气主接线图

2. 降压变电所

降压变电所高压侧为单母线分段接线，0.4 kV 侧也为单母线分段接线。每个降压变电所或跟随式降压变电所均设置两台降压变压器，分别负责向各变电所所在的半个车站及半个区间内的动力照明负荷供电。正常运行时，两台动力变压器分列运行，同时供电。

3. 牵引降压混合变电所

牵引降压混合变电所与降压变电所相比，多了一套牵引供电设备。某牵引降压混合变电所电气主接线如图 1-1-3 所示。35 kV 侧和 0.4 kV 侧均为单母线分段接线，与降压变电所相同。牵引部分有两台牵引整流机组，接在同一段 35 kV 母线上，降压整流后的直流经正负极母线分配出去。牵引降压混合变电所中的牵引部分高压侧和直流侧均采用单母线接线形式。正常运行时，这两组牵引整流机组并列运行。

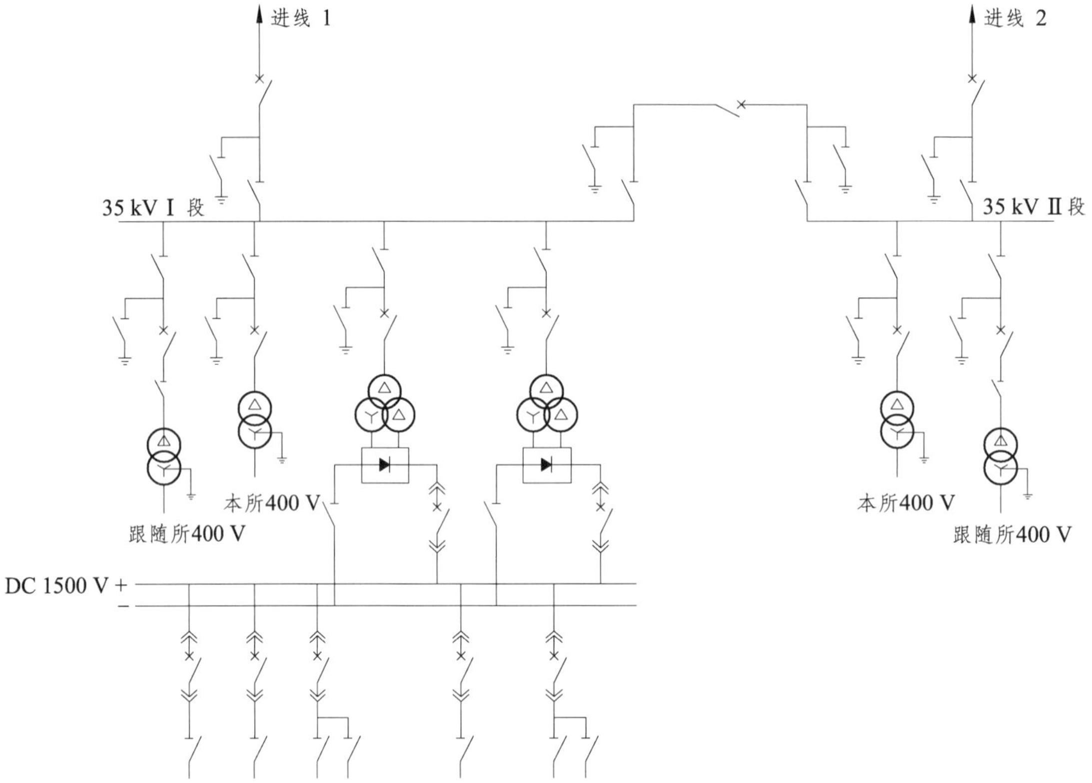

图 1-1-3　牵引降压混合变电所电气主接线图

任务练习

1. 城市轨道交通变电所有哪几类？

2. 城市轨道交通供电系统的外部电源有哪几种方式？哪一种是应用最广泛的？

3. 图 1-1-4 所示为降压变电所电气主接线图，认识图中各图形符号，并理解其参数。

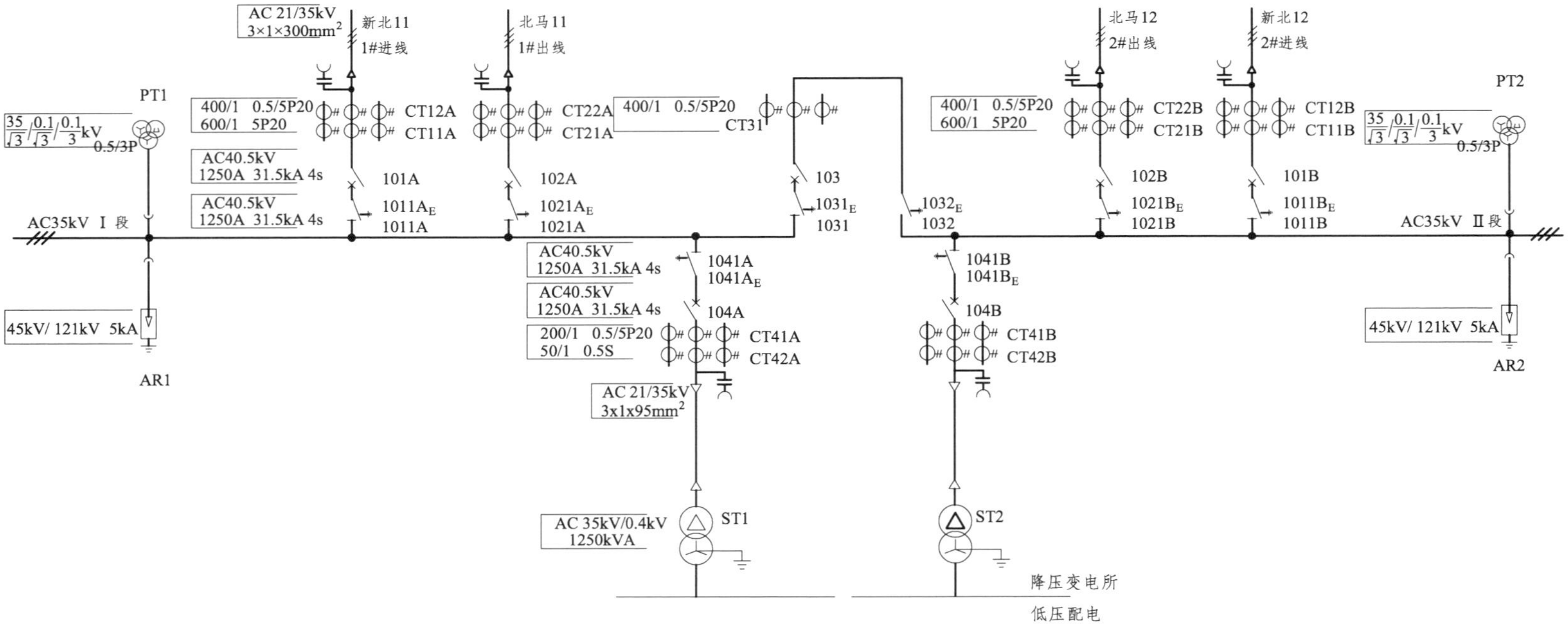

图 1-1-4　降压变电所电气主接线图

任务二　直流牵引供电系统

一、直流牵引供电系统的组成

在城市轨道交通牵引供电系统中，电能从牵引变电所经馈电线、接触网输送给电动列车，再从电动列车经钢轨、回流线流回牵引变电所。由馈电线、接触网、轨道回路及回流线组成的供电网络称为牵引网。牵引变电所和接触网是牵引供电系统的主要组成部分。

接触网按其结构可分为架空式和接触轨式，架空式按悬挂方式不同又可分为柔性接触网和刚性接触网。接触轨式是沿线路铺设的与轨道平行的附加轨，所以又称为第三轨。城市轨道交通牵引供电系统如图 1-2-1 所示。

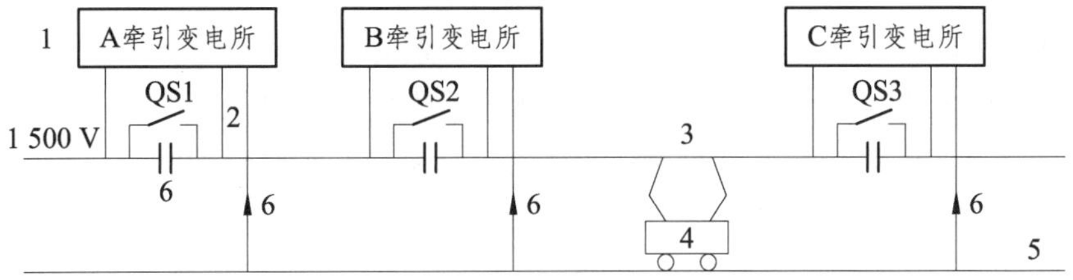

1—牵引变电所；2—馈电线；3—接触网（轨）；4—电动列车；
5—钢轨；6—回流线；7—电分段。

图 1-2-1　牵引供电系统

牵引变电所：供给城市轨道交通一定区域内牵引电能的变电所。

接触网（或接触轨）：经过电动列车的受电器向电动列车供给电能的导电网（包括接触轨和架空接触网两种方式）。

馈电线：从牵引变电所向接触网输送牵引电能的导线。

回流线：供牵引电流返回牵引变电所的导线。

电分段：为便于检查和缩小事故范围，将接触网分成若干段，称为电分段。

轨道：列车行走时，利用走行轨作为牵引电流回流的电路称为轨道。在采用跨座式单轨电动车组时，需沿线路专门敷设单独的回流线。在城市轨道交通牵引供电系统中采用直流供电制。我国早期建成的城市轨道交通供电电压采用 DC 750 V，如北京地铁 1 号线、2 号线；后期建设的城市轨道交通供电电压多采用 DC 1 500 V。

二、直流牵引供电系统要求

牵引变电所的数量、容量和设置的距离需要根据牵引计算和经济技术比较后确定。一般设置在城市轨道交通沿线的若干车站和车辆段附近。每个牵引变电所按照所需容量设置两组牵引整流机组并列运行，如果沿线任一牵引变电所发生故障解列，由两侧相邻的牵引变电所共同承担该区段的全部牵引负荷。

牵引变电所的容量和设置的距离一般需考虑以下设计原则和技术条件。

（1）正线任一牵引变电所发生故障时，其相邻牵引变电所应采用越区供电方式，负担起该区段全部牵引负荷，且满足远期高峰小时负荷。

（2）牵引变电所的数量及其在线路上的位置，应满足在故障情况下越区或单边供电时的接触网的电压水平。直流牵引供电系统的电压及其波动范围应符合表 1-2-1 的规定。

表 1-2-1　直流牵引供电系统电压值　　单位：V

标称值	最高值	最低值
1 500	1 800	1 000
750	900	500

三、直流牵引供电运行方式

牵引变电所向接触网（或接触轨）供电的方式有两种，即单边供电和双边供电。在每个牵引变电所附近的城市轨道交通接触网（或接触轨）由电分段进行电气隔离，分成两个供电分区，每个供电分区也称为一个供电臂。如果列车只从所在供电臂上的一个牵引变电所获得电能，这种供电方式称为单边供电；如果一个供电臂同时从相邻两个牵引变电所获得电能，则称为双边供电。

一般情况下，车辆段内采用单边供电方式，正线采用双边供电方式。在采用双边供电时，当某一牵引变电所发生故障退出运行时，该段接触网就变成了单边供电方式。如图 1-2-1 所示，正常运行时，列车以双边供电方式从 B 牵引变电所和 C 牵引变电所获得电能，越区隔离开关 QS1、QS2、QS3 断开。当 B 牵引变电所因故障退出运行时，越区隔离开关 QS2 合上，通过 QS2 由 A 牵引变电所和 C 牵引变电所进行大双边供电。正线上任何牵引变电所因故障退出运行时，均由相邻牵引变电所越区供电。在越区供电方式下，供电末端的接触网（或接触轨）电压较低，电能损耗较大。因此，根据情况要适当减少同时处在该供电区段的列车数量。另外，直流馈线保护整定时还需考虑大双边供电方式下的灵敏度。因此，越区供电只是在不得已的情况下短时间采用的一种运行方式。

任务练习

请写出图 1-2-2 中序号 1 ~ 7 的名称。

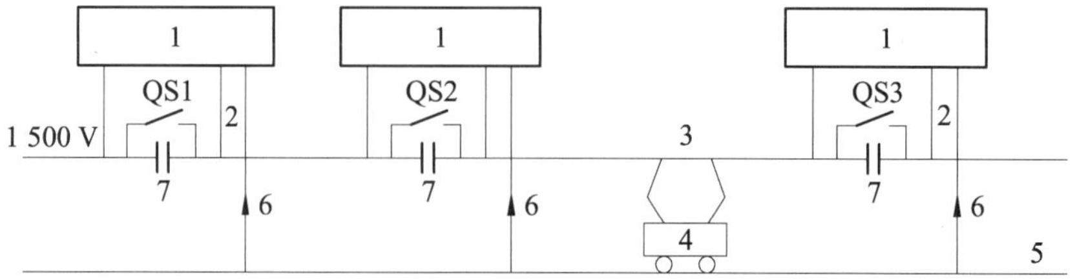

图 1-2-2　牵引供电系统

1

2

3

4

5

6

7

任务三　降压及动力配电系统

降压变电所将 35 kV 交流电降压成 380 V/220 V 交流电，向车站和区间隧道的各种动力、照明设备供电，保证各种车站设备的正常运行。降压及动力配电系统的组成如图 1-3-1 所示。

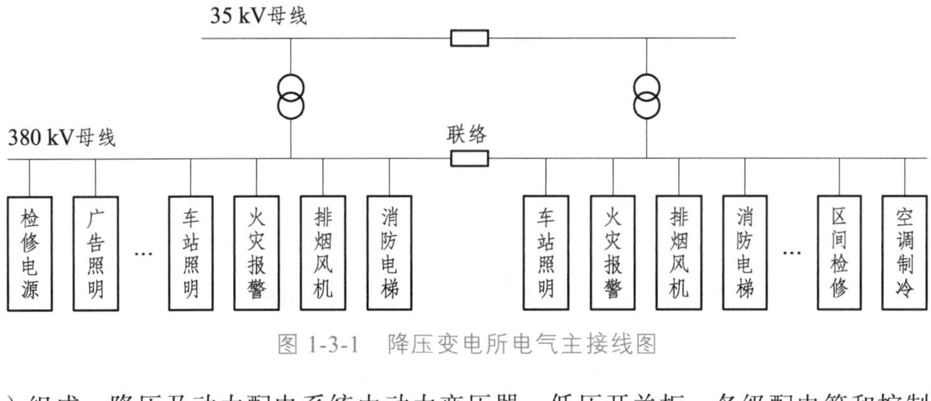

图 1-3-1　降压变电所电气主接线图

（1）组成：降压及动力配电系统由动力变压器、低压开关柜、各级配电箱和控制柜、供电电缆、电线、用电器组成。

（2）功能：其功能是将交流 220 V/380 V 电压提供给全线的动力、照明用电负荷。

（3）负荷分类：按用途和重要性不同，分为一、二、三级负荷。

① 一级负荷：一级负荷必须采用双电源、双回线路供电；对于一级负荷中特别重要的负荷，除有双电源双回线路供电外，应增设应急电源，并严禁其他负荷接入。常见的一级负荷有火灾自动报警系统设备、防排烟风机及各类防火排烟阀、防火（卷帘）门、消防疏散用自动扶梯、消防电梯、地下车站照明等。

② 二级负荷：二级负荷宜采用双电源、单回线路专线供电。常见的二级负荷有变电所检修电源、地上站厅站台等公共区照明。

③ 三级负荷：三级负荷可采用单电源、单回线路供电。当系统中只有一个电源工作时可切除三级负荷。常见的三级负荷有区间检修设备、附属房间电源插座、车站空调制冷及水系统设备、广告照明等。

当一台动力变压器退出运行时，自动切除三级负荷，由另一台动力变压器担负该供电区域的所有一、二级负荷。

任务四　城市轨道交通供电系统的功能与特点

一、供电系统的功能

城轨供电系统是城市轨道交通运营的动力源泉，负责电能的供应与传输，为电动列车提供牵引供电，为车站、区间、车辆段、控制中心等其他建筑物提供所需要的各种动力与照明用电，应具备安全可靠、技术先进、功能齐全、调度方便和经济合理等特点，其总体功能如下。

（一）供电服务功能

城轨供电系统的服务对象除运送旅客的电动车辆外，还有保证旅客在旅行中有良好卫生环境和秩序的通风换气、空调设施、自动扶梯、自动售检票、屏蔽门、排水泵、排污泵、通信信号、消防设施和各种照明设备等。在这个庞大的用电群体中，用电设备有不同的电压等级、不同的电压制式，既有固定的，也有时刻在变化着的，供电系统就是要满足这些不同用途的用电设备对电源的不同要求，使城轨供电系统的每种用电设备都能发挥各自的功能和作用，保证城轨系统能够安全、可靠地运营。

（二）故障自救功能

系统的安全、可靠是供电系统的首要条件，无论供电系统如何构成，采用什么样的设备，安全、可靠的供电总是第一位的。在系统中，发生任何一种故障，系统本身都应有备用措施（接触网除外），以保证城市轨道交通的正常运行不受影响。双电源是构成供电系统的主要原则，当一路电源故障时，另一路电源应能保证正常供电。主变电所、牵引变电所和降压变电所为双电源、双机组；动力、照明的一级负荷采用双电源、双回路供电；牵引网同一馈电区采用双边供电方式。这些都是系统故障自救功能的体现。

（三）自我保护功能

系统应有完整、协调的保护措施，供电系统的各级继电保护应相互配合和协调，当系统发生故障时，应当只切除故障设备，从而缩小故障影响范围。系统的各级保护应当满足可靠性、选择性、灵敏性、速动性的要求。分散式供电系统的中压交流侧保护，应和城市电网的保护相配合和协调，因此其保护选择性会受到一定制约。

（四）防误操作功能

系统中任何一个环节的操作都应有相应的联锁条件，不允许因误操作而发生故障。防止误操作的联锁条件可以是机械的，也可以是电气的，还可以是电气设备本身所具备的或在操作规程上所规定的。防止误操作，是保证系统安全、可靠地运行所不可缺少的环节。

（五）便于调度功能

供电系统应能在控制中心进行远程控制、监视和测量，并应能根据运行需要，方便灵活地进行调度，变更运行方式，分配负荷潮流，使系统的运行更加经济合理。

（六）控制、显示和计量功能

系统应能进行就地和远距离控制，并可以方便地进行操作转换，同时系统各环节的运行状态应有明确的显示，使运行人员一目了然。各种电量的测量和电能的计量应准确，并便于运行人员查证和分析，牵引用电和动力照明用电应分别计量，以利于对用电指标进行考核与分析。

（七）电磁兼容功能

城市轨道交通处于强电与弱电多个系统共存的电磁环境中，为了使各种设备或系统在这个环境中能正常工作且不对该环境中其他设备、装置或系统构成不能承受的电磁干扰，各种电气和电子设备的系统内部以及和其他系统之间的电磁兼容显得尤为重要。供电系统及其设备在城市轨道交通这个电磁环境中，首先是作为电磁干扰源存在的，同时也是敏感设备。在城市轨道交通电磁环境中，供电系统与其他设备、装置或系统应是电磁兼容的。这要在技术上采取措施，抑制干扰源，消除或减弱电磁耦合，提高敏感设备的抗干扰能力。

二、系统的基本要求

城轨供电系统应满足安全性、可靠性、适用性、经济性、先进性的基本要求。

（一）安全性

城轨供电系统的安全性，是指在城市轨道交通工程运营过程中的安全程度。供电系统的安全性，关系着乘客安全、运营人员安全、行车安全和设备安全等多个方面，而且各种安全性是相互联系、不可分割的。

供电系统设计时，一般从系统安全性和设备安全性两个方面进行分析研究。系统安全性分析，一般包括联锁关系、继电保护、牵引网、直流牵引系统、综合接地系统、应急照明电源等方面；设备安全性分析，一般包括变压器、牵引整流器、断路器、隔离开关、接地开关、电缆等方面。

（二）可靠性

城轨供电系统的可靠性，是指城市轨道交通供电系统对列车及各种动力照明负荷的持续供电能力。

供电系统的可靠性是正常运营、事故处理、灾害救援等方面的前提条件。供电系统可靠性涉及规划、设计、运行管理等各个方面，并渗透到供电、变电、配电等不同环节。每一个环节的可靠性既包括电气原理的可靠性又包括电气设备的可靠性。例如，构成变电所的可靠性包括变电所主接线可靠性及组成主接线的断路器、变压器、母线等设备的可靠性。

供电系统设计时，应从各个环节着手，分析系统的供电需求，研究定性或定量的评定指标，提出提高可靠性的措施。双电源供电方式是供电系统可靠性实施的重要手段。

根据城市轨道交通可靠性要求，供电系统应满足“*N*-1 准则”，又称单一故障安全准则。按照这一准则，供电系统的 *N* 个元件中的任一独立元件（发电机、输电线路、变压器等）发生故障而被切除后，其他元件不过负荷，电压和频率均在允许范围内，供电系统应能保持稳定运行和正常供电。

对于城市轨道交通电源网络来说，当一个电源退出时，另一个电源应能保证系统的正常供电，保证列车正常运行；当一个电源点（主变电所或电源开闭所）的两个电源都退出时，应从相邻电源点引入两路应急电源，提供一定的运输能力和必要的动力照明，维持城市轨道交通继续运行。

（三）适用性

城轨供电系统的适用性，是指城轨供电系统的建设应满足业主建设目的与性能要求。设计是实现业主建设需求的首要环节。供电系统设计应根据业主需求进行，供电系统的建设标准、技术水平、设备档次、工期要求、投资控制等，应与城市特点、本线功能定位及特殊要求相适应。

（四）经济性

城轨供电系统的经济性，指从项目全生命周期的角度实现供电系统费用的经济合理。在满足供电系统的安全性、可靠性、适用性的前提下，要重视供电系统的经济性。经济性不但要求节省工程投资，同时还要求降低运营成本，争取得到最佳的技术经济效果。

供电系统设计应优化电源网络结构，实现外部电源资源共享；另外，应尽可能地采用成熟设备、新型材料，做到经济合理与简便实用。

（五）先进性

城轨供电系统的先进性，体现在先进的设计理念、先进的系统方案、先进的设备及工艺、先进的管理手段等方面。

供电系统应具有一定的先进性，但要兼顾系统基本功能、投资规模、运营成本、环保要求、操作灵活性以及技术发展等因素，合理选择。

供电系统设计应采用先进的理念。要充分认识到环境保护与节约能源的重要性，采取必要措施进行环境保护与降低能耗。要解决好电磁辐射、噪声、温室气体和不易分解废料等问题。

三、城轨供电技术的发展

随着时代的发展、科技的进步，城轨供电技术发展非常迅速，下面从牵引网供电制式、中压网络、基础设备、控制保护与自动化等几个方面进行介绍。

（一）牵引网供电制式

牵引网供电制式主要指电流制、电压等级和馈电方式等。

1. 牵引网系统的电流制

直流电相对交流馈电而言，其电动车辆具有调速范围大、调速方便、易于控制、启动制动平稳、接触网简单、投资省、电压质量高等优点，它不但适合于电阻启动控制方式，而且适用于斩波调压和变频调压等电子控制方式。目前，车辆无论采用直流牵引电动机或交流牵引电动机还是线性电动机驱动方式，牵引网系统基本上都采用了直流制。

2. 牵引网系统的电压等级

世界上城市轨道交通中的直流牵引电压等级繁多，如 570 V、600 V、625 V、650 V、700 V、750 V、780 V、825 V、900 V、1 000 V、1 100 V、1 200 V、1 500 V 和 3 000 V 等，其发展趋势是采用 IEC 标准中的 600 V、750 V 和 1 500 V。我国国家标准规定为 750 V 和 1 500 V 两种，其电压允许波动范围分别为 500 ~ 900 V、1 000 ~ 1 800 V。具体选用哪种电压等级，要结合馈电方式，根据车辆、线路等工程特点综合比较确定。

3. 牵引网系统馈电方式及与电压等级的关系

牵引网系统的馈电方式有架空接触网和接触轨两种方式。电压等级与馈电方式是牵引网供电制式中的关键点，两者密切相关。对于一个具体的城市，电压等级与馈电方式的选择，应该结合起来，统一考虑。我国牵引网供电制式可以选择以下 4 种方式：直流 1 500 V 架空接触网、直流 1 500 V 接触轨、直流 750 V 架空接触网和直流 750 V 接触轨。

4. 我国城市轨道交通接触网发展应用情况简介

北京地铁 1 号线一期工程、天津地铁首期工程，采用的是直流 750 V 上部受流低碳钢接触轨系统；其后建成的北京地铁复八线、八通线、13 号线，采用的也是这一系统。

1995 年投入试运营的上海地铁 1 号线，采用了引进德国的直流 1 500 V 柔性架空接触网系统；其后上海地铁 2 号线等采用了这一形式。1999 年通车的广州地铁 1 号线、2004 年底通车的深圳地铁一期工程、2005 年通车的南京地铁 1 号线，也采用了 1 500 V 柔性架空接触网这一形式。

2002 年建成通车的长春轻轨采用了直流 750 V 柔性架空接触网系统；大连快轨 3 号线采用了直流 1 500 V 柔性架空接触网系统。

2003 年 6 月 28 日开通运营的广州地铁 2 号线，在国内首次采用了直流 1 500 V 刚性架空接触网系统；其后广州地铁 3 号线、南京地铁 2 号线、上海地铁多条线路也采用了直流 1 500 V 刚性架空接触网系统。

2005 年 6 月 28 日建成通车的武汉轨道交通 1 号线一期工程，是国内首次采用直流 750 V 下部受流钢铝复合接触轨的系统。

2005 年 12 月 28 日建成通车的广州地铁 4 号线大学城段，是国内首次在正线采用直流 1 500 V 下部受流钢铝复合接触轨系统；深圳轨道交通 3 号线，其正线与车辆段都将采用直流 1 500 V 下部受流钢铝复合接触轨系统。

2007 年 9 月建成运营的北京地铁 5 号线工程，采用了直流 750 V 上部受流钢铝复合接触轨系统。2008 年投运的 10 号线一期与奥运支线、建设中的 4 号线以及后续多条线路，都将采用直流 750 V 上部受流钢铝复合接触轨系统。

总之，接触轨电压等级已由 750 V 发展到 1 500 V，接触轨悬挂方式由上部接触向着下部接触发展过渡，导电轨材料由低碳钢发展成为钢铝复合轨，同时在柔性架空接触网的基础上，刚性架空接触网在国内也得到了更加广泛的应用。

（二）中压网络

1. 电压等级

北京地铁 1 号线一期工程建设时，因 35 kV 设备绝缘要求高、设备体积大、价格高等，中压网络的电压等级采用的是 10 kV。20 世纪 90 年代，建设上海地铁 1 号线、广州地铁 1 号线与 2 号线，因设备引进原因，牵引变电所的中压开关柜采用了国外的 33 kV 设备。

20 世纪 90 年代末，随着 35 kV 中压开关柜设备小型化的发展及价格的下降，35 kV 中压开关柜应用得愈加广泛。广州、深圳、南京及上海的后续建设线路，都采用了 35 kV 中压网络。

另外，在国外广泛应用的 20 kV 中压网络，目前在我国也已经成为城市轨道交通可以使用的电压等级。

2. 系统接线

随着环网技术的发展，国内城轨供电系统多采用环网接线形式。以负荷开关代替断路器作为车站变电所电源进线控制，构成环网接线系统，其保护简单、运行灵活，这种接线系统已经在伊朗德黑兰城市轨道交通中成功应用，具有广阔的发展前景。

（三）基础设备

1. GIS 高压开关柜

城市轨道交通工程使用的 110 kV 和 66 kV 电压级的气体绝缘变压站（Gas Insalated Substation，GIS）高压开关柜，已由敞开式室外设备，发展为室内安装的高压 GIS 设备，并且由三相分箱发展为三相共箱，设备体积大大减小。

2. 变压器

变压器从油浸式逐步发展为体积小、重量轻、性能优的环氧树脂浇注干式变压器，并由绝缘纸干式变压器向环氧树脂绝缘干式变压器发展。目前，牵引变压器、配电变压器已全部采用环氧树脂绝缘干式变压器；主变压器因电压等级高、容量大，仍多采用油浸式，但已有采用干式变压器的工程实例。

3. 牵引整流机组

随着大功率电子元器件的发展，牵引整流机组已由双机组等效 12 脉波整流，发展成为单机组 12 脉波整流和双机组等效 24 脉波整流。

4. 中压开关柜

20 世纪 80 年代后期，我国开始引进国外中压断路器生产技术，有真空断路器也有 SF6 断路器。其中，中压真空断路器的技术性能如额定电流、分断能力及使用寿命已得到了很大提高。基于真空断路器的优良性能，目前城市轨道交通工程使用的中压断路器基本为真空断路器。

5. 直流快速开关柜

国内直流快速开关的发展历程大致如下：从 20 世纪 60 年代上海整流器厂的 DS1、70 年代上海立新电器厂的 DS12 开始，上海立新厂、西安电力整流器厂、西安电器设备制造厂、上海新联电器有限公司等进行了大量研发工作，最近几年江苏长江电气股份有限公司，通过引进瑞士 SECHERON 技术，又将直流快速开关的国产化工作向前推动了一步。

6. 低压开关柜

低压开关柜由最早只有一种固定式，已发展成固定式、插拔式、抽屉式并存，并各具特点，适用国内低压开关柜不同要求。低压空气断路器已发展成智能化产品；塑壳开关的分断能力与保护性能也日益提高。

7. 无功补偿装置

无功补偿装置由三相共补向分相补偿发展，同时向着多功能、智能化方向发展。无功功率补偿技术改进和新技术应用归纳起来主要有以下几方面。

（1）由三相共补到分相补偿，以求达到更理想的补偿效果。

（2）由单一的无功补偿到同时具有滤波及抑制谐波功能的补偿装置，采用电抗器/电容器模块，有效防止供配电网的谐振和谐波分量。

（3）选用晶闸管开关电路投切，以及发展为等电压投、零电流切的最佳投切模式。

（4）智能型自动补偿控制器和配电变压器的运行记录仪相结合，设有通信口，在软件的支持下可进行遥控、遥测、遥信。

（5）采用先进的 DSP（数字信号处理器），补偿过程全智能化。

（6）内设故障检测和自诊断程序，一旦有故障，自动显示故障信息，供操作人员在排除故障时参考。

（四）控制、保护、自动化装置

随着基础设备智能化的发展，以及控制技术、网络技术、计算机技术、通信技术的发展，控制、保护、自动化装置已由分立元器件发展成微机综合保护装置，这为变电所综合自动化创造了条件。

同时，整个供电系统从以调度电话下达调度命令、人工操作，已发展为由电力监控系统实现遥控、遥信、遥测等远动系统控制。

20 纪末 21 世纪初，随着计算机技术和网络技术的进一步发展，各种分立的自动化系统走向综合集成，各种自动化系统采用统一的计算机网络平台和软件体系，构成了综合监控系统。目前，电力监控系统已经被集成到综合监控系统之中，这有利于不同系统之间的数据互通、软硬件资源共享和运营管理水平的提高。

（五）供电设备国产化

改革开放以来，我国供电设备技术水平有了长足发展，总体水平已达到或接近当代国际水平，个别产品达到国际先进水平。城市轨道交通工程供电设备基本上实现了国产化，但个别产品还需要自主研发，如 35 kV 的 GIS 开关柜、20 kV 的 GIS 开关柜，直流开关柜内的直流快速断路器、微机保护监控单元，再生制动能量吸收装置等。

如何保证地铁供电不间断

项目二
城市轨道交通牵引变电一次设备

学习目标

1. 了解 GIS 电器的组成及结构特点。
2. 熟悉油浸式变压器本体、附件结构及工作原理。
3. 熟悉干式变压器结构和工作原理。
4. 理解整流电路工作原理，熟悉整流机组结构及工作原理。
5. 熟悉直流 1 500 V 设备，重点学习直流断路器。
6. 了解电力电缆的结构及技术参数。

知识要求和技能要求

1. 掌握 110 kV 和 35 kV GIS 组合电器的结构。
2. 掌握油浸式变压器、干式变压器的结构特点。
3. 会分析桥式整流电路的工作原理。
4. 掌握直流开关柜的结构组成。

任务一　GIS 组合电器

城市轨道交通的主变电所把城市电网 110 kV 电源引入的三相交流电降压至 35 kV 送至城市轨道交通沿线牵引变电所和降压变电所，它承担着轨道交通中所有负荷的供电，是供电系统的源头。城市轨道交通供电系统如图 2-1-1 所示。

一、110 kV GIS

交流 110 kV 设备主要包括交流 110 kV GIS 及主变压器。110 kV GIS 能最大限度地缩小整套配电装置的占地面积和空间体积，结构十分紧凑，这对人口高度集中的大都市和密集的负荷中心而言，显得尤为重要。

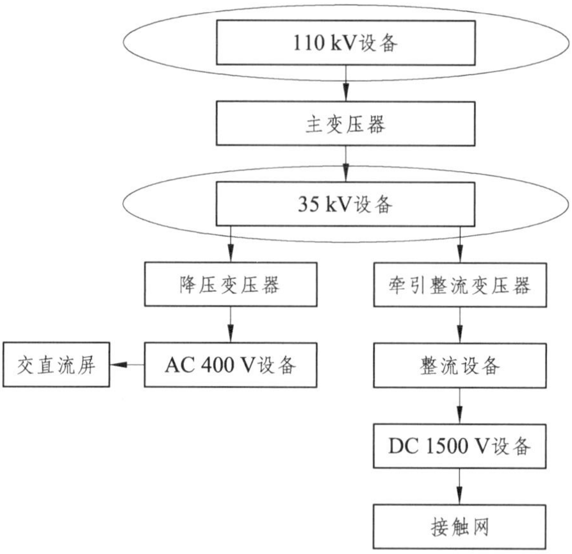

图 2-1-1　城市轨道交通供电系统示意图

GIS 就是把各种控制和保护电器（断路器、隔离开关、互感器、避雷器和母线）全部封装在接地的金属壳体内，壳体内充有一定压力的六氟化硫（SF6）气体，构成了相间和对地的绝缘的全封闭组合电器开关柜。

GIS 具有很多突出的优点：首先，它大大缩小了整套配电装置的占地面积和空间体积。SF6 气体是一种电负性气体，具有很高的绝缘强度，这使得各元件之间的绝缘距离能缩小很多，而设备的占地面积与绝缘距离的缩小倍数成平方比例缩减，空间体积则成立方比例缩减。电压等级越高，缩小的倍数越大。其次，GIS 运行可靠性高，所有电气设备封装在密封的接地外壳中，与外界空气环境隔离，避免了各种恶劣自然环境条件的影响，减少了设备事故的可能性，而且对人身安全也大有好处。因此，城市轨道交通 110 kV 开关柜和 35 kV 开关柜多采用 GIS 结构。

断路器按使用灭弧介质不同，可分为油断路器（多油断路器和少油断路器，油断路器使用越来越少，已基本被淘汰）、压缩空气断路器、SF6 断路器、真空断路器等。110 kV 设备多采用 SF6 断路器。SF6 断路器本身检修周期长，整个组合电器可以做到连续运行至少十几年不需要检修，大大减少了运行维护工作量。

SF6 气体无色、无味、无毒、不燃烧；在常温常压下，它的化学性能稳定；其绝缘性能和灭弧性能都要大大优于传统绝缘油，是目前最优良的绝缘和灭弧介质。SF6 气体绝缘强度高，在相同的压力下，当处于均匀电场时，其绝缘强度是空气的 2.5 ~ 3 倍；但当电场不均匀时，其耐压强度将大大下降。SF6 气体有很好的灭弧能力，当电弧电流过零时，弧隙间耐压强度恢复很快（比空气快 100 倍），所以采用 SF6 气体作为断路器的灭弧和绝缘介质。

SF6 的分子体积大，电子在气体里容易碰撞，由于自由行程短，电子不易聚集足够能量产生游离。其具有负电性，容易俘获电子形成负离子，使电子失去产生碰撞游离的能力，故绝缘强度高。在电流通过零前后，可使弧隙中带电粒子减少，导电率下降，在电弧电流过零时，弧隙间耐压强度恢复很快。因此，SF6 气体能耐受很高的恢复电压，电弧在电流过零后不易重燃，故灭弧性能好。

断路器在灭弧过程中，会有微量的 SF6 气体被分解，并会产生金属氟化物和低氟化物。此时，如果气体中含水分，就可能生成腐蚀性很大的氢氟酸，氢氟酸对绝缘材料、金属材料、电瓷、玻璃有很强的腐蚀性，对人体也有一定危害。在环境温度低时可能有凝结露水附着在零件和绝缘体表面，使设备绝缘强度降低，这可能导致沿面放电和击穿事故。所以，要严格控制 SF6 气体中的水分含量。

（一）110 kV GIS 的构成

110 kV GIS 由断路器、隔离开关、接地开关、电流互感器、电压互感器、避雷器、母线及封闭外壳、伸缩节和出线套管组成，壳体内充有一定压力的 SF6 气体，作为 GIS 的绝缘和灭弧介质，其组成如图 2-1-2 所示。

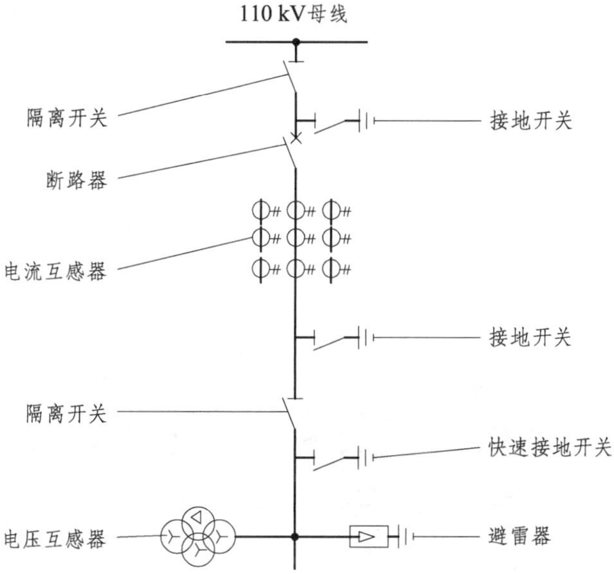

图 2-1-2　110 kV GIS 组成

1. 断路器

断路器具有灭弧能力，当系统正常运行时，它能切断和接通线路以及各种电力设备的空载和负载电流；当系统发生故障时，它和继电保护装置配合，能迅速切断故障电流，防止事故范围扩大。因此，高压断路器的工作性能，直接影响电力系统的安全运行。

2. 电流互感器

电流互感器的作用是将一次侧的大电流转换成二次侧的小电流，主要用于电力系统电流的计量、测量和电力系统的保护。

3. 电压互感器

电压互感器是将一次侧高电压转换成二次侧低电压的设备，主要用于电力系统电压的计量、测量和电力系统的保护。

电压互感器简介

4. 隔离开关

隔离开关在电路中起隔离作用，提供电气隔离断口的机械开关装置。其特点是无灭弧能力，只能在没有负荷电流的情况下分、合电路。隔离开关的主要作用：建立可靠的绝缘间隙，将需要检修的设备或线路与电源侧形成一个明显断开点隔开，以保证检修人员和设备的安全。

5. 接地开关

接地开关是用于电路接地部分的机械式开关。其主要作用是安全接地，保护人身安全。

快速接地开关用于电路接地部分的机械式快速动作开关，能够承载一定的短路电流。其主要作用是安全接地，保护人身安全，关合故障电流。快速接地开关是具有一定关合短路电流能力的一种特殊用途的接地开关。普通的接地开关配置在断路器两侧隔离开关旁边，仅起到断路器检修时两侧接地的作用。

某城市轨道交通 110 kV 主变电所的 GIS 结构如图 2-1-3 所示。该 GIS 除了配备主要元件之外，还配备有控制柜、SF6 气体监测系统等辅助设备。因此，它不仅可以实现电力线路的关合、开断、保护、测量及检修目的，其监测控制系统还可以直接反映各元件的工作状态，实现就地操作及远方电力调度操作，与主控室保护屏连接后还可实现自动跳闸和重新合闸。

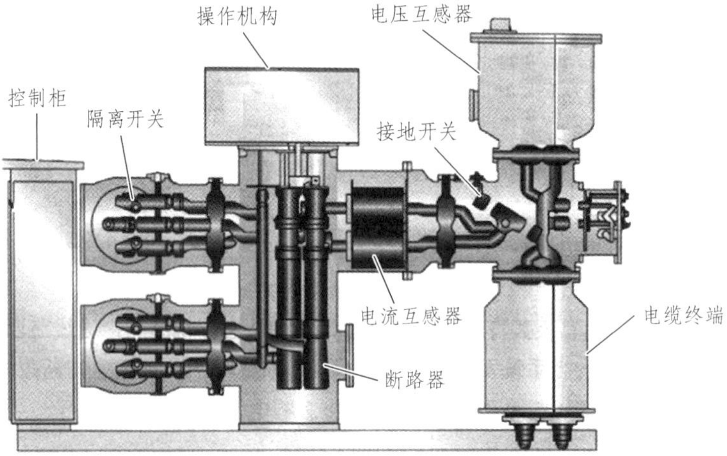

图 2-1-3 城市轨道交通主变电所 110 kV GIS 结构

（二）110 kV GIS 的技术参数

某 110 kV GIS 技术参数见表 2-1-1。

表 2-1-1 110 kV GIS 技术参数

序号	参数名称	单位	参数
1	标称电压（系统电压）	kV	110
2	额定电压	kV	126
3	额定电流	A	2 000
4	额定频率	Hz	50
5	额定短时耐受电流（3 s）	kA	40

续表

序号	参数名称		单位	参数	
6	额定峰值耐受电流		kA	100	
7	额定绝缘水平	额定短路时工频耐受电压（1 min，有效值）	kV	230	相对地，相间
				230 + 70	断口间
		额定雷电冲击耐受电压（1.2 μs/50 μs，峰值）		550	相对地，相间
				550 + 100	断口间
8	控制回路工频耐受电压（1 min，有效值）		kV	2	
9	结构形式			三相共箱式	
10	局部放电	整个间隔	pC	≤10	
11		单个元件		≤3	
12	SF6 气体年漏气率	年漏气率	每年	≤0.3%	

110 kV GIS 技术参数也不尽相同，如额定电压有 145 kV，结构形式有三相分相式，额定电流则由负载大小决定，常见的有 2 000 A、3 150 A 等。

（三）110 kV GIS 的间隔

110 kV GIS 的每一个间隔，用不通气的盆式绝缘子（气隔绝缘子）划分为若干个独立的 SF6 气室，即气隔单元。整个 GIS 的气隔单元设置 SF6 气体监控系统。

为了对 GIS 进行 SF6 气体监控，将每一间隔分为若干个气隔单元（独立气室），每个气隔单元用不通气的盆式绝缘子隔离。这时，盆式绝缘子不但起着支持导体的作用，还起着隔离 SF6 气体的作用。各独立气室在电路上彼此相通，在气路中则互相隔离。

每一个气隔单元都有一套元件，即 SF6 密度继电器（带 SF6 压力表及报警接点）、自封接头、SF6 配管等，它们直接安装在气隔单元的合适位置。例如，断路器气隔表计装在断路器本体上。每个气隔单元的抽真空、充放气、测水分等工作在各自气隔单元就地进行，而对 SF6 气体的报警、闭锁信号则在现场控制柜上发出。

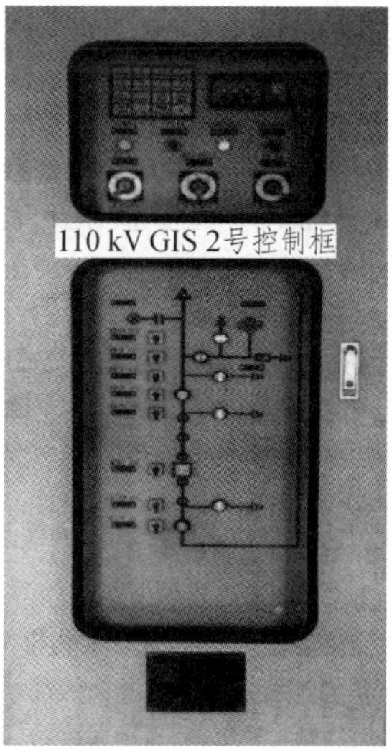

图 2-1-4　110 kV GIS 现场控制柜

（四）现场控制柜

现场控制柜（Local Control Panel，LCP）是对 GIS 进行现场监视与控制的集中控制屏，也是 GIS 间隔内、外各元件及 GIS 与主控室之间电气联络的中继枢纽，如图 2-1-4 所示。所以维护现场控制柜的完好性，对保证电站正常运行起着至关重要的作用。

1. 主要功能

（1）实现断路器、隔离开关、快速接地开关、接地开关的就地、远方选择操作，在控制柜上进行就地集中操作。

（2）监视断路器、隔离开关、快速接地开关、接地开关的分闸、合闸位置状态。

（3）监视 GIS 各气室 SF6 系统密度及操动机构是否处于正常状态。

（4）实现 GIS 内断路器、隔离开关、快速接地开关、接地开关之间的电气联锁。

（5）显示一次主接线形式及运行状态。

（6）作为 GIS 各元件间及 GIS 与主控室之间的中继端子箱，接收或发送信号。

（7）监视控制回路电源是否正常，并通过电源开关、熔断器、保护开关，对现场控制柜及 GIS 的二次控制、测量和保护元件起保护作用。

2. 结构特点

（1）结构紧凑、功能齐全、外形美观。

（2）门面上的操作开关与模拟元件位置指示器相对应。

（3）现场控制柜内、外各元件都有相应的铭牌表示。

（4）由于采用了自动开关，使用时不用常换熔断器。

（5）柜内装有照明灯，由限位开关控制，门开灯亮，门关灯熄，便于维护和管理。

（6）对断路器、隔离开关、快速接地开关、接地开关控制回路、位置指示回路等，分别设置了电源开关，以提高控制回路电源的可靠性。

（7）装有就地/远方操作选择开关，可以实现对断路器、隔离开关、快速接地开关、接地开关的就地/远方控制。

（8）就地/远方选择开关可以自带挂锁，防止发生误操作。

（9）装有 SF6 监控系统，可以实现对 GIS 各气室的监控。

（10）具有足够的备用端子，供用户使用。

110 kV 系统可通过控制中心遥控（中央级）、变电所电力监控计算机操控或线路测控柜控制（变电所级），以及现场控制柜控制（就地级）。正常运营时，供电系统运行以控制中心远控为主，主变电所运行一般不采用就地控制，只有在检修或设备故障时，根据需要对设备进行就地电气控制。

（五）110 kV GIS 的日常巡检

1. 检查和维护的分类

检查和维护分为日常巡检、定期检查维护和特殊检查三种。

日常巡检主要是检查设备的外观状态、避雷器放电计数器的数字、各气隔的密度表的显示情况、现场控制柜的控制开关的位置等。

定期检查的项目有：SF6 的微水含量、密度继电器显示精度、控制柜的功能、二次接线的可靠性、电流互感器和电压互感器的精度等。

特殊检查：对于非动作元件，在出现特殊情况的时候要进行这项工作，如出现放电等。

2. 日常巡检要求

在证实 GIS 室的内部环境是通风的，且至少有 18%的含氧量时才能进入。在出现特殊情况时，必须证实氧气和通风水平能克制引起窒息的 SF6 和浓烟的前提下，方可让人进入。

只有通过审核的操作人员，才能进行日常巡视工作。巡视人员在 GIS 室巡视时，应该严格执行工作规范。（运行）

3. 定期检查维护要求

为了避免不必要的伤害，应先确认相关的设备或检查的间隔已经退出运行（停电）。

如果要打开检查，先证实内部气压已完全被释放，再去拆除该单元上的有关零部件。为防止受到水分及其他源头的湿气对检修质量的影响，GIS 打开部位应及时保护、防潮。检修要接触主导电部分，确保接触部位的主导电回路可靠接地。

二、35 kV GIS

城市轨道交通的中压环网将主变电所降压后，35 kV 电压分配给沿线变电所。在中压环网电压等级的选取上，国内一般有 35 kV 和 10 kV 两种等级。环网电压高，则可以相应减少主变电所的个数以及降低线路损耗。目前，国内已经开通和即将开通的城市轨道交通线路多采用集中供电方式，中压环网电压多采用 35 kV 等级。

城市轨道交通变电所内 35 kV 广泛采用真空断路器，柜体采用全封闭的 GIS。这是由于断路器触头在真空中不易氧化，具有寿命长、行程短、体积小等优点。利用真空作为触头间的绝缘与灭弧介质的断路器称为真空断路器。真空一般指的是气体稀薄的空间。凡是绝对压力低于正常大气压力的状态都可称为真空状态。绝对压力等于零的空间称为绝对真空。真空断路器相比于 SF6 断路器，成本较低，性能适合 10 ~ 35 kV 中压等级，因此得到了更广泛的应用。

（一）35 kV GIS 介绍

城市轨道交通 35 kV GIS 采用较多的是 KFM（ZX2）-40.5 和 8DA10 全封闭式 SF6 开关柜，系统标称电压为 35 kV，系统最高电压为 40.5 kV，额定频率为 50 Hz。35 kV GIS 如图 2-1-5 所示。

认识城轨 35 kV
进线开关柜设备

图 2-1-5　35 kV GIS 整体图

35 kV GIS 按电气功能，可分为进线柜、出线柜、母联柜、馈线柜。变电所典型交流 35 kV GIS 设备基本布局为：2 台进线开关柜，可用 101 和 102 表示；2 台出线开关柜，用 103 和 104 表示；1 台母联开关柜，用 100 表示；2 台动力变开关柜（降压所动力变），用 111 和 112 表示；2 台整流变开关柜（牵引所整流变），用 122 和 124 表示。各开关柜均使用三工位隔离开关，三个位置分别为隔离位、工作位和接地位，隔离开关与各断路器对应，分别用 4 位数字表示。其接线图如图 2-1-6 所示。

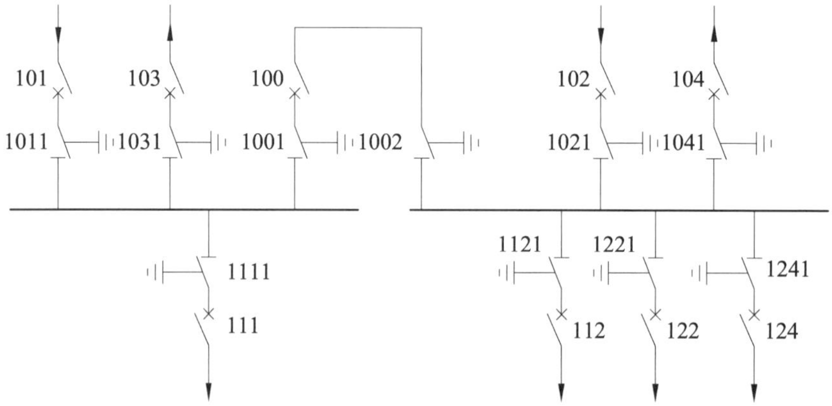

图 2-1-6　35 kV GIS 接线图

（二）各开关柜的用途

（1）进线开关柜 101、102，为两段 35 kV 母线提供两路进线电源，可以引自主变电所，也可以从相邻牵引降压混合所的 35 kV 中压环网引接。

（2）出线开关柜 103、104，馈出到相邻变电所，作为相邻变电所的两段 35 kV 母线进线电源。

（3）母联开关柜 100，当一路进线故障时，合上母联开关，由另一路担负本所全部负荷用电。

（4）动力变开关柜 111、112，馈出到动力变压器的高压侧，经过动力变降压为交流 400 V，为全站包括区间提供动力及照明电源。

（5）整流变开关柜 122、124，馈出到整流变压器的高压侧，经过整流变降压为交流 1 180 V，再通过整流器整流为直流 1 500 V，为本段接触网上下行分区提供列车电源。

（三）运行方式

交流 35 kV 接线方式采用单母线分段。正常运行时，交流 35 kV 侧两路进线分列运行，母联断路器 100 分闸；当 35 kV 一路进线电源发生故障时，合上该站的交流 35 kV 侧母联开关，由另一路进线担负供电区域的牵引及动力照明负荷。例如，进线 102 故障，则由 101 进线担负全部负荷，35 kV 母线上潮流方向如图 2-1-7 所示。

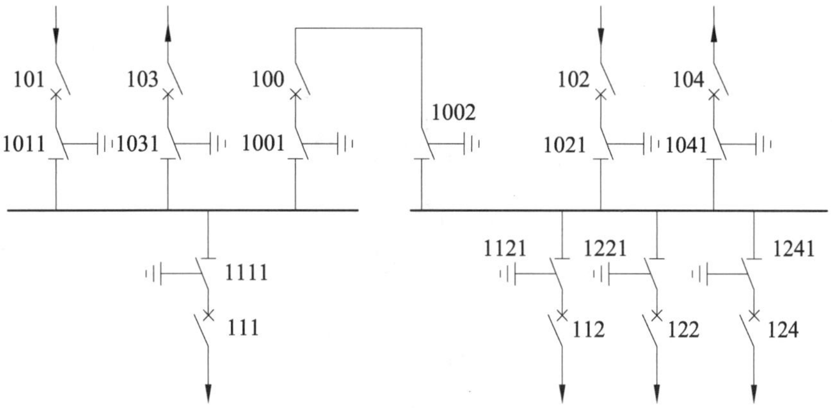

图 2-1-7　35 kV 非正常情况下的运行方式

（四）各开关柜基本参数

（1）额定电压：40.5 kV。

（2）额定频率：50 Hz。

（3）绝缘气体：SF6 气体。

（4）灭弧方式：真空灭弧。

（5）SF6 气体年泄漏率：8DA10 柜，小于 1%；KFM（ZX2）柜，不大于 0.1%。

（6）结构形式：8DA10 柜，三相分箱式；KFM（ZX2）柜，三相共箱式。

（7）SF6 气室压力：8DA10 柜，0.12 ~ 0.15 MPa；KFM（ZX2）柜，额定工作压力（20 °C 时的相对压力）0.03 MPa，最低工作压力（20 °C 时的相对压力）0.02 MPa。

（五）KEM（ZX2）-40.5 型开关柜

KEM（ZX2）-40.5 型气体绝缘金属封闭开关设备应用最为广泛，采用了最先进的计算机控制技术、气体及固体绝缘技术、真空断路器技术、信号传感技术及模块化插接技术的最新一代气体绝缘开关设备，其结构如图 2-1-8 所示。该型开关柜适用于额定电压 40.5 kV、三相交流 50 Hz 的供配电系统，用于接受和分配电能，并对电路进行控制和保护。

该设备设计简洁可靠，热、电、机械特性良好，采用拥有足够强度的材质来制造，结构上保证了正常运行及维修的安全简便。采用模块化设计，保证了结构部件的互换性。

该设备每个柜子为一个独立单元，独立单元内充有额定压力的气体，到现场不需要再充气，这给系统的扩展等方面带来了很大的方便。

高压带电部分密封在充有 SF6 气体的密封气室内，壳体可靠接地。

为了使柜子的气体泄漏最小化，在封板及部件安装时采用了密封圈，把可吸收水分及其他有害气体的吸收剂，放置在气室内。

考虑到维修和检验的方便，各个单元设计成插拔式的结构，这样可满足温度的变化，也可减少组装时的误差及混凝土基础的相对不平及地震时过度变形等引起的危害。

当内部发生燃弧故障时，为了安全释放内部燃弧后的高温高压气体，设备的气室都装有泄压盘，这些高温高压气体可以通过泄压通道释放到安全的处理场所。

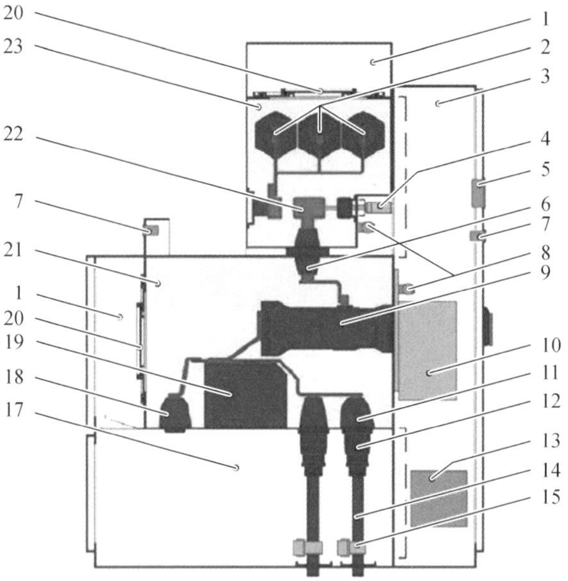

1—压力释放通道；2—主母线；3—控制室；4—三工位开关操动机构；5—REF542PlusHMI 单元；6—传墙套管；7—电容分压装置测试接口；8—密度传感器电压传感器；9—真空断路器电流传感器；10—断路器操动机构；11—电缆插座；12—插接式电缆头；13—智能型控制/保护单元主机；14—电缆；15—电缆夹；17—电缆室；18—试验插座；19—电流互感器；20—压力释放盘；21—断路器室；22—三工位开关；23—母线室。

图 2-1-8　35 kV GIS 基本结构

（六）高压断路器

高压断路器是变电所的重要设备之一。电路正常情况下，断路器用来断开和关合电路；电路故障时，通过继电保护动作驱动断路器跳闸来断开故障电路，以确保电力系统安全运行。

对高压断路器的要求：

（1）在正常情况下能断开和关合电路；能断开和关合负载电流；能断开和关合空载长线路或电容器组等电容性负荷电流；能断开空载变压器或高压电动机等电感性小负荷电流。

（2）在电网发生故障时，能将故障从电网上切除。

（3）要尽可能缩短断路器切除故障的时间，以减轻电力设备的损坏程度，提高电网稳定性。

（4）能配合自动重合闸装置，进行单重、综重的动作。

高压断路器的底座、金属框架和外壳必须接地，并与三工位隔离开关具有电气和机械闭锁联系。真空断路器是由真空作为灭弧介质的一种高压断路器它由外壳、波纹管、屏蔽罩和触头组成。

利用已储能的弹簧为动力，使断路器动作的操动机构，称为弹簧操动机构。该操动机构每次储能后可进行一次分合闸操作。弹簧操动机构通常由以下主要部件组成。

（1）储能机构。通常由交直流两用的储能电动机、变速齿轮离合器、蜗杆、蜗轮、连杆、拐臂、合闸弹簧或皮带轮、棘爪、棘轮等组成。在蜗杆或变速齿轮轴上，可以套装储能的手柄和储能指示器。

（2）电磁系统。由合闸线圈、分闸线圈、辅助开关、连锁开关和端子板等组成。

（3）机械系统。包括合、分闸机构和输出轴等。

真空断路器由于原理和结构上与其他断路器不同，具有下列特点。

（1）熄弧能力强，燃弧时间短，全分断时间短。

（2）触头电磨损小，电寿命长，触头不受外界有害气体的侵蚀。

（3）触头开距小，减少了操动机构的操作，延长机械寿命。

（4）结构简单，维修工作量小，真空灭弧室和触头不用检修。

（5）环境污染小。

（6）适合用于频繁操作和快速切断的回路，适合于切断电容性负载电路。

高压断路器的分类　　　　高压断路器的操动机构

（七）35 kV GIS 上的主要设备

以某 35 kV 开关柜为例，开关柜内外主要设备如图 2-1-9 ~ 图 2-1-12 所示。

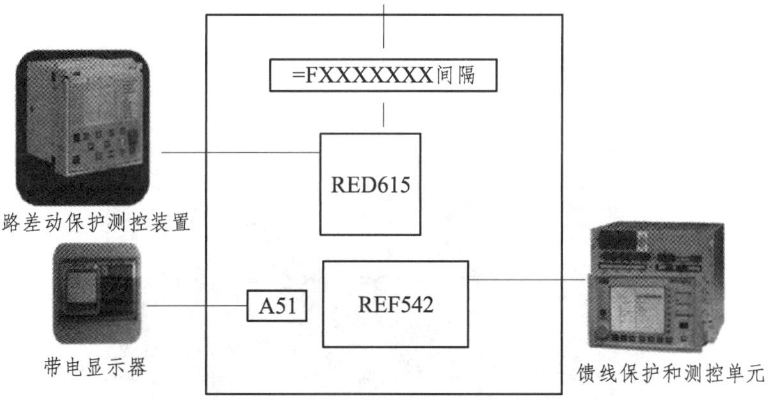

图 2-1-9　开关柜外面板上设备

图 2-1-10　低压控制室上部

图 2-1-11　低压控制室下部

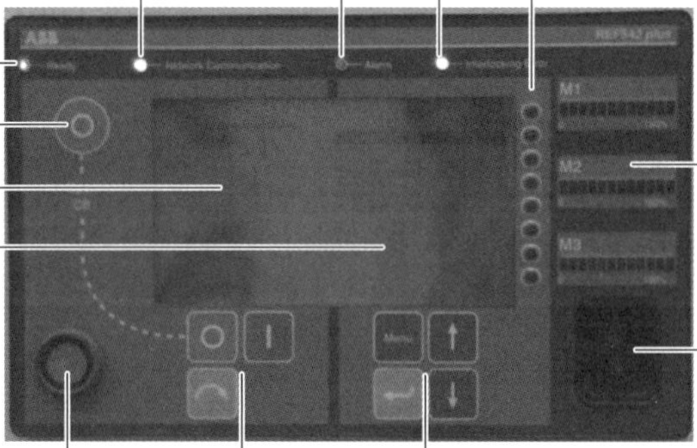

1—系统通信；2—报警；3—违规操作；4—可编程的 LED；5—测量值条状显示器；6—PC 接口；7—菜单按键；8—控制按键；9—电子钥匙感应器；10—文字显示区；11—SLD 显示区；12—短路器快速分闸键；13—单元就绪。

图 2-1-12　REF542 面板各部分说明

35 kV GIS 中使用的 VD4X 断路器，采用凸轮轮廓特殊设计，输出特性好，合闸弹跳和分闸反弹幅值极小，无须装设分闸缓冲器；所有规格的操作机构统一通用，备品备件数量、种类少；动作灵巧，操作寿命长，操作机构只需极少量维护；真空泡在工作寿命内免维护；即使在运行和短路电流情况下频繁操作，对真空的影响也很小。VD4X 断路器外部及操作机构，如图 2-1-13 和图 2-1-14 所示；断路器储能机构，如图 2-1-15 所示；断路器真空灭弧室，如图 2-1-16 所示。

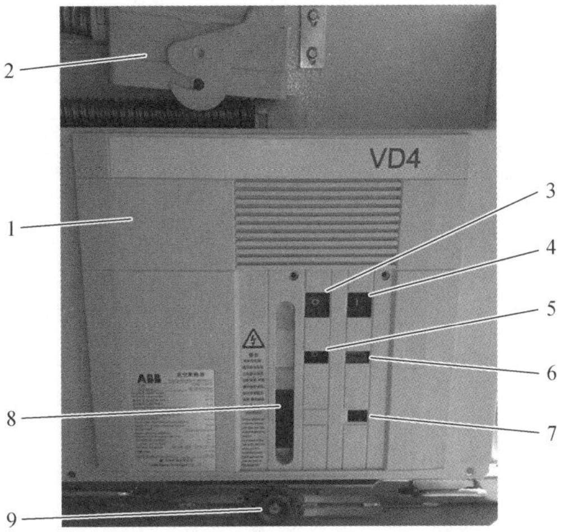

1—前面板；2—二次引线插头；3—分闸按钮；4—合闸按钮；5—分合闸指示；6—储能指示；7—计数器；8—手动储能手柄插孔；9—断路器小车摇进摇出手柄插孔。

图 2-1-13　VD4X 断路器正面

1—合闸按钮；2—分闸按钮；3—闭锁电磁铁；4—计数器；5—合闸指示；6—分闸指示；7—断路器辅助触点；8—手动储能手柄插孔；9—储能状态指示。

图 2-1-14　VD4X 断路器操作机构内部结构

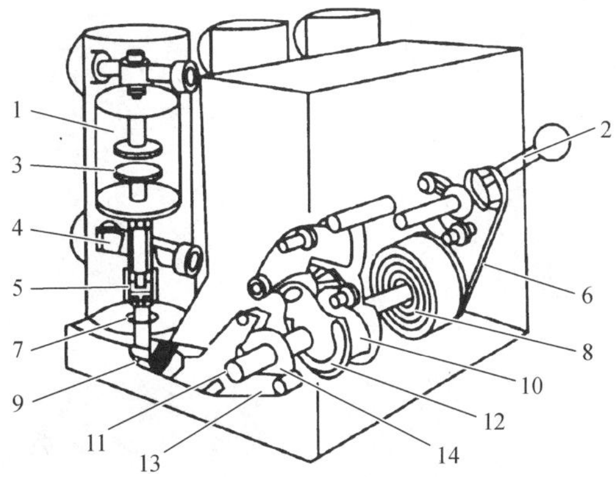

1—真空灭弧室；2—储能手柄；3—动触头；4—滚动触头；5—压力弹簧；6—传动链；7—绝缘拉杆；8—带外罩的扭力弹簧；9—分闸弹簧；10—控制盘；11—主轴；12—左叶控制凸轮；13—双臂移动连杆；14—凸轮盘。

图 2-1-15　断路器储能机构

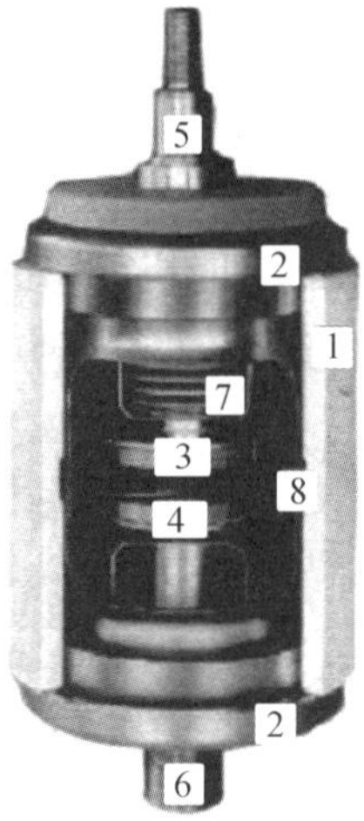

1—陶瓷绝缘外壳；2—端盖；3—动触头；4—静触头；5—圆柱式终端；
6—螺纹式终端；7—金属波纹管；8—屏蔽罩。

图 2-1-16　断路器真空灭弧室

（八）某实训室 35 kV 高压柜

35 kV 高压柜由微机变压器保护装置、交流电压表、分合闸指示灯、远方就地转换开关、分合闸转换开关、万能式断路器等组成，其外观和内部配置如图 2-1-17 所示。可实现的实训功能主要包括：35 kV 高压柜远方就地停送电规范操作、变压器高温告警试验、变压器超温跳闸试验等。

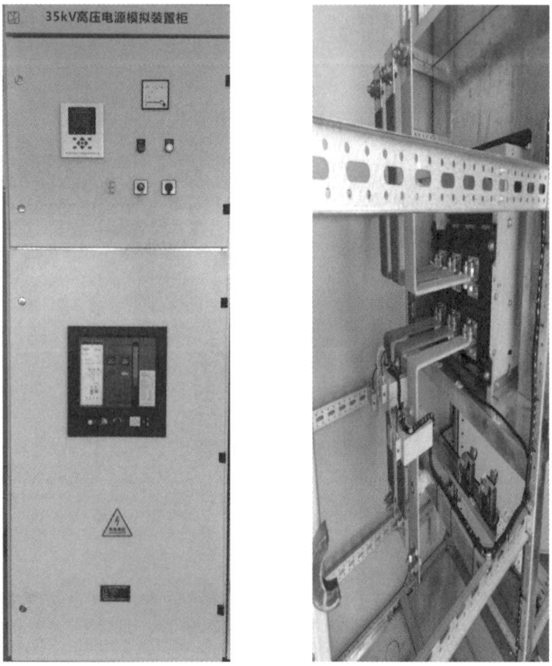

图 2-1-17　35 kV 高压柜

三、实训：35 kV 高压开关柜就地分合闸操作

（一）分合闸操作前准备

检查变压器无超温跳闸、整流柜及正极柜无保护跳闸。

（二）35 kV 高压柜就地合闸操作

（1）检查万能断路器手车位置是否在工作位置。
（2）检查万能断路器状态是否在分闸状态。
（3）检查远方就地转换开关是否在就地位置。
（4）转动分合闸转换开关使其转至合闸位置。
（5）检查分闸指示灯是否熄灭，合闸指示灯是否点亮。
（6）观察断路器状态是否和指示灯装置一致。

（三）35 kV 高压柜就地分闸操作

（1）检查万能断路器手车位置是否在工作位置。
（2）检查万能断路器状态是否在合闸状态。
（3）检查远方就地转换开关是否在就地位置。
（4）转动分合闸转换开关使其转至分闸位置。
（5）检查合闸指示灯是否熄灭，分闸指示灯是否点亮。
（6）观察断路器状态是否和指示灯装置一致。

任务练习

1. GIS 的优点主要有哪些？

____

____

____

____

____

____

____

2. 写出图 2-1-18 主接线中每一个数字序号代表的设备名称

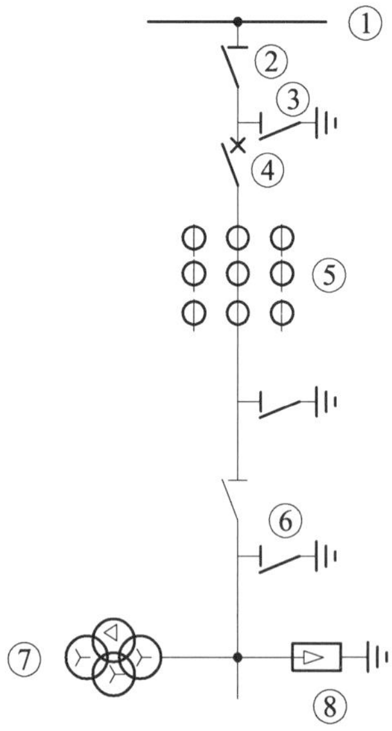

图 2-1-18　110 kV GIS 主接线

任务二　变压器

主变电所中将 110 kV 外部电源降压为城市轨道交通牵引降压变电所需要的 35 kV 电压，需经过主变压器实现降压。

一、变压器的工作原理

变压器是能够输送电能、改变电压，但不改变频率的一种静止的电器。它通过线圈间的电磁感应，将一种电压等级的交流电能转换成同频率的另一种电压等级的交流电能。变压器除了具有变压的作用，还有变流、变换阻抗和相位的功能。变压器本体主要由铁心和绕组组成。工作时，绕组是“电”的通路，而铁心是“磁”的通路，且起到绕组骨架的作用。一次侧输入电能后，因为是交流电，在铁心内产生了交变的磁场；交变的磁场穿过二次绕组，二次绕组的磁力线不断地交替变化，感应出电动势；当二次侧外电路接通时，就产生了感应电流，向外输出电能，如图 2-2-1 所示。“电生磁-磁生电”的转换过程是建立在电磁感应原理基础上的，这种能量转换过程也就是变压器的工作过程。

变压器工作原理介绍

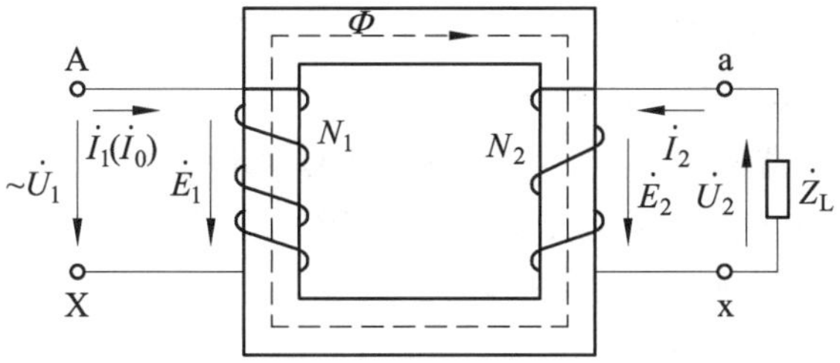

图 2-2-1　变压器工作原理

二、变压器的分类

变压器种类很多，通常可按用途、结构、相数、冷却方式、调压方式等特点进行分类。

（1）按用途分。电力变压器（包括升压变压器和降压变压器）、特种变压器（如电焊变压器、电炉变压器、整流变压器）、仪用互感器（电流互感器和电压互感器）、控制变压器（用于小功率电源系统和自动控制系统）。

（2）按相数分。单相变压器、三相变压器、多相变压器。

（3）按绕组构成分。双绕组变压器、三绕组变压器、单绕组变压器（两级电压的自耦变压器）。

（4）按铁心结构分。叠片式铁心变压器、卷制式铁心变压器。

（5）按调压方式分。无载调压变压器（变压器需退出运行来改变分接开关，实现调压）、有载调压变压器（变压器在运行中可以改变分接开关，实现调压）。

（6）按冷却方式分。

油浸式变压器。冷却方式一般为自然冷却、风冷（在散热器上加装风扇）、强迫油循环风冷（在前者基础上还装有潜油泵，以促进油循环）、强迫油循环导向风冷（加装风扇和潜油泵，本体内部设有导向槽加强冷却）。此外，大型变压器还有采用强迫油循环水冷却等。

干式变压器。绕组置于气体中，或是浇注环氧树脂绝缘，有自然冷却和风冷两种。它们大多在部分配电网内用作配电变压器。目前，其最高电压为 35 kV 级。

三、变压器的作用

（1）电能的经济传输：为了降低输电过程中的电能损耗，根据距离的远近采用高电压或超高电压输电。

（2）联络电网：为了提高电力系统的容量及供电的稳定性，通常电力系统中可能包含几个电力网络，而这几个电力网络可能电压不同，使用联络变压器联络电网。

（3）电压降低和分配：把电压降低成各用电设备需要的电压，分配给各用户。

（4）其他作用：如用于防止高压窜入低压设备的隔离变压器，用于为无中性点的电力系统提供接地中性点的接地变压器，与整流器配合实现交直流转换的整流变压器等。

四、变压器的基本参数

（1）额定容量：额定容量是制造厂所规定的在额定工作状态（即在额定电压、额定频率、额定使用条件下的工作状态）下变压器输出的视在功率，以 S_N 表示。额定容量通常是指高压绕组的容量（单位：V・A、kV・A、MV・A）。

（2）额定电压：变压器的额定电压就是各绕组的额定电压，是指额定施加的或空载时产生的电压。一次额定电压 U_{1N} 指接到变压器一次绕组端点的额定电压值；二次额定电压 U_{2N} 指当一次绕组所接的电压为额定值、分接开关放在额定档位置上，变压器空载时二次绕组的电压，三相变压器的额定电压指线电压（单位：V、kV）。

（3）额定电流：根据变压器允许发热的条件规定的满载电流值，I_{1N} 和 I_{2N} 指根据额定容量和额定电压计算出来的一、二次侧电流，三相变压器的额定电流是指线电流（单位：A）。

（4）阻抗电压：也称短路阻抗，是短路电压产生的电压损耗百分值。用 u_k 表示。

（5）空载电流：变压器一次侧施加额定电压，二次侧开路（空载），这时一次绕组中通过的电流称为空载电流。空载电流可看成励磁电流，变压器容量、磁路结构和硅钢片的质量，决定了励磁电流的大小。

（6）空载损耗：空载电流的有功分量 I_0a 为损耗电流，由电源所汲取的有功功率称为空载损耗 P_0，忽略空载运行状态下的绕组损耗时又称铁损。空载损耗主要由铁心材质的单位损耗决定。

（7）负载损耗：变压器带额定负载时，变压器绕组和铁心中产生的总损耗。

（8）连接组别：变压器一次和二次绕组的连接方式。

Y：高压侧为星形连接。

D：高压侧为三角形连接。

y：低压侧为星形连接。

d：低压侧为三角形连接。

N：高压侧为星形连接时的中性线。

n：低压侧为星形连接时的中性线。

如 Y，yn0 连接组。

（9）温升：变压器的温度与周围环境空气的温度差。油浸式变压器在运行的过程中，由于有铁耗与铜耗的存在，这些损耗都将转换成热能而向外发散，从而引起变压器不断发热和温度升高。温度上升，绕组绝缘电阻会降低。

（10）绝缘水平：变压器能够承受运行中各种过电压与长期最高工作电压作用的水平，是与保护用避雷器配合的耐受电压的水平。它包括对地与相间两种绝缘水平，取决于设备的最高电压 Um。绕组的所有出线端都具有相同的对地耐受电压时，这种绝缘结构称为全绝缘；绕组的中性点的绝缘水平低于出线端绝缘水平的绕组绝缘结构称为分级绝缘。

（11）励磁涌流：当合上断路器给变压器充电时，可以看到变压器电流表的指针摆动很大，然后很快返回到正常的空载电流值，这一冲击电流通常被称为励磁涌流，其特点如下。

① 励磁涌流含有数值很大的高次谐波分量（主要是二次和三次谐波）。

② 励磁涌流的衰减常数与铁心的饱和程度有关，饱和越深，电抗越小，衰减越快。

③ 一般情况下，变压器容量越大，衰减的持续时间越长，但总的趋势是励磁涌流的衰减速度往往比短路电流衰减慢一些。

④ 励磁涌流的数值很大，最大可达额定电流的 8 ~ 10 倍。当整定一台断路器控制一台变压器时，其速断值可按变压器励磁电流来整定。

⑤ 励磁涌流对变压器并无危险，因为这个冲击电流持续的时间很短。多次连续合闸充电对变压器有一定损害，因为大电流的多次冲击，会引起绕组间的机械力作用，可能逐渐使其固定物松动。有时励磁涌流有可能引起变压器对应开关柜的动作跳闸。

五、变压器的结构

油浸式主变压器主要由器身、油箱、冷却装置、保护装置、出线装置等构成。器身包括铁心、绕组及引线；油箱包括油箱本体和储油柜等；冷却装置包括散热器、风扇和油泵等；保护装置包括气体继电器、温度控制器、压力释放阀及呼吸器等；出线装置包括套管和电缆箱等。主变压器结构如图 2-2-2 所示。

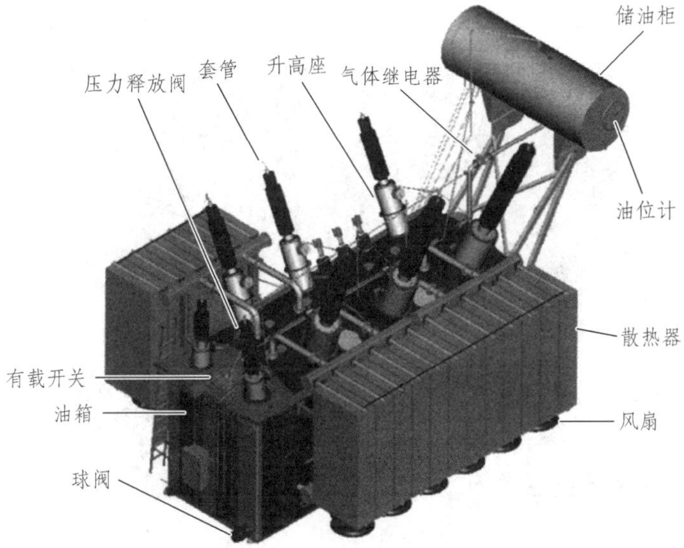

图 2-2-2　主变压器结构示意图

（1）铁心：铁心是变压器的磁路部分，如图 2-2-3 所示。它是用导磁性能很好的硅钢片叠放组成的闭合磁路，变压器的原、副线圈都绕在铁心上。除了硅钢片外，现在还有采用非晶合金导磁材料的变压器铁心，它的损耗更低。

图 2-2-3　变压器铁心

铁心有两个作用：一是铁心的磁导体构成了变压器的磁路，它把一次电路的电能转为磁能，又将磁能转变为二次电路的电能，因此，它是能量转换的媒介；二是铁心的夹紧装置上面套有线圈，支撑着引线，用于安装变压器内部的其他部件。

变压器
铁心介绍

（2）绕组：绕组是变压器的电路部分，套装在铁心上，如图 2-2-4 所示。变压器有原边线圈和副边线圈，多采用铜线绕成。通常称作高压线圈、低压线圈，按原理或按规定的连接方法连接起来。

绕组的主要作用是将一次线圈将系统的电能引入变压器，二次线圈将电能传输出去，供给负载。因此，线圈是传输和转换电能的主要部件。

（3）引线及套管：引线是将外部的电能输入变压器，又将传输的电能输出变压器。套管将变压器内部的高、低压引线引到油箱的外部，它不仅作为引线对变压器箱壳及地的绝缘，而且担负着固定引线的作用。主变压器多采用充油法兰式低局放套管和瓷套管。

图 2-2-4　变压器绕组

（4）油箱：油箱是变压器器身的外壳，具有容纳器身、充注变压器油的作用。

（5）储油柜（油枕）：变压器本体里的油随着温度变化，其体积发生变化。储油柜是调节变压器油箱内部油量的一个储油的罐体。它安装于变压器侧上方，用油管与变压器本体连通，热胀冷缩时能够保证变压器本体始终充满变压器油。另一方面，在胶囊或膨胀节的作用下，保证变压器油不与空气的接触，减缓变压器老化。侧面装有油位计，监视油位的变化。

（6）冷却装置：冷却器有扇形、圆形、排管等，散热面积越大，散热效果越好，当变压器上层油温和下部油温产生温差时，通过散热器形成油的对流，将变压器运行中由损耗产生的热量散发出去，以保证变压器安全运行。城市轨道交通主变电所中的主变压器多为油浸风冷式冷却方式，冷却器将散热管和冷却风扇结合在一起，提高散热效果。

变压器
散热器介绍

（7）气体继电器：如图 2-2-5 所示，气体继电器安装在变压器本体与储油柜的连管上，作为变压器内部故障的主要安全保护装置。当变压器内部发生故障产生气体或油流时，气体继电器接点闭合，接通信号或跳闸回路，使有关装置发出信号或使变压器从电网中切除。另外，当油箱漏油且油面降低到气体继电器处时，气体继电器也会接通信号回路，发出信号。

图 2-2-5　气体继电器

（8）分接开关：为了稳定负荷中心电压，需对变压器进行电压调整。变压器的调压方式分无载调压和有载调压两种。无载调压时，变压器高、低压侧都要与电网断开，即变压器在断电情况下变换绕组的分接头；有载调压时，变压器是在不中断负载的情况下，变换绕组的分接头。

有载分接开关的工作原理，是在变压器绕组中引出若干分接头后，通过它在不中断负载电流的情况下，由一分接头切换到另一分接头，以改变有效匝数，即改变其电压比，从而实现调压的目的。运行中的变压器，其分接开关的导电部分应接触良好，否则，会出现过热现象，甚至烧毁整个变压器。

（9）温度计：如图 2-2-6 所示，温度计按测量温度的部位不同，为测量上层油温的油面温度计和测量绕组温度的绕组温度计。油面温度计直接测量变压器上层油温，当变压器内部上层油温变化时，温度计指示相应的温度值，当超过设定的报警值时，其接点闭合，发出报警信号、启动备用冷却风扇或接通跳闸回路。

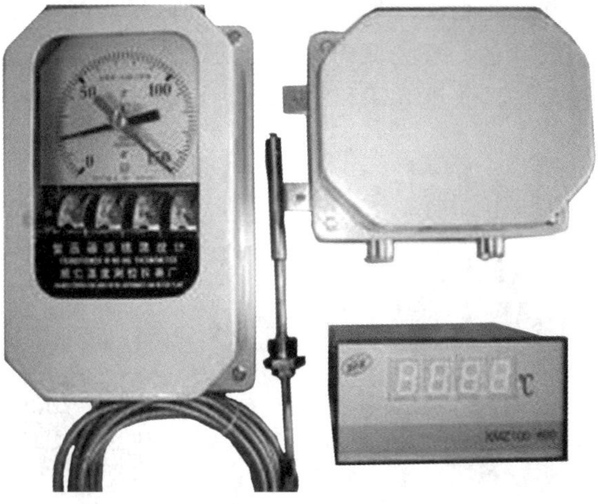

图 2-2-6　温度计

（10）呼吸器：如图 2-2-7 所示，呼吸器是一种内部灌装颜色可变化显示的氧化硅（俗称硅胶）组装而成的透明设备。变压器内部大量油的热收缩导致其从外界吸入空气，空气将从所配置的呼吸器装置吸入。呼吸器内的硅胶可以吸收进入变压器内空气中的水分，以防止变压器油受潮。呼吸器内的硅胶正常时为淡蓝色或白色，当硅胶受潮时变为粉红色，硅胶受潮后需烘干或更换。

图 2-2-7　呼吸器

（11）压力释放阀：如图 2-2-8 所示，在变压器发生故障时，箱内的压力超过压力释放阀弹簧的压力时，变压器油可在阀内喷出，从而起到释放油箱内突然增大的压力，保护油箱的作用。当油箱内的压力迅速释放后，内部压力降低，金属膜盘在弹簧作用下复位，并重新密封油箱。压力释放阀在动作时，可发出报警信号或接通跳闸回路。

图 2-2-8　压力释放阀

（12）变压器油：如图 2-2-9 所示，变压器油是浅黄色液体，是石油的一种分馏产物，纯净稳定、黏度小、绝缘性好、冷却性好的液体天然碳氢化合物的混合物。变压器油分为 10 号、25 号、45 号几种，分别对应的凝固点为 – 10 °C、– 25 °C、– 45 °C。对变压器油的取样分析，有助于判断变压器的健康状况。良好的变压器油应该是清洁而透明的液体，不得有沉淀物、机械杂质悬浮物及棉絮状物质。如果其受污染和氧化，并产生树脂和沉淀物，油质就会劣化，颜色会逐渐变为浅红色，直至变为深褐色的液体。

变压器油在变压器运行时起散热冷却和绝缘作用，在有载开关内部，还能起消弧作用。

图 2-2-9　变压器油

变压器概述

六、变压器运行方式

以 SZ11-40000/110 型三相有载调压变压器为例，其额定容量为 40 000 kV·A，高压绕组额定电压为 110 kV。正常运行时，两台主变压器分列运行，负责各自供电分区的牵引和动力照明负荷，如图 2-2-10 所示。

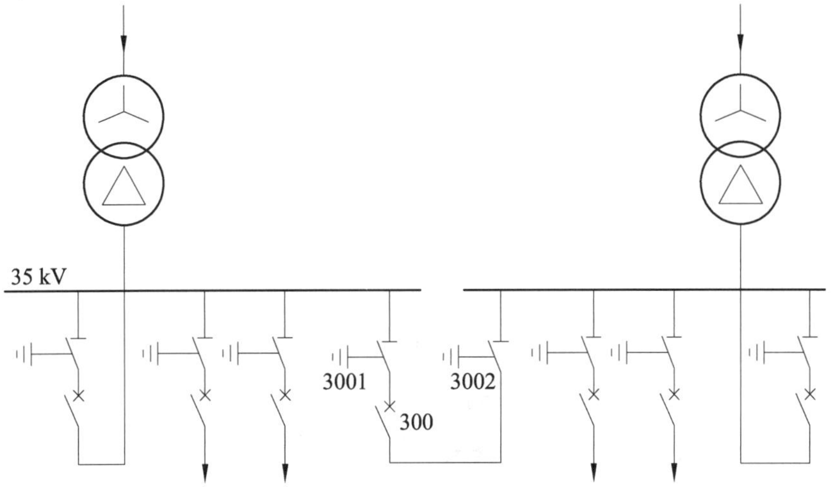

图 2-2-10　主变压器正常运行方式

一台主变压器退出运行时，合上该变电所 35 kV 侧母联断路器（图中 300 断路器），由另一台主变压器负责该站供电分区的所有牵引及动力照明一级、二级负荷，如图 2-2-11 所示。

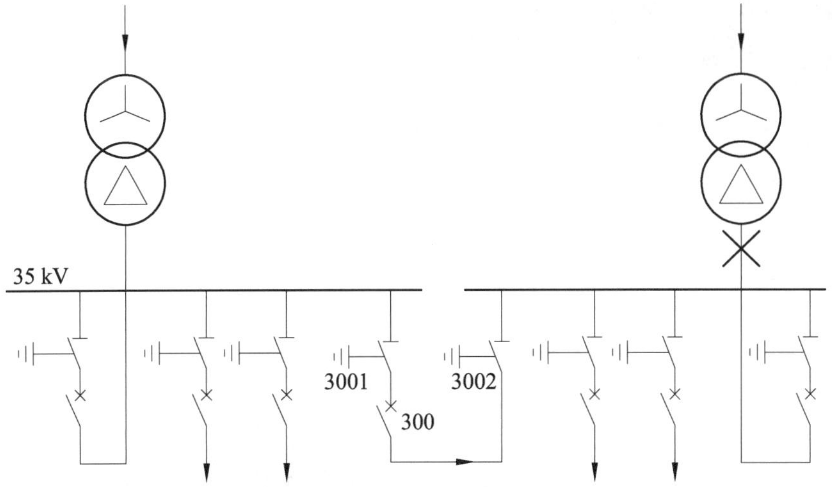

图 2-2-11　主变压器非正常运行方式

当一个主变电所解列，自动切除全线三级负荷，合上中压环网分段开关，由另一座主变电所担负全线牵引及动力照明一级、二级负荷。

任务练习

1. 选择正确的词汇填空。

联络电网	双绕组变压器	冷却	有载调压
电能的经济传输	绝缘	无载调压	电压降压和分配电能

（1）变压器根据调压方式不同，分为________变压器和________变压器两种。

（2）变压器的作用主要包括________、________和________三种。

（3）变压器油在变压器中的作用为________和________。

2. 写出图 2-2-12 主变压器结构示意图中每一个数字序号代表的变压器本体及附件的名称。

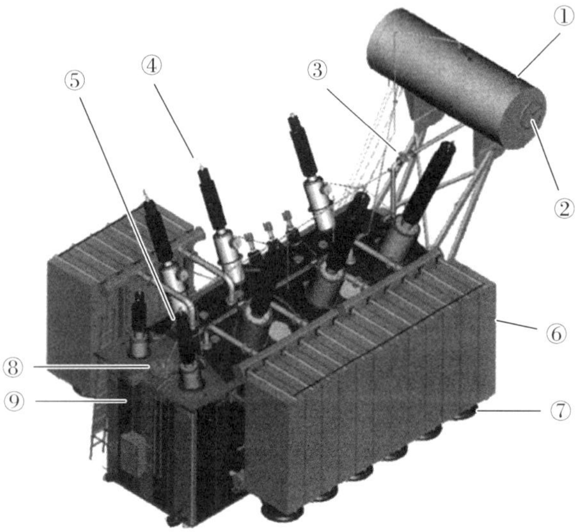

图 2-2-12　主变压器结构示意图

____
____
____
____
____
____
____
____

任务三　干式动力变压器

在城市轨道交通供电系统中，干式动力变压器的主要作用是将 35 kV 交流电压降压为动力照明用电所需的 400 V 交流电压，并通过低压开关柜和低压电缆馈出，向各种低压用电负荷提供电源。

干式动力变压器一般可分为环氧树脂浇注式、绕包式和敞开式三种。目前，国内大部分干式动力变压器为环氧树脂浇注式。环氧树脂浇注变压器是将绕制的高低压线圈固定在模具内，在真空的状态下用环氧树脂浇注成型。环氧树脂浇注变压器按有无填料（硅微粉），将其分为带填料树脂浇注和不带填料树脂浇注；按绝缘材料的耐热等级，常见的有 F 级绝缘和 H 级绝缘，其中，F 级绝缘的温升限值为 115 K（155 °C），H 级绝缘的温升限值为 140 K（180 °C）。目前，国内厂家大部分采用 F 级绝缘。

一、环氧树脂浇注干式动力变压器的特点

（1）经济环保，由于其没有油浸变压器的渗漏油现象，所以不会污染环境。

（2）适合复杂的安装环境，如地下矿井、城市轨道交通、高层建筑等。同时，可深入负荷中心，提高用电质量。

（3）由于其本身的阻燃特性，适合防火要求较高的场所，大大降低了火灾隐患。

（4）因其高低压线圈的固体浇注成型，其抗短路能力大大增强。

（5）配备温控、温显系统，实现对变压器的温度循环显示和监控，维护工作量小。

（6）过载能力强。

干式动力变压器结构如图 2-3-1 所示。

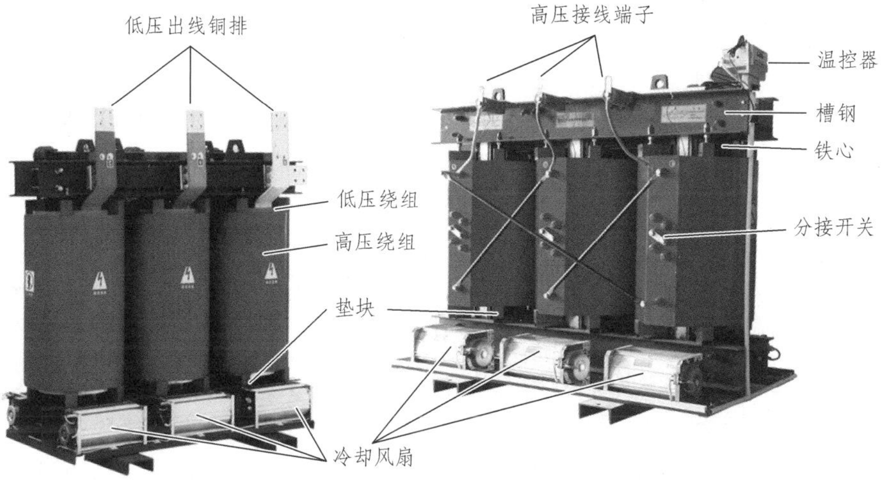

图 2-3-1　干式变压器结构

二、基本参数

城市轨道交通供电系统通常采用的是干式动力变压器，现以 SCB13-容量/35 型号的变压器为例，加以说明。

（1）额定容量常见的有：630 kV · A、800 kV · A、1 000 kV · A、1 250 kV · A、1 600 kV · A、2 000 kV · A 等。

（2）额定电压：35 kV/0.4 kV。

（3）额定电流：根据变压器容量不同而不同，如 1 000 kV · A 变压器，额定电流为 16.5/1 443 A。

（4）阻抗电压：容量 $S_n \leqslant 630$ kV · A，通常为 4%；630 kV · A $\leqslant$ 容量 $S_n \leqslant 2\,500$ kV · A，通常为 6%（根据变压器不同有差别）。

（5）连接组别：通常为 Dyn11。

（6）分接挡位范围：$\pm 2 \times 2.5\%$。

（7）运行方式：正常情况下，两台动力变压器分列运行，分别担负一段、二段低压母线的供电。一台动力变压器退出运行时，自动切除三级负荷，由另一台动力变压器担负供电区域一级、二级负荷。

三、干式变压器运行与温控系统

干式动力变压器与高压柜之间一般通过电缆线连接；与低压柜一般为母排连接，可以直接连接也可以通过过渡母排连接。

干式动力变压器投入运行前，应根据变压器铭牌和分接指示牌，将分接片调到合适的位置；干式动力变压器多采用无载（无负荷）调压，调压时必须停电操作。应根据电网电压把调压分接头的连接片按铭牌和分接指示牌上的标志，接到相应的位置上。

干式动力变压器的温度控制器设计以单片机作为中央处理单元，配合其他电路完成温度的测量、显示及相应的各种报警、控制信号的输出。温控器利用其电阻值随温度变化而变化的特点，由预埋在三相绕组中三个铂热电阻传感器（Pt100）产生与绕组温度值相应的电阻信号，经滤波、放大和模数转换后输入单片机。单片机根据输入的测量数据以及由外部设定的各种控制参数，经过计算与处理，显示被测量绕组的温度值并输出相应的控制信号；通过通信接口（RS485）和标准 4 ~ 20 mA 模拟电流远传。

温度控制器是干式变压器的一个重要配件，它可以完成以下多项监视任务。

（1）对三相绕组及铁心温度的巡回显示或最高温度相绕组的跟踪显示（可随意切换），巡回显示时间每相显示约 6 s。

显示方式分为“巡回显示”和“最大值显示”两种方式。

巡回显示方式时，循环显示 A、B、C 三相绕组及铁心温度。

最大值显示方式时，显示 A、B、C 三相绕组及铁心最大温度值。

（2）冷却风机的自动控制：在自动工作状态，当三相绕组及铁心中有一相温度达到设定的风机启动温度值时风机自动启动，风机启动时风机指示灯亮。当三相绕组及铁心中每相温度均小于设定的风机关闭温度值时风机自动关闭。

（3）可以手动启停控制风机。

（4）超温报警和超温跳闸信号的显示、输出。

（5）控制参数现场设置：可设置风机启控点和超温报警动作点、超温跳闸动作点。

（6）传感器异常故障时（短路、断路）相应故障指示灯亮，输出故障报警信号，同时风机启动。

（7）风机控制回路失电或断线时，断线报警指示灯亮，输出故障报警信号。

（8）通信功能，实现变压器温度的远方监控。

变压器温度控制器接线原理图如图 2-3-2 所示，温控器与干式变压器联络原理框图如图 2-3-3 所示。

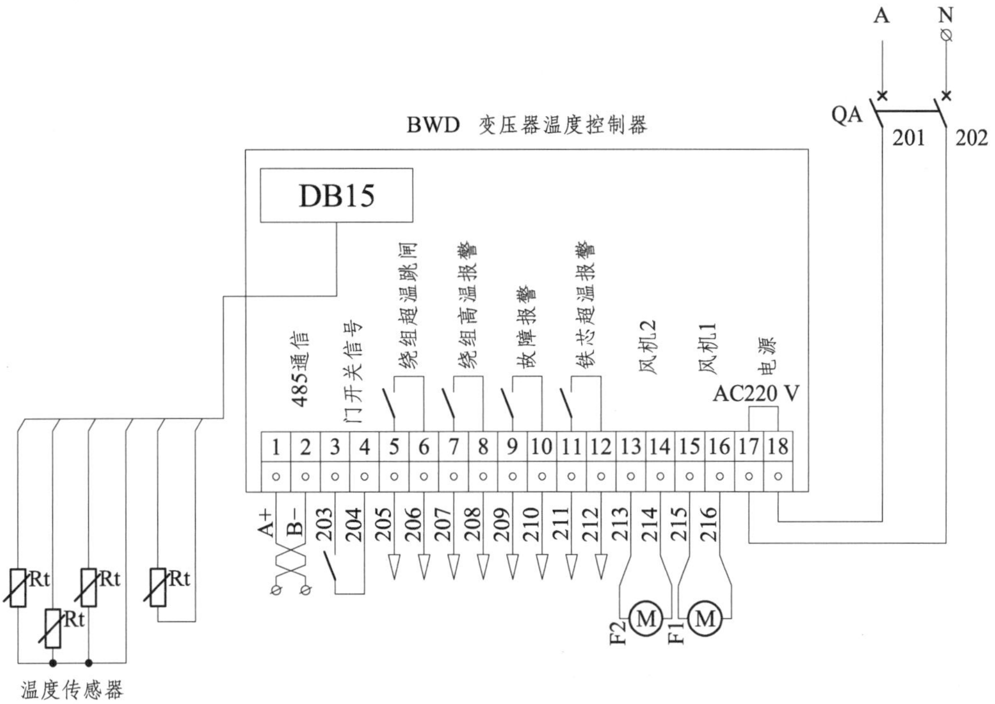

图 2-3-2　变压器温度控制器接线原理

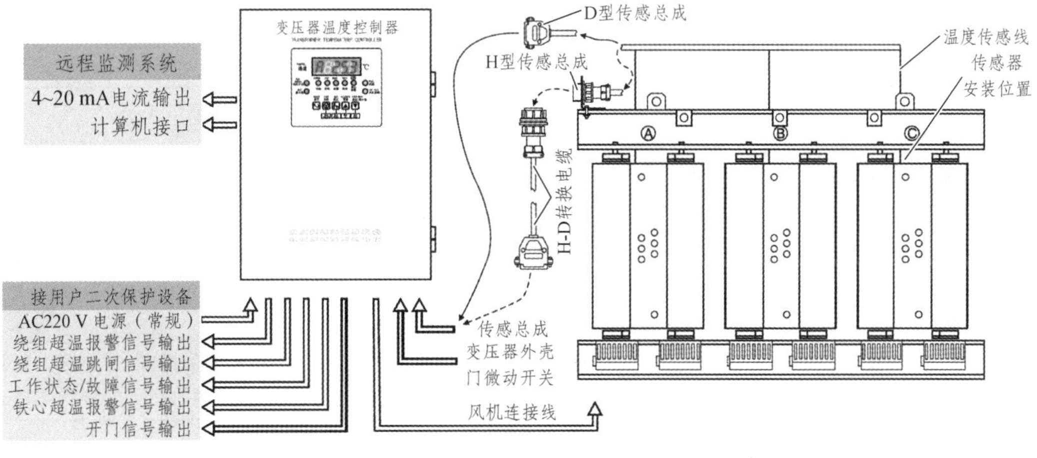

图 2-3-3　温控器与干式变压器联络原理框图

干式变压器温控仪

四、实训：变压器温控装置参数设置

（1）操作方法，见表 2-3-1。

表 2-3-1　干式变压器温控仪操作方法

步骤	按键	LED 显示器		说明	备注
		红色	红色		
1	设置键	E	－000	密码输入状态	密码要输入正确否则只能查看
2	按风机键/移位或最高/递增键，输入温控器密码“232”				
3	设置键	1	－060	风机关闭温度值 T1 设置状态	出厂设置为 80 °C、修改范围 0 ～200 °C
4	设置键	2	－080	风机启动温度值 T2 设置状态	出厂设置为 100 °C、修改范围 0 ～200 °C
5	设置键	3	－130	高温报警温度值 T3 设置状态	出厂设置为 130 °C、修改范围 0 ～200 °C
6	设置键	4	－150	超温跳闸温度值 T4 设置状态	出厂设置为 150 °C、修改范围 0 ～200 °C
7	设置键	F	－000	风机定时启动间隔时间设置状态	出厂设置为 000、修改范围 0～199（小时）
8	设置键	H	－002	风机启动运行时间设置状态	出厂设置为 2、修改范围 0～60（分钟）
9	设置键	n	－140	铁心温度检测状态（仅此 4K 型）	出厂设置为 100 °C、修改范围 0～199 °C
10	设置键	d	－001	通信型温度控制器地址设置状态	出厂设置为 1、修改范围 0～199
11	设置键	p	－000	输出功能检测状态	表 2-3-2 另作具体介绍
12	设置键	并返回到正常工作状态			

（2）输出功能检测步骤，见表 2-3-2。

通过输入模拟温度值，可以温控器的控制输出功能状态进行检测。

表 2-3-2　输出功能检测步骤

步骤	按键	LED 显示器		说明	备注
		红色	红色		
1	设置键	E	－000	密码输入状态	密码要输入正确，否则只能查看
2	按风机键/移位或最高/递增键，输入温控器密码“232”				
3	连续按设置键，跳过表 2-3-1 中 3～9 步直接进入输出功能检测状态				为避免引起变压器误跳闸，控制输出状态检测不允许模拟超温跳闸信号输出。如检测此项，应在未正常工作使用前（见表 2-3-1）修改温度即可，检测后返回正常功能温度
4	设置键	P	－000	控制输出功能检测状态	
5	按风机键/移位或最高/递增键，输入模拟启动风机温度值 100 °C				
6		P	－100	风机启动、风机指示灯亮	
7	按风机键/移位或最高/递增键，输入模拟超温报警温度值 130 °C				
8		P	－130	超温报警、报警指示灯亮	
9	按风机键/移位或最高/递增键，输入模拟超温跳闸温度值 150 °C				
10		P	－150	跳闸指示灯亮	
11	按风机键/移位或最高/递增键，输入模拟超温跳闸温度值 80 °C				
12	设置键	P	－079	关闭所有控制输出功能	
13	温控器退出功能检测状态，返回正常工作状态				

任务练习

1. 写出图 2-3-4 干式变压器结构示意图中每一个数字序号代表的变压器本体及附件的名称。

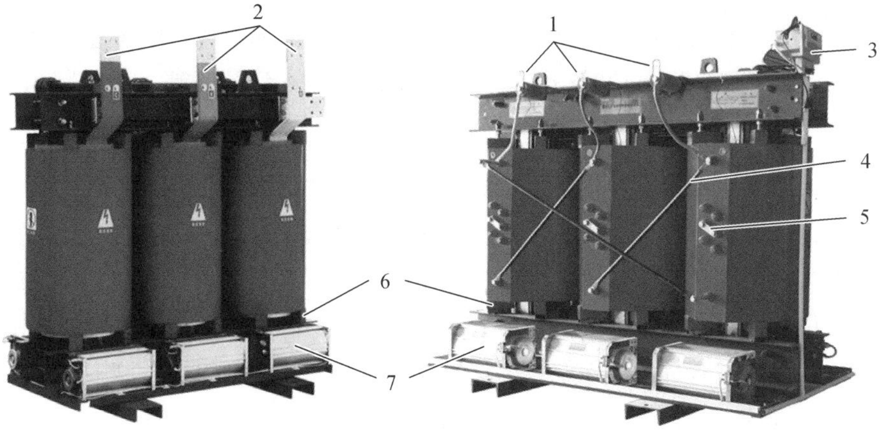

图 2-3-4　干式变压器结构示意图

① ______________________________

② ______________________________

③ ______________________________

④ ______________________________

⑤ ______________________________

⑥ ______________________________

⑦ ______________________________

2. 设置干式变压器风机关闭温度为 50 °C，风机启动温度为 70 °C，超温报警温度为 140 °C，超温跳闸温度为 155 °C。

任务四　整流机组

城轨牵引变电所中的整流机组由干式整流变压器和整流器组成。整流变压器的作用是将交流 35 kV 电压降压为交流 1 180 V 电压，作为整流器的交流输入端。

一、整流变压器

整流变压器大多采用干式、户内、自冷、环氧树脂浇注变压器。其特点与干式动力变压器基本相同。因此，整流变压器广泛应用于输变电系统、宾馆酒店、高层建筑、商业中心、体育场馆、石化工厂、电厂、机场、车站、海上钻台等场所，特别是安装空间有限、须靠近负荷中心和具有特殊防火要求的场合，更能充分体现其体积小、阻燃性好的优越性。

（一）基本参数

城市轨道交通供电系统通常采用的是干式整流变压器，现以 ZQSC-2500/35 为例（图 2-4-1）加以说明。

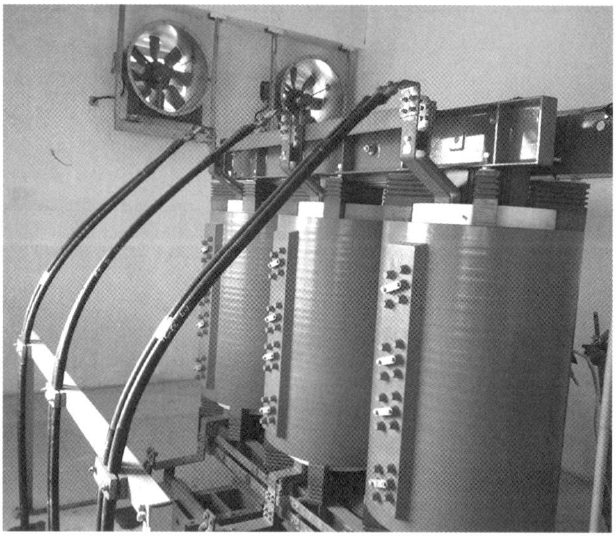

图 2-4-1　干式牵引整流变压器

（1）额定容量：2 500/1 250-1 250 kV · A。

（2）额定电压：35 kV/1.18 kV。

（3）额定电流：高压 41.2 A，低压 Y/△ 611.6 A。

（4）阻抗电压：初级一次级 d 和 y，7.84%；初级一次级 d，6.08%；初级一次级 y，6.23%。

（5）连接组别：两台牵引整流变压器的连接组别分别为 Dd0-Dy5 和 Dd2-Dy7。

（6）分接挡位范围：± 2 × 2.5%。整流变压器设置了 5 挡分接头，高压侧电压在（35 ± 2 × 2.5%）kV 范围内调整，分接头为无载调压，通过调整绕组上的分接连接片实现调压。出厂时通常为额定分接，当低压输出电压偏高时，将分接片向上调（匝数增加）；当低压输出电压偏低时，将分接片向下调（匝数减少）。由于整流变压器为四绕组变压器，在调整分接头时，必须同时调整二组高压绕组相对应的分接头，以保证两个低压绕组的输出线电压一致。

（二）技术性能

（1）单台变压器为十二脉波整流变压器，两台变压器并联运行构成等效二十四脉波整流变压器。同容量整流变压器可互换。

（2）整流机组负荷等级：100%额定负荷，连续；150%额定负荷，2 h；300%额定负荷，1 min。

（3）整流变压器接线组别：单台整流变压器所采用的接线组别，应使得其二次侧两组线圈电压相位角差 30°。

（4）每个牵引变电所内并联运行的两台整流变压器一次侧绕组分别移相 + 7.5°和 − 7.5°，使两台整流变压器二次侧电压相位角差 15°，通过整流器构成等效 24 脉波整流。

城市轨道交通牵引整流变压器的冷却方式多为自然冷却，三相绕组内装有测温元件，当变压器绕组温度高于设定值时，发出报警信号或跳闸信号。

二、整流器

城市轨道交通采用的整流器作为大功率整流设备，属于非线性负荷，从电网吸收非正弦电流，引起电网电压的畸变，因此整流机组属于重要的谐波源。为了抑制整流机组谐波对电网的影响，通常的措施是将变压器的一次绕组或二次绕组接成三角形，使励磁电流的三次谐波或零序分量能够流通，使三次谐波或三的整数倍次谐波电流不注入电网。因此，在确定城市轨道交通整流机组规格时，考虑带三角形连接的变压器，同时尽可能地增加整流的相数，以减少谐波污染。下面将重点介绍常见的 24 脉波整流机组。

（一）基本整流电路原理

在生产实践中，要将交流电变成直流电，可利用各种整流电路，但经过整流、滤波后的直流电，不可避免夹杂有交流电，产生纹波，纹波系数的大小，与相数有关。脉波数是指一个周期内 U_d 所包含的波头数，如单相半波的脉波数为 1，单相桥式的脉波数为 2，三相桥式的脉波数为 6。脉波数越多，输出直流电压纹波系数越小，电压更趋近平整。三相桥式整流电路及波形，如图 2-4-2、图 2-4-3 所示。

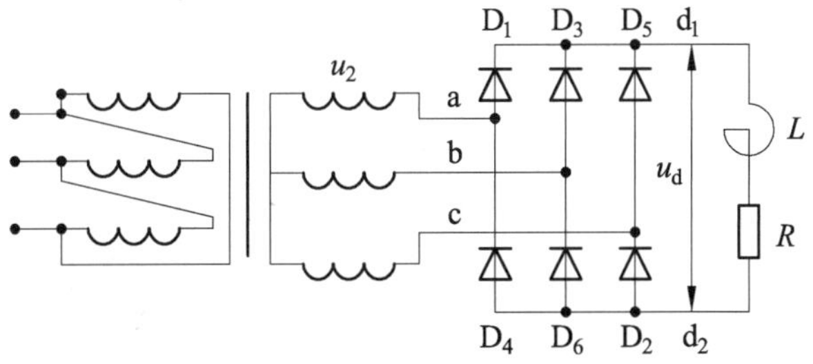

图 2-4-2　三相桥式整流电路

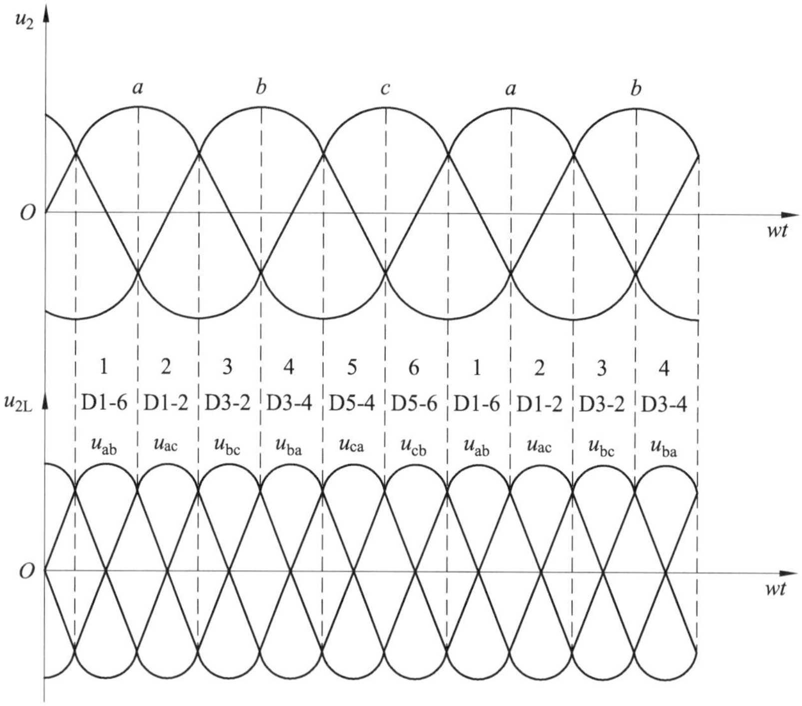

图 2-4-3　三相桥式整流电路波形

（二）整流器工作原理

在牵引变电所内，通过整流变压器将交流 35 kV 降至交流 1 180 V，再经整流器转换成直流 1 500 V 向接触网送电。每座牵引变电所，由整流变压器和整流器组成整流机组，24 脉波整流电路由两组 12 脉波整流电路组成，12 脉波整流由两个 6 脉波三相整流桥并联组成。其中，一个三相整流桥接向整流变压器的二次侧星形绕组，另一个三相整流桥接向整流变压器的二次侧三角形绕组。由于每台整流变压器二次侧星形绕组和三角形绕组相应的线电压相位错开 π/6，便可以得到两个三相桥并联组成的十二脉波整流电路，当供给两台十二脉波整流器的整流变压器高压网侧并联的绕组分别采用 ± 7.5°外延三角形连接时，两套整流机组并联运行就构成了等效二十四脉波整流。十二脉波整流电路如图 2-4-4、图 2-4-5 所示。

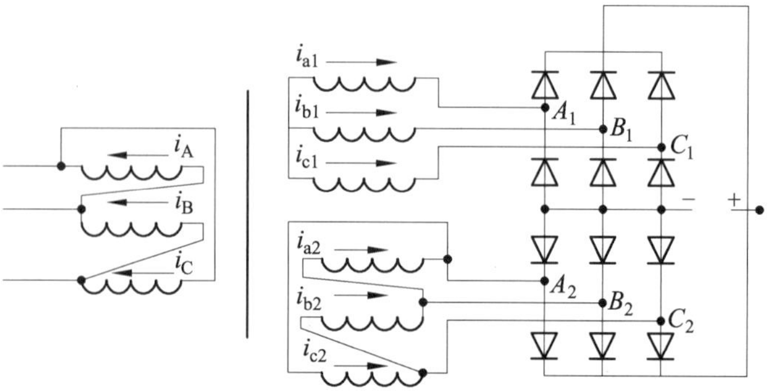

图 2-4-4　12 脉波整流电路图

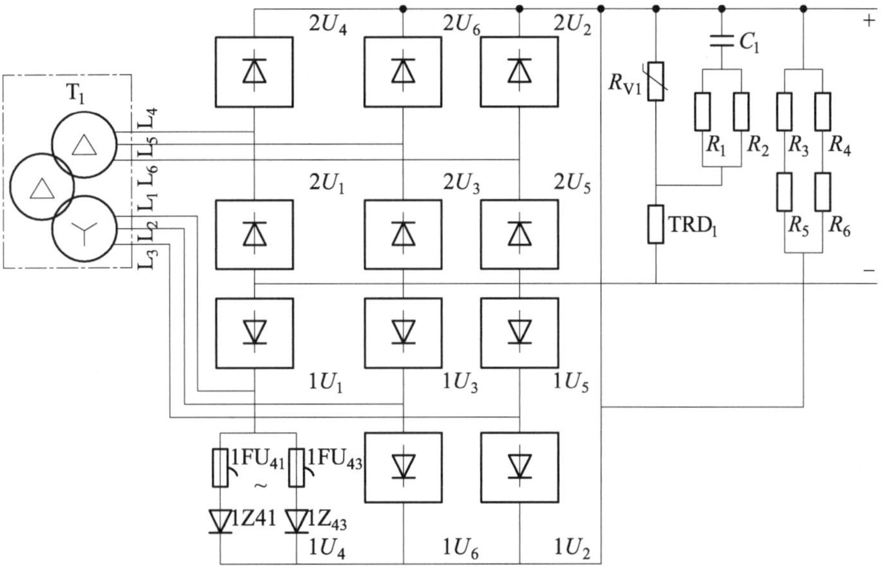

$1Fu_{41}$，$1Fu_{43}$—快速熔断器；Rv_1—压敏电阻；R_1，R_2，C_1—直流侧吸收 RC；R_3～R_6—负载电阻。

图 2-4-5　整流器原理电路图

如何获得接触网 1 500 V 直流电

（三）整流器技术条件

以 YGZ2Q41E4 型为例，二极管型号 ZP2600-44，主要技术参数如下。

（1）额定交流输入电压：1 180 V。

（2）额定直流输出电压：1 500 V。

（3）额定直流电流：2 000 A。

（4）冷却方式：空气自然冷却。

（5）过载能力：100%时——连续；150%时——2 h；300%时——1 min。

（6）整流器耐压：主回路对地、主回路对辅助回路 5.6 kV；辅助回路对地 2 kV。

（7）整流器臂并联的冗余度为 P-1，任一桥臂并联的二极管有一个损坏时，能正常运行，满足整流器的过负荷要求及承受短路电流的要求。

（8）二极管采用平板式，型号多为 ZP2200-44 或 ZP2600-44，采用铝型材散热器，二极管的反向重复峰值电压 4 400 V，二极管的正向额定电流 2 200 A。

（9）整流器桥臂并联二极管的电流不平衡度不大于 10%。

（10）整流器每个臂有 2 个二极管并联，每个三相桥有 24 个二极管，每组十二脉波整流器有 24 个二极管，每个牵引变电所等效二十四脉波整流机组共有 48 个二极管。

（四）整流柜结构

整流器柜通常采用尺寸为 1 200 mm × 1 200 mm × 2 200 mm 的金属屏柜，柜体无焊接，全部采用不锈钢螺栓连接，在柜体的前后门下部开有进气网孔，上部设有散热通风孔，两侧封盖，柜体经电镀锌处理，防腐性强，表面静电塑料喷粉。

两个三相整流桥分别装在柜子的上下部分，从前门开门可以清晰地看到垂直排列的三列元件分上下两部分，交流汇流母排 L1 ~ L6 及直流输出母排 L + 、L – ，集中在屏柜内下方进、出线。每个桥臂铜母线上装有逆流保护用电流传感器，快速熔断器一端接至交流母排上，另一端用铜排与块状散热器连接，柜前有模拟图，显示整流器的接线方式。柜体结构如图 2-4-6、图 2-4-7 所示。

图 2-4-6　整流器柜外观

图 2-4-7　整流器柜内结构

快速熔断器工作原理为：纯银片制成的变截面熔体封装于由高强度瓷制成的熔管内；熔管中充满经化学处理过的高纯度石英砂作为灭弧介质；熔体二端采用点焊与触头牢固电连接。熔断体型式有方管刀形触头和方管平板形触头两种。熔断体可带指示器或撞击器，当熔体熔断时，撞击器立即动作，并推动微动开关（撞击器），触发各种信号或电路。

任务练习

1. 用下面给出的词语选择填空。

15°	1 180 V	− 7.5°
连续	24	35 kV
+ 7.5°	短时	2 h

（1）城市轨道交通牵引整流变压器高压侧电压通常为______，低压侧电压通常为_______。

（2）每个牵引变电所内并联运行的两台整流变压器一次侧绕组分别移相_______和______，使两台整流变压器二次侧电压相角差_________，通过整流器构成等效____________脉波整流。

（3）当整流变压器的负载为 100% 时，可运行时间为__________，当负载为 150%时，可运行时间为___________。

2. 以下配图为整流器柜内设备，选择表中的元件与对应的图配对，填写在图片右侧对应的横线上。

平板式二极管	压敏电阻	分流器
散热器	快速熔断器	三极管

____

____

____

____

任务五　直流 1 500 V 系统

一、直流 1 500 V 系统组成

城轨牵引变电所直流 1 500 V 系统设备包括直流开关柜（含轨电位、负极柜）、制动能耗装置、排流柜及静调电源柜等设备。

典型的城轨牵引变电所直流 1 500 V 设备基本布局为：2 台整流器柜，2 台进线开关柜，5 台馈线开关柜，一台负极柜，1 台轨电位限制装置，6 台上网隔离开关，1 台排流柜，一套制动能耗装置，如图 2-5-1 所示。

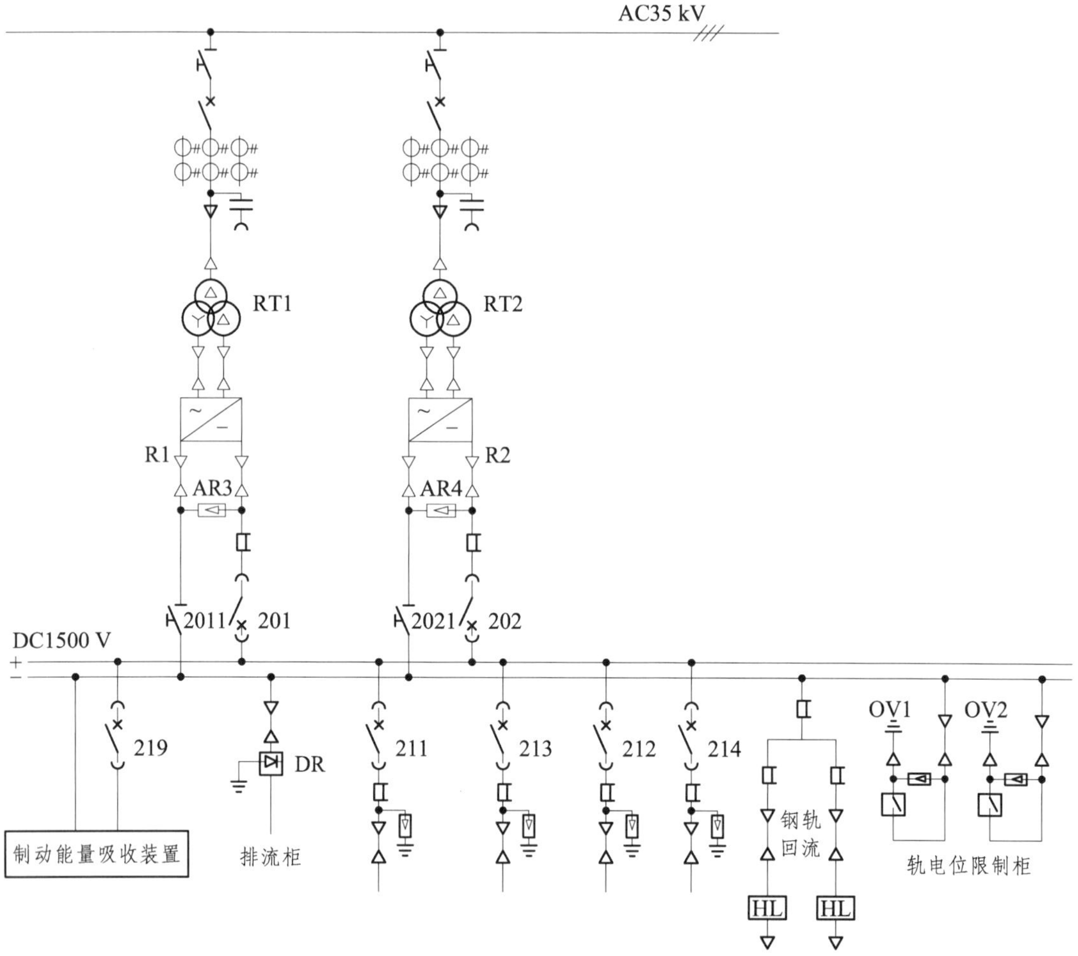

图 2-5-1　直流 1 500 V 系统接线图

整流器柜 R1、R2，将整流变压器低压侧的交流 1 180 V 整流成二十四脉波输出的直流 1 500 V 直流电。进线柜 201、202，将整流器输出的直流 1 500 V 电，引向直流母排。

馈线柜用 211、212、213、214、219，分别为上下行接触网以及制动能耗装置供电。

负极柜是连接整流器负极与回流钢轨之间的开关设备，为牵引回路提供回流通路。

轨电位限制柜，在钢轨与大地之间装设一套轨电位限制装置，通过限制运行轨的电位，避免超出安全许可的接触电压对人身和设备造成的危害。

排流柜 DR 安装于牵引变电所内。排流柜的一端接负极柜内的直流负母排，另一端接隧道结构钢筋（或高架桥梁结构钢筋）、整体道床结构钢筋、牵引变电所地母排，使结构钢筋中的杂散电流单方向流回牵引变电所内的负极柜，防止杂散电流对结构钢筋的腐蚀。

制动能耗装置，城市轨道交通列车在制动时将向接触网反馈电能，从而使接触网网压升高，过高的网压会影响设备的正常运行甚至损坏设备绝缘，因此利用制动能耗装置将升高的网压通过电阻进行消耗，从而维持网压在设备运行允许的范围内，保证设备正常运行。

上网隔离开关，将 1 500 V 电引向接触网，并设置越区联络功能，主要作用是在回路中形成明显的开断点。

直流 1 500 V 母线为单母线不分段接线方式。

正常情况下，牵引变电所向接触网供电方式有两种：单边供电和双边供电。城市轨道交通接触网（或接触轨）在每个牵引变电所附近由电分段进行电气隔离，分成两个供电分区，每个供电分区也称为一个供电臂，若列车只从所在供电臂上的一个牵引变电所获得电能，这种供电方式称为单边供电；若一个供电臂同时从相邻两个牵引变电所获得电能，则称为双边供电。

车辆段、停车场内接触网一般由车辆段或停车场变电所单边供电。

正线接触网由相邻牵引变电所双边供电，当某一牵引变电所故障退出运行时，该段接触网就成为单边供电。如图 2-5-2 所示，正常运行时，列车从 B 牵引变电所和 C 牵引变电所以双边供电方式获得电能，越区隔离开关断开。

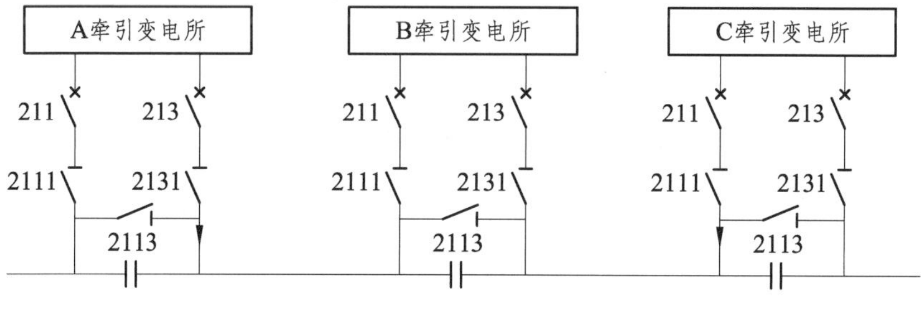

图 2-5-2　城市轨道交通供电系统运行方式示意图

当 B 牵引变电所因故障退出运行时，合上该所的越区隔离开关，通过越区隔离开关由 A 牵引变电所和 C 牵引变电所进行大双边供电。正线上任何牵引变电所故障退出运行时，一般由相邻牵引变电所越区供电。

在越区供电方式下，供电末端的接触网（或接触轨）电压较低，电能损耗较大，因此，视情况要适当减少同时处在该供电区段的列车数目。越区供电是在不得已的情况下，短时采用的一种运行方式。

二、直流 1 500 V 开关柜设备介绍

（一）直流进线柜、馈线柜

直流进线柜、馈线柜由固定的柜体和可移开部件成。柜体为优质冷轧钢板，经数控加工、折弯进行铆接而成，结构上分成各种功能小室。功能小室通常分为直流断路器室、低压室、母线室、电缆室 4 个部分。其中断路器手车室和低压室有独立的前门，断路器手车有 3 个位置：工作位置、试验位置、隔离位置。

直流进线柜是指用于连接整流器正极母排与 1 500 V 正极母线间的开关设备；馈线柜则指用于连接 1 500 V 正极母线与接触网上网隔离开关或制动能耗装置之间的开关设备，都为金属铠装式结构，双面维护。各功能小室间经隔板隔离，且隔板具备足够的机械强度和防护等级，保障运行和维护的安全，进线柜装设手车式直流快速断路器，手车可方便地拉出和推入，开关柜上设置“运行”“试验”“隔离”3 个明显位置和标志。

断路器采用空气断路器，断路器可分为电保持型和磁保持型，通常采用电保持型。断路器室包含断路器手车、机械闭锁机构、手车导轨和手车接地触点。

通过一个专用的操作手柄，可以很容易地使可抽出式断路器手车在工作位置和试验位置变换，其位置可以通过断路器室门上的观察窗清楚看到。当可抽出式断路器手车位于试验位置时，断路器主触头会安全地将主母线与进出线电缆隔开。断路器室内自启动的活门作为断路器室和电缆室之间的保护，可以防止断路器动触头与固定触头在可抽出式断路器手车处于试验位置时相互接触。

当手车处于试验位置时，活门关闭并闭锁，以防止活门误操作而从柜前碰到断开的电缆室固定触头；如果活门被闭锁，则直流断路器手车触头不能插入。

当拔掉航空插头后，可抽出式断路器手车离开试验位置，手车不需要专用工具即可从柜体抽出并移开；此时断路器室是可进入的，母线室被完全隔离以确保人员安全接触；手车完全抽出后，活门关闭并闭锁。

当断路器处于分位状态且在试验位时，才可将手车拉出至柜体外部，否则断路器是不可以操作的。

母线室位于柜体后部，母线室包含有与手车上部动触头相接触的静触头和母排，母线室与断路器室之间用绝缘隔板隔开，方便维护人员进入母线室检修作业。

低压室的控制设备通过一个单独的隔离门安装在柜体上部的低压室内，测量电路后面的绝缘板可保护操作人员，避免其接触线路电压，低压室通过钢板与断路器室隔开，就地控制装置安装在低压室门板上。

电缆室位于柜体后部，它包含主回路的电缆连接排、与可抽出式断路器手车下部触头相接触的固定触头和馈线电缆接地固定点。电缆室通过绝缘板与断路器室隔开，方便维护人员进入电缆室进行检修作业。

直流 1 500 V 开关柜的操作采用控制中心遥控（中央级）、变电所集中控制（变电所级）和设备本体控制（就地级）三级控制。供电系统运行调度指挥以控制中心为主。正常运行时，各级变电所运行不采用就地控制，只有在需要检修或设备故障时，根据需要对设备进行就地控制。

直流 1 500 V 开关柜上的“远方/当地”控制开关处在“远方”位置，城市轨道交通运营控制中心通过电力监控系统对相应的断路器进行操作；在变电所控制室内，也通过控制屏对相应的断路器进行操作。直流 1 500 V 开关柜上的“远方/当地”控制开关处在“当地”位置，通过开关柜面的分合闸旋钮，对相应的断路器进行操作，也可以通过人机界面进行合闸。无论转换开关在哪个位置，都可以通过紧急分闸按钮，进行手动快速分闸。

（二）断路器结构及原理

断路器是一种直流快速限流断路器，自然冷却。其在监测到回路短路的情况下，能自由脱扣，快速分断其一次回路，在整个分断过程中，通过产生一个持续的过电压来快速灭弧。由于该快速断路器具有监测过流、短路、过载等故障的瞬时响应特性，可专用于牵引变电所及工业用直流设备的保护。断路器手车主要包括：固定绝缘框架、动静触头、脱扣装置、灭弧室、驱动装置以及辅助触点盒等部分，其外形如图 2-5-3 所示，结构如图 2-5-4 所示。

图 2-5-3　直流 1 500 V 断路器外形

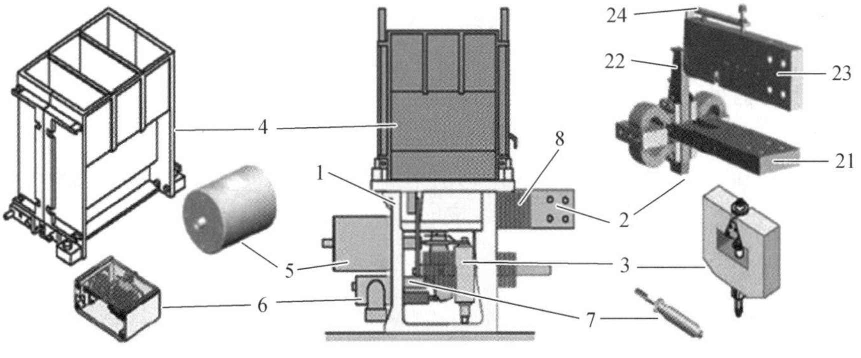

1—断路器固定框架（由玻璃纤维增强绝缘材料制成）；2—主回路（由下连接铜排（21）、动触头（22）、上连接铜排（23）和静触头（24）组成）；3—过电流脱扣装置；4—灭弧罩；5—合闸装置及叉杆单元；6—辅助触头盒；7—推动器；8—散热器。

图 2-5-4　直流 1 500 V 断路器结构

直流 1 500 V 断路器的主要特点：对地及主触头间均具有很高的绝缘性能；具有高分断能力；具有超长使用寿命；维护简单化；外形尺寸小。

直流快速断路器结构及机构动作原理如图 2-5-5 所示。

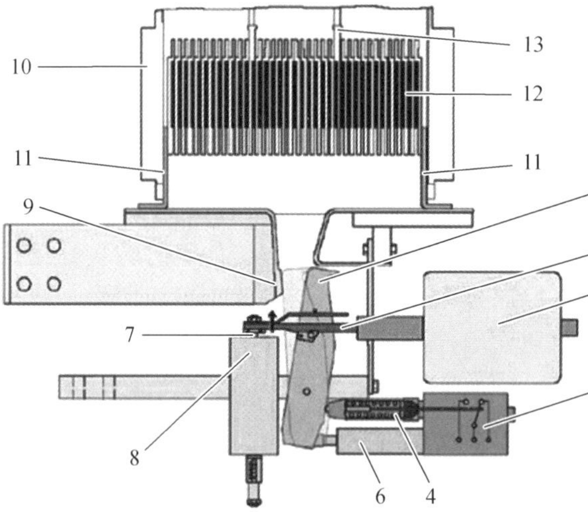

1—合闸装置；2—叉杆；3—动触头；4—推动器；5—辅助触头；6—减振器；7—跳闸装置杆；8—脱扣装置；9—静触头；10—灭弧罩；11—引弧角；12—灭弧隔板；13—去离子板。

图 2-5-5　直流 1 500 V 断路器分合闸过程示意图

合闸动作：当断路器接收到合闸脉冲指令，合闸装置 1 推动叉杆 2，由叉杆 2 推动动触头 3 闭合，同时主触头间（3 和 9）产生接触压力。推动器 4 由动触头 3 推动，驱动辅助触头 5 变位。减振器 6 可吸收合闸过程中产生的剩余能量。

合闸保持：主触头闭合后，合闸装置 1 借助一个较小的保持电流来维持接触压力。

分闸动作：断路器收到分闸命令后切断保持电流使断路器分闸，此时断路器的叉杆 2 在弹簧反力作用下返回，动触头 3 断开，辅助触头 5 复位。

（三）断路器手车操作步骤

1. 摇进手车步骤

检查直流断路器处于分闸位，才能进行摇进操作。

第一步：检查所有的电源回路是否是关断。

第二步：检查断路器手车有无异常（没有其他物体或工具遗留在手车内，活门可以自由开合）。

第三步：两边拉环靠拢推动手车进入柜体直至“试验”位置。

第四步：松开两边拉环通过两边的闭锁位锁定闭锁机构。

第五步：插上断路器航空插头。

第六步：关闭并锁上断路器柜门。

第七步：将手柄插入操作孔。

第八步：顺时针旋转手柄直到停止（无强加压力）。

第九步：从操作孔中拿走手柄。

此时手车位于“工作”位置且柜门不能打开，允许对断路器进行分合闸操作。

断路器手车摇进操作如图 2-5-6 和图 2-5-7 所示。

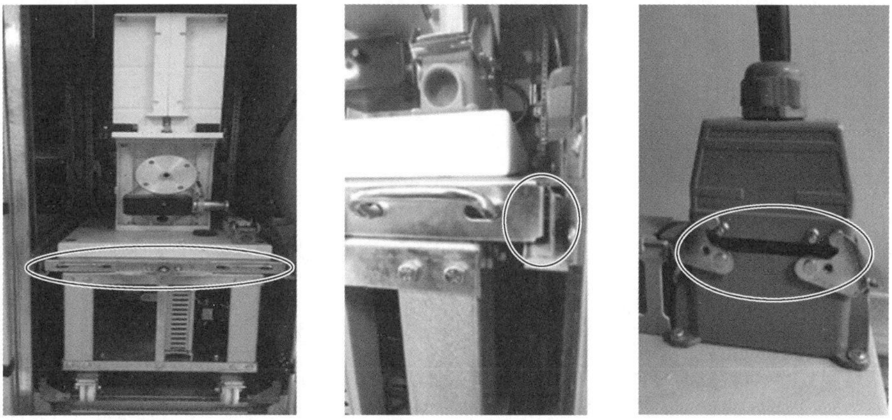

（a）手车推进试验位置　（b）锁定闭锁机构　（c）插上航空插头

图 2-5-6　断路器收车摇进操作（一）

（a）锁住航空插头　（b）插入摇把　（c）手车摇进工作位置　（d）取下摇把

图 2-5-7　断路器手车摇进操作（二）

2. 摇出手车步骤

当需要将直流断路器手车从开关柜内移除到柜外，即从“工作”位移至“试验”位，再移至“检修”位时，可以采用如下的操作方法。

第一步：在摇出直流断路器手车前，依据操作规程实施断路器分闸或者确认断路器已处于分闸位。

第二步：将手柄插入操作孔。

第三步：逆时针旋转手柄直到停止。

第四步：检查手车的正确位置（“试验”位）。

第五步：从操作孔中拿走手柄。

第六步：打开断路器仪表室柜门，将控制回路空开拉开。

第七步：打开断路器手车室柜门。

第八步：拔下断路器航空插头。

第九步：通过两边拉环靠拢打开闭锁机构。

第十步：将手车拉出至柜体外部。

断路器手车摇出操作如图 2-5-8 和图 2-5-9 所示。

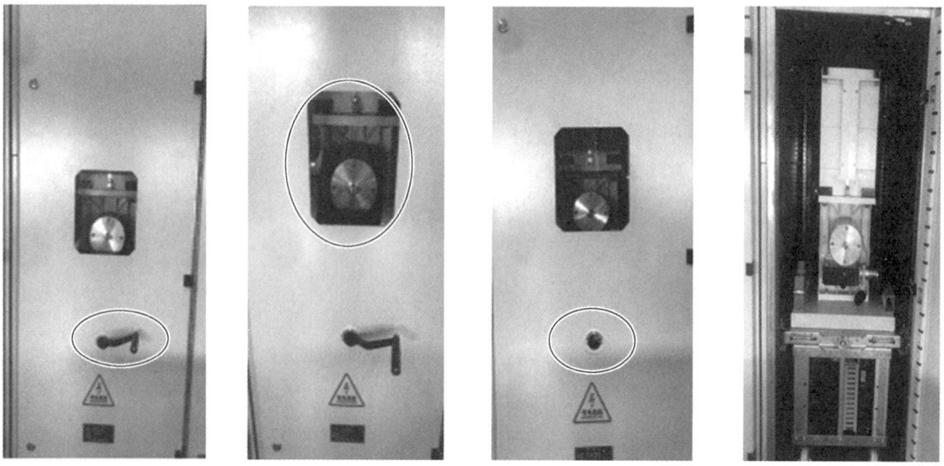

（a）插入摇把　（b）摇出至试验位置　（c）取下摇把　（d）打开柜门

图 2-5-8　断路器手车摇出操作（一）

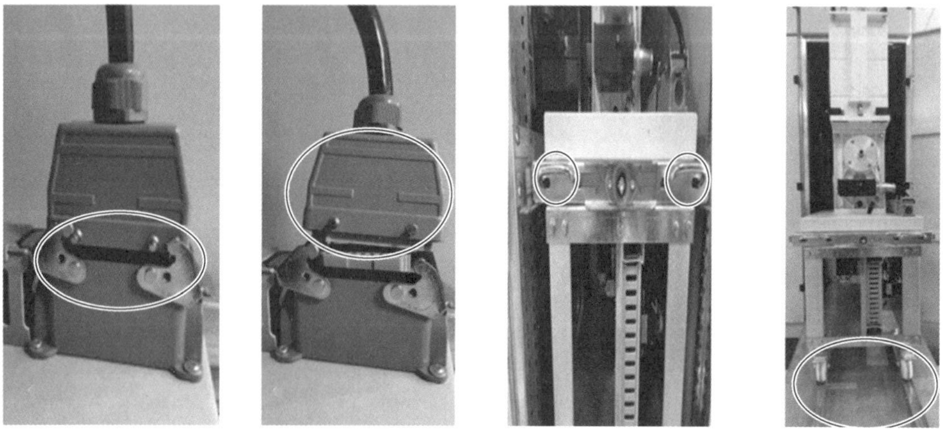

（a）松开航空插头卡扣　（b）拔下航空插头　（c）打开闭锁机构　（d）拉出小车

图 2-5-9　断路器手车摇出操作（二）

注意：断路器处于分闸位置时，断路器手车才能摇出或摇进；手车在工作、试验位置时，断路器可以进行分、合闸；断路器手车在工作位置时，二次插头不能拔出；在二次插头未拔出前，断路器手车不能从开关柜中摇出。

3. 大电流脱扣保护

直流断路器过电流脱扣值可通过过电流脱扣装置进行设定。过电流脱扣值在出厂前已经完成设定，通过电流脱扣整定值与刻度尺之间的对应关系进行调整，电流达到设定值断路器保护跳闸，如图 2-5-10 所示。

刻度值	整定电流/A
出厂整定值	
2.0	6 000 A
整定范围	
1.2	3 500 A
1.9	4 000 A
2.5	4 500 A
3.5	6 000 A
4.8	8 000 A

图 2-5-10　过电流脱扣定值设定示意图

主回路电流超过大电流脱扣设定值时，在脱扣装置将使跳闸装置杆 7 向上运动，并触发叉杆 2 脱扣，从而释放动触头 3，同时驱动辅助触头 5 变位，如图 2-5-11 所示。

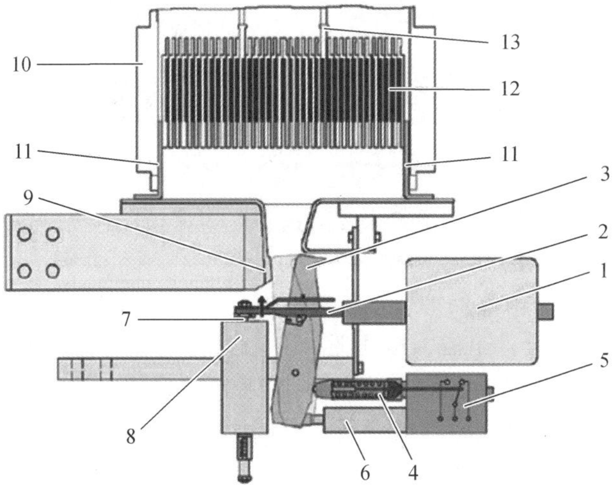

图 2-5-11　大电流脱扣跳闸示意图

注：图中标号意义与图 2-5-5 相同。

（四）负极柜

负极柜是指用于连接整流器负极与钢轨（负极母排）间的开关设备，采用电动或者手动直流隔离开关，隔离开关与对应的进线柜中的直流断路器及 35 kV 断路器之间存在闭锁关系。只有当对应的直流断路器和 35 kV 断路器处于分闸位置时，负极柜隔离开关才能操作；只有当负极隔离开关处于合位时，直流进线断路器才能合闸。

柜体面板上安装有指示灯、按钮、转换开关、电流表等，内部主要有手动或电动隔离开关、框架泄漏保护电流元件和框架泄漏保护电压元件、开关电源、温度控制器、传感器等设备。柜体如图 2-5-12 所示。

图 2-5-12　负极柜外观

负极柜内设置一套用于信息（隔离开关位置、框架保护动作等）采集，并能与综合监控系统通信处理设备进行通信的 PLC 测控/保护单元。

全所设两套低阻抗框架泄漏保护装于负极柜内，对框架故障进行保护。框架泄漏保护由一个电流元件和一个电压元件组成，电压元件应通过转换开关当地投入/切除，并可分别整定为报警和跳闸二段。框架保护动作跳闸后，闭锁并跳开的断路器的合闸，只有当故障消失，当地复归框架保护后，断路器才能合闸。框架保护的动作信号可在当地/远方显示。

通常，电流检测元件作为框架保护的主保护，电压检测元件作为框架保护的后备保护。

为了防止直流牵引供电设备内部绝缘降低时造成人身危险，每个牵引降压变电所内设置了一套直流系统框架泄漏保护装置。该保护包含反映直流泄漏电流的过电流保护和反映接触电压的过电压保护，而过电压保护还与车站的钢轨电位限制装置相配合，作为钢轨电位限制装置的后备保护。

（五）轨电位限制装置

在直流牵引系统中，由于操作电流和短路电流的存在，可能会引起回流回路和大地间产生超过安全许可的接触电压。在此情况下，就需要在回流回路与大地之间装设一套钢轨电位限制装置，以限制运行轨电位，避免出现超出安全许可的接触电压。

正常运行状态下，供电区段内列车运行时，钢轨中流过牵引负荷电流，造成钢轨对地电位的升高（正值或负值）。钢轨对地电位的大小，主要与线路上机车的数量、负荷电流、牵引所间距、钢轨地间的过渡电阻等因素相关。当发生接触网与钢轨发生短路、接触网对架空地线发生短路故障、直流设备发生柜架泄漏故障、牵引变电所整流变压器二次侧交流系统发生单相接地短路等故障时，会引起钢轨对电位的陡升。当接触电压超出安全许可时，钢轨电位限制装置将钢轨与大地快速短接，从而保证人员和设施的安全。

地铁轨道为长轨，是由多节轨道焊接而成，轨道接缝电阻值较大，而使轨道与结构钢之间的电位差增加，如果轨道接缝处开焊，则轨道接缝电阻更大，这使轨道与结构钢之间的电位差更高。在站台上，地铁乘客进出列车时两脚之间就会形成一个危险的跨步电压，严重危及乘客的人身安全。轨电位限制装置原理如图 2-5-13 所示。

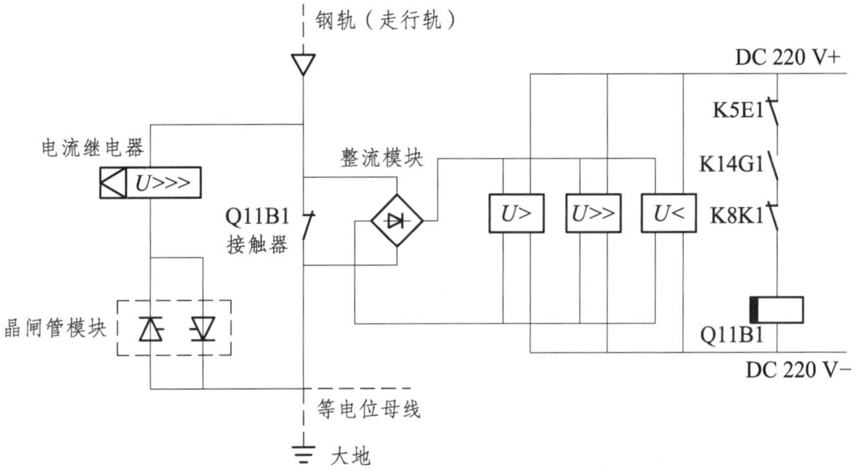

图 2-5-13　钢轨电位限制装置原理图

在正常情况下，直流接触器的触头是断开的，同时晶闸管处于截止状态。钢轨与大地之间的电压由电压表检测并显示，而由电压测量元件 *U*>、*U*>>、*U*< 和晶闸管模块，来判断电压并执行相应动作。

当走行钢轨与大地间的电压值小于 *U*>的设定值，在这种情况下，直流接触器是开断的，即主触头断开。当测得的电压值大于或等于电压测量元件 *U*> 的阈值（90 V），经过一段设定的延时（0.8 s）后，该装置将回流回路有效短接，动作的延时确保在短期的允许电压最大值下，不会发生不必要的短路。如果当时的电压值小于 *U*> 的阈值，则钢轨电位限制装置经过一段可调整的延时（10 s）后，再进入正常状态。如果电压值又大于 *U*>，则钢轨电位限制装置再次发生短路。当两次动作时间不超过 60 s 时，累计计数，当计数达到 3 次时，短路装置即会闭锁。当闭锁时，需按复位按钮将其复归。当测得的电压值大于或等于 *U*>> 的阈值（150 V），钢轨与大地被无延时短接，短路装置即会闭锁，需按复位按钮，将其手动复归。如果电压超过 *U*>>> 的阈值，即当电压大于（600 ± 50）V 时，则晶闸管元件立即导通，以抵消直流接触器的机械延时，同时直流接触器被激活，而闭锁状态继续保持。闭锁状态需按复位按钮将其手动复归。若电压小于 *U*< 的定值，经过一段时间延时（24 h）后，系统报故障同时闭锁输出，需按复位按钮将其手动复归。

（六）操作票、工作票

停送电操作须由熟悉现场设备，熟悉运行方式和有关规章制度，并经考试合格的人员担任。有权担任停送电操作和有权担任监护的人员，须经电气负责人批准。操作人和监护人应根据接线图核对所填写的操作项目，并分别签名，然后经负责人审核签名，即“三审”制，可以不使用操作票的工作范围不得任意扩大。

停送电操作必须由两人执行，其中一人担任操作，有监护权的人员担任监护，在进行操作的全过程不准做与操作无关的事。应填入操作票的项目有：应拉合的设备，验电，装拆接地线，安装或拆除控制回路或电压互感器回路的熔断器，切换保护回路和自动化装置，检验是否确无电压；应拉合设备后检查设备的实际位置；进行停、送电时，在拉、合刀闸前，检查开关确在分闸位置；在进行倒负荷或解、并列前后，检查相关电源运行及负荷分配情况；设备检修后合闸送电前，检查送电范围内接地刀闸已拉开，接地线已拆除。

停送电操作必须填用停送电操作票，操作票必须票面整洁，任务明确，书写工整，并使用统一的调度术语。

注意事项：

（1）时间应填写实时时间不能还没开始就已经把时间写上了。

（2）操作票上的各岗位人员，必须严格按实际情况填写。

（3）操作之前先填写操作开始时间。

（4）注意监护人唱读操作票时不能跳行必须按顺序严格进行。

（5）操作工完成该项操作后监护人才能在后面打钩。

（6）所有操作完成后必须签字和填写终了时间。

直流柜、负极柜、整流柜、馈线柜介绍　　　　倒闸操作的程序流程

任务练习

1. 根据图 2-5-14 所示，说明什么情况下 B 牵引变电所的 2113 隔离开关合闸，实现越区供电。

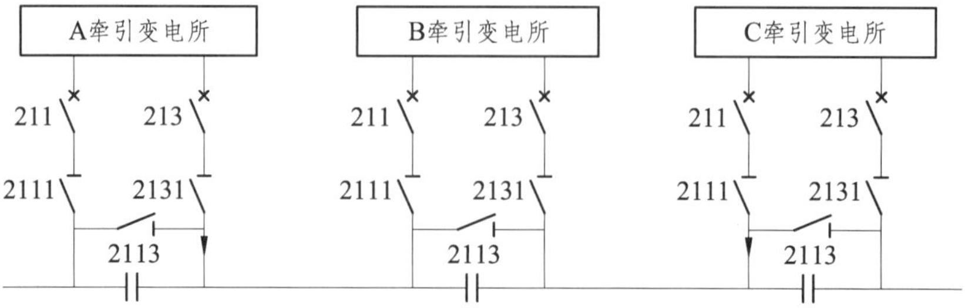

图 2-5-14　越区供电示意图

2. 直流手车式断路器进行停送电操作时，需要注意哪些事项？

3. 将下面方框内文字选择性地填入表 2-5-1 中对应位置。

故障报警	当检测电压小于 5 V，经 24 h 延时后，系统报故障（“故障指示”指示灯亮），同时闭锁输出。需按复位按钮手动复位	必须就地复归
晶闸管导通 + 合接触器	当检测到电压大（600±50）V，晶闸管首先导通，接触器无延时动作闭合，动作后必须手动复归	必须就地复归
合接触器	当检测电压大于 90 V，动作延时 0.8 s 后将接触器闭合，闭合 10 s 后自动复位。如果在 60 s 内动作三次，接触器闭锁	动作后经过延时自动复归；闭锁后必须就地复归（或远方复归）
合接触器	当检测到电压大于 150 V 无延时动作闭合接触器，接触器闭锁。动作后必须手动复归	允许就地复归（或远方复归）

表 2-5-1 钢轨电位保护功能

功能	定值电压	动作类型	动作过程	复位情况
一段电压保护 U>	90 V			
二段电压保护 U>>	150 V			
三段电压保护 U>>>	（600 ± 50）V			
低电压保护 U<	5 V			

任务六 电力电缆

一、电缆的基本知识

电力电缆用于电能的传输与分配。选用电缆时，必须具备以下功能：满足输电、配电网络对电力电缆的各项要求；能承受电网电压；满足传输功率要求；满足正常和故障下的电流通过；在满足电力网络的前提下，还必须满足安装、敷设、使用所需的机械强度和可曲度要求，并耐用可靠。

电力电缆适用于输电线路密集的发电厂和变电站，位于市区的变电站和配电所；现代大、中城市的市区、高层建筑区和主要道路；建筑面积大、负荷密度高的居民区和城市规划不能通过架空线的地区；位于地下的城市轨道交通负荷等场所。它具有占用地面和空间少，供电安全可靠，触电可能性小，有利于提高电力系统功率因数，运行、维护工作量小，利于美化城市，具有保密性等优点。相应地，其也存在一次性投资费用大，线路不易变更，线路不易分支，故障测寻困难，修复时间长，电缆接头附件的制作工艺要求高、费用高等缺点。

电力电缆的电压等级包括低压电缆（1 kV）、中压电缆（6 ~ 35 kV）、高压电缆（110 kV）、超高压电缆（220 ~ 500 kV）。

电力电缆的标称截面有：1.5、2.5、4、6、10、16、25、35、50、70、95、120、150、185、240、300、400、500、630、800、1 000、1 200、1 400、1 600、1 800、2 000、2 500 共 27 种（单位：mm^2）。

电力电缆的芯数有单芯、二芯、三芯、四芯和五芯。单芯电缆常用于传送直流电、单相交流电和三相交流电，一般中、低压大截面的电力电缆和高压、超高压电缆多为单芯。二芯电缆用于传送直流电或单相交流电。三芯电缆用于 35 kV 及以下中小截面积的电缆线路中。四芯和五芯电缆多用于低压配电线路。

按绝缘不同，电缆分为挤包绝缘电力电缆、油浸纸绝缘电力电缆。挤包绝缘电力电缆主要包括：聚氯乙烯绝缘电力电缆、交联聚乙烯绝缘电力电缆、聚乙烯绝缘电力电缆、橡胶绝缘电力电缆。纸绝缘电力电缆主要包括：普通黏性油浸纸绝缘电缆、不滴流油浸纸绝缘电缆、充油电缆、气压油浸纸绝缘电缆。

按功能和使用场合不同，常用的有阻燃电力电缆和耐火电力电缆两类。阻燃电力电缆的电缆绝缘或护层中添加阻燃剂，即使在明火烧烤下，电缆也不会燃烧。耐火电力电缆在导体外增加耐火层，多芯电缆相间用耐火材料填充，其特点是可在发生火灾后的火焰燃烧条件下，保持一定时间的供电。

二、城市轨道交通供电系统常用电缆的结构及参数

（一）110 kV 电缆结构及技术参数

主变电所 110 kV 电缆常采用交联聚乙烯绝缘单芯铜芯电缆，以 YJLW03-Z 64/110 1×800 为例，其断面如图 2-6-1 所示。该电缆额定电压为 110 kV，截面积为 800 mm^2。电力电缆的基本结构主要包括：导体（线芯）、绝缘层、屏蔽层和护层四部分。图 2-6-1 中 1 为圆形导体，绝缘内部电场分布较均匀。图中 4 为主绝缘层，其绝缘材料可达到 8 ~ 10 kV/mm 耐压强度，耐电晕性能好，耐热性能好，使用寿命长。图中 3 为导体屏蔽层，5 为绝缘屏蔽层，即内屏蔽层和外屏蔽层。导体屏蔽层的作用是消除导体表面的不光滑所引起导体表面电场强度的增加，使绝缘层和导体有较好的接触；绝缘屏蔽层使绝缘层和金属护套有较好的接触，一般采用半导电纸带。图中 6、7 为阻水层，是一种纵向防水结构，由半导电膨胀带组成，一旦电缆的金属护套破损造成水分进入电缆，半导电膨胀阻水带吸水后急剧膨胀，填满空隙，阻止水分在电缆内纵向扩散。图中 8、9、10、11 为护层部分，密封保护电缆免受外界杂质和水分的侵入，防止外力直接损坏电缆绝缘层，有些电缆外护套还具有阻燃的作用。

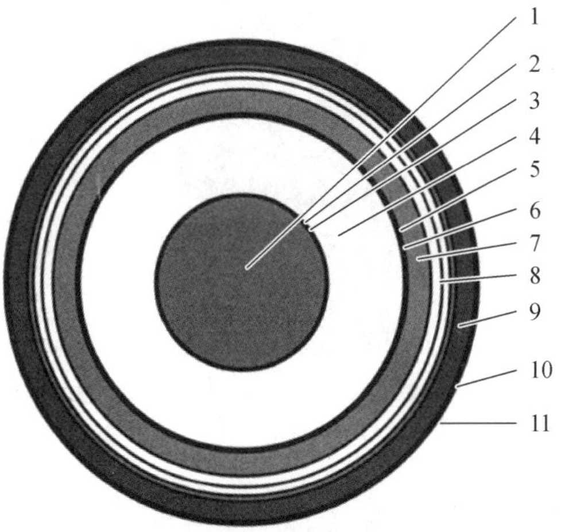

1—导体；2—半导电尼龙带；3—导体屏蔽；4—XLPE 绝缘；5—绝缘屏蔽；
6—半导电阻水带；7—半导电缓冲阻水带；8—皱纹铝护套；
9—高密度聚乙烯外护套；10—防蚁护层；
11—石墨涂层。

图 2-6-1 110 kV 电缆断面

（二）35 kV 电缆结构及技术参数

城市轨道交通 35 kV 电缆多采用铜芯交联聚乙烯绝缘电缆，常用的有 WDZA-YJV63-21/35 kV 型、DDZBF-YJY62-21/35 kV 型、WDZR-YJY-26/35 型等几种。

交流 35 kV 电缆具有低烟、无卤、阻燃等特性。敷设于敞开段及电缆沟内的电缆，应考虑阻燃、防水、防鼠、防紫外线要求；敷设于隧道、变电所内部的电缆，应考虑阻燃、防水、防鼠要求。

35 kV 环网电缆截面常用的有 $1\times120\ mm^2$、$1\times240\ mm^2$、$1\times400\ mm^2$ 等规格；35 kV 馈线电缆截面常用的有 $1\times70\ mm^2$、$1\times95\ mm^2$ 等规格。

城市轨道交通 35 kV 交联聚乙烯绝缘电缆主要由线芯、绝缘层、外护套等结构组成，如图 2-6-2 所示。电缆各层主要作用为：电缆线芯（铜导体），传导电流；导体屏蔽，均匀电场，防止界面凸起引起的局部放电；主绝缘，使带电体与其他部件电气隔离，耐受各种电压；绝缘屏蔽，均匀电场，防止界面凸起引起的局部放电；半导电尼龙带，加强绝缘屏蔽层，防止金属屏蔽损伤绝缘屏蔽；金属屏蔽组合，正常运行时通过电容电流，三相不平衡时作为中性点通过不平衡电流，系统故障时通过短路电流，起屏蔽电场作用；无纺布带，生产过程中保护金属屏蔽层，并隔离阻水层；铝塑复合带，径向防水，防止外层破损，导致水分进入电缆线芯；阻燃隔氧带，隔离铜带铠装层，是电缆达到阻燃性能的关键部件，在燃烧时有效隔绝外界氧的进入；内护套，隔离铠装与金属屏蔽层，具有防水、防潮作用；铠装层，防止外力及老鼠等小动物破坏电缆；外护套，具有防潮、防腐、防止外力及小动物破坏电缆的作用，它是电缆的最初保护层。

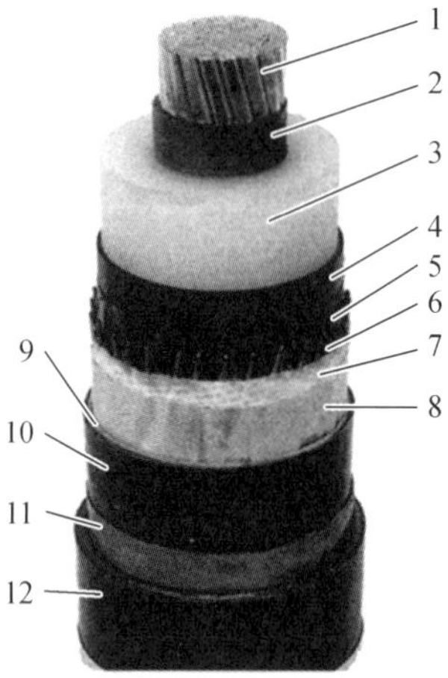

1—电缆线芯（铜导体）；2—导体屏蔽；3—主绝缘；4—绝缘屏蔽；5—半导电尼龙带；
6—金属屏蔽组合；7—无纺布带；8—铝塑复合带；9—阻燃隔离带；
10—内护套；11—铠装层；12—外护套。

图 2-6-2　35 kV 电缆结构

（三）直流 1 500 V 电缆结构及技术参数

城市轨道交通采用的直流 1 500 V 电缆常用的有 WLFS-FY-TZYJY-DC1500V、WDZA-FS/FY-TZEYR-DC1500V 和 WDZA-FS/FY-TZYJY-DC1500V 型等几种。即额定电压为直流 1 500 V

铜芯乙丙橡胶电缆或交联聚乙烯绝缘直流电力电缆。按照线芯截面的不同，单芯电缆有 1×400 mm^2、1×150 mm^{2}两种规格。电缆具有低烟、无卤、阻燃、防水等特性。

直流 1 500 V 乙丙橡胶/交联聚乙烯绝缘电缆主要由线芯、绝缘层、外护套等结构组成，如图 2-6-3 所示。

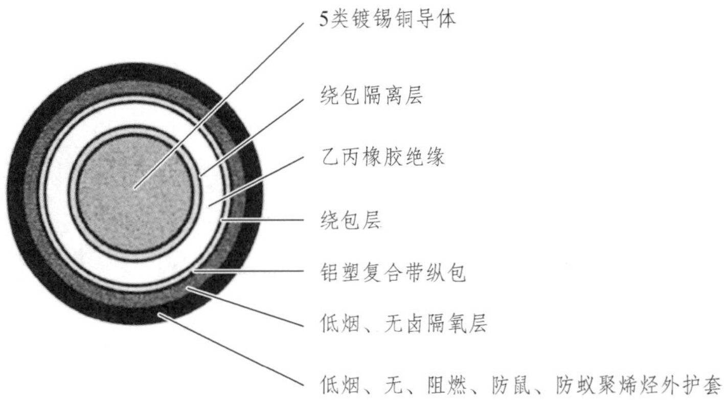

图 2-6-3　WDZA-FS/FY-TZEYR-DC1500V 型电缆结构

针对城市轨道交通隧道敷设需求来定制特殊材料，电缆各层主要作用如下。乙丙绝缘电缆线芯（铜导体）：传导电流，采用 5 类镀锡铜软线束绞、股线复绞成导体，导体表面光滑、无油污、毛刺，无凸起或断裂的单线；交联聚乙烯绝缘电缆线芯（铜导体）：采用多股圆形铜线绞合紧压成导体，导体表面应光滑、无油污、毛刺，无凸起或断裂的单线，紧压系数不小于 0.90；乙丙橡胶绝缘：使带电体与其他部件电气隔离，耐受各种电压；交联聚乙烯电缆绝缘：使带电体与其他部件电气隔离，耐受各种电压，绝缘采用交联聚乙烯绝缘材料，绝缘标称厚度为 2.0 mm，绝缘层的平均厚度应不小于标称厚度，绝缘最高允许温度为 85 °C；防水层：径向防水，防止外层破损导致水分进入电缆线芯，采用纵包铝塑复合带，其标称厚度不小于 0.25 mm；内衬层：电缆达到阻燃性能的关键部件，在燃烧时有效隔绝外界氧的进入，采用挤包形式；外护套：具备防潮、防腐、防止外力及小动物对电缆的破坏功能，是电缆的最初保护层，外护套采用低烟、无卤、阻燃护套材料，对于防紫外线型电缆的护套材料，应具有良好的抗日照、紫外线老化性能。

电缆结构认知

三、电缆附件

电缆终端和中间接头统称为电缆附件，它们是电缆线路中不可缺少的部分。

（一）电缆终端（电缆终端头）

电缆终端是安装在电缆线路末端，具有一定绝缘和密封性能，用以将电缆与其他电气设备相连接的电缆附件。按使用场所不同，电缆终端可分为户内终端、户外终端、设备终端、GIS 终端。按电缆终端所用材料的不同，可分为热缩型、冷缩型、橡胶预制型、绕包型、瓷套型、浇铸（树脂）型等。热缩和冷缩电缆终端头如图 2-6-4 所示。插接式电缆终端头如图 2-6-5 所示，常用于 35 kV GIS 开关柜。

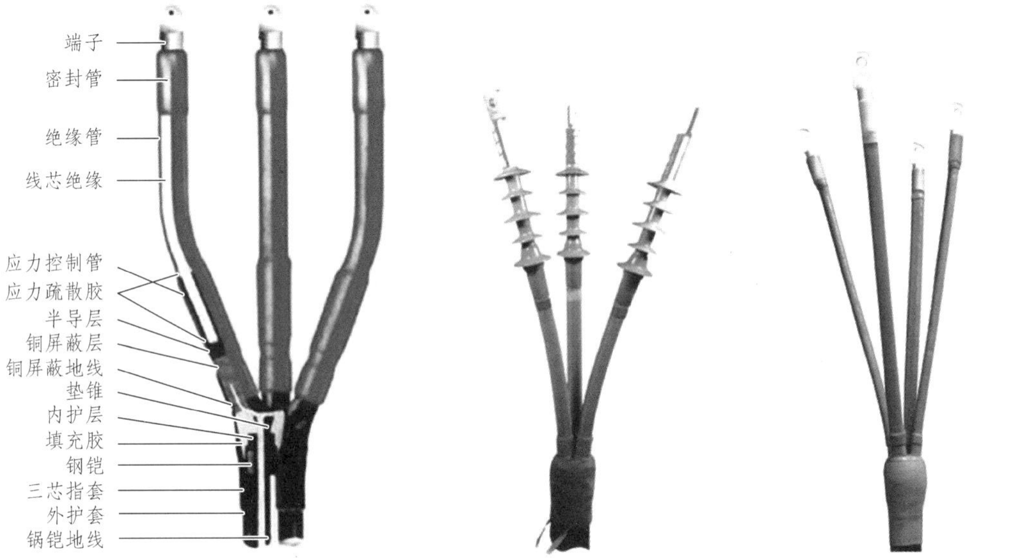

（a）热缩电缆终端头　（b）冷缩户外电缆终端头　（c）冷缩户内电缆终端头

图 2-6-4　制作完成的电缆终端头

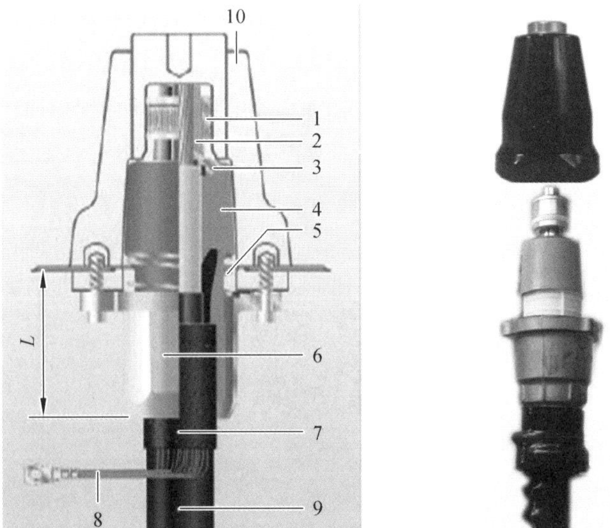

1—环形触头；2—锥形夹；3—压盘；4—硅橡胶绝缘子；5—带支撑圈的压紧弹簧；6—锁紧法兰；7—绝缘包层；8—接地线；9—交联电缆；10—电缆插座。

图 2-6-5　插接式电缆终端头

（二）电缆接头（电缆中间头）

电缆接头是安装在电缆与电缆之间，使两根及以上电缆导体连通，并具有一定绝缘、密封性能的附件。按功能不同，电缆接头可分为普通接头、绝缘接头、塞止接头、分支接头、过渡接头、转换接头和软接头等；按所用材料不同，电缆接头可分为热缩型、冷缩型、绕包型、模塑型、预制件装配型、浇铸（树脂）型和注塑型等。10 kV 冷缩单芯和三芯电缆中间接头如图 2-6-6 所示。

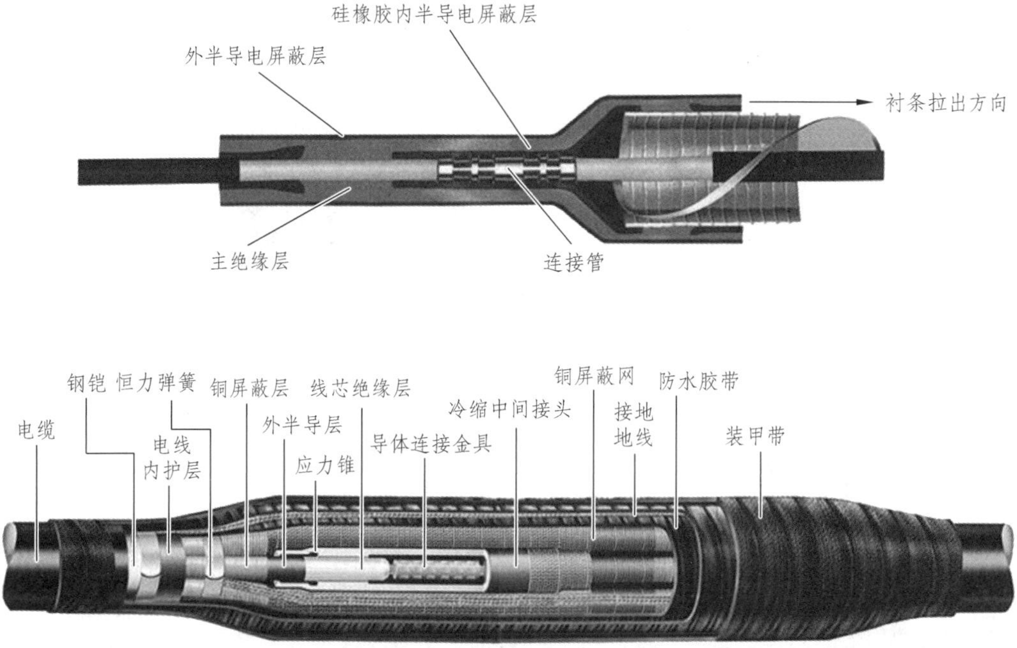

图 2-6-6　10 kV 冷缩单芯和三芯电缆中间接头

冷缩三芯电缆终端头全套附件如图 2-6-7 所示；冷缩三相电缆中间头全套附件如图 2-6-8 所示。

图 2-6-7　冷缩三芯电缆终端头全套附件

图 2-6-8　冷缩三相电缆中间头全套附件

电缆图片解析

母线图片解析

任务练习

用下面给出的词语填空。

单芯	瓷套型	三芯
四芯、五芯	铜导体	护层
屏蔽层	二芯	绝缘层
冷缩型	绕包型	热缩型

（1）用于传送直流电或单相交流电的电缆采用__________。

（2）用于 35 kV 及以下中小截面积的电缆线路中采用__________。

（3）用于低压配电线路采用__________。

（4）用于传送直流电、单相交流电和三相交流电，一般中、低压大截面的电力电缆和高压、超高压电缆多为__________。

（5）用于传导电流的是电缆的__________。

（6）消除导体表面的不光滑所引起导体表面电场强度的增加，使绝缘层和导体有较好的接触的是电缆的__________。

（7）密封保护电缆免受外界杂质和水分的侵入，防止外力直接损坏电缆绝缘层的是电缆的__________。

（8）具有耐压强度高，耐电晕性能好，耐热性能好，使用寿命长的是电缆的__________。

（9）电缆终端头和中间头，根据所用材料的不同，最常用的两种是________和________。

项目三
城市轨道交通牵引变电二次设备

学习目标

1. 熟悉二次电路图组成及分析方法。
2. 熟悉 110 kV 断路器、隔离开关控制及保护电路。
3. 熟悉 35 kV 断路器、隔离开关控制及保护电路。
4. 熟悉直流 1 500 V 设备控制及保护电路。

知识要求和技能要求

1. 掌握二次电路图的组成。
2. 会对各种二次电路图进行分析。
3. 会分析 110 kV 断路器和隔离开关控制及保护电路图。
4. 会分析 35 kV 断路器和隔离开关控制及保护电路图。
5. 会分析直流 1 500 V 断路器控制及保护电路图。

任务一　二次电路图的组成

城市轨道交通牵引变电所除由变压器、断路器、隔离开关等一次设备构成的一次接线外，还有由测量仪表、控制开关、继电器、微机保护测控装置、自动装置、远方监控设备、信号灯等低压设备构成的辅助电路，称为二次接线，也称二次回路。二次接线是供变电系统电气接线的重要组成部分，它附属于一定的一次接线或一次设备，是对一次设备进行控制操作、测量监视和保护的有效手段，是城市轨道交通系统安全生产、经济运行、可靠供电的重要保障。二次接线的基本任务为：反映一次设备的工作状况，控制一次设备；当一次设备发生故障时，能将故障部分迅速退出工作，以保持供电系统处在最佳运行状态。

常用的二次接线图包括原理接线图、原理展开图、安装接线图三种。

一、原理接线图

二次电路原理接线图（见图 3-1-1）的特点是，电气装置的一次设备（断路器、隔离开关、电流互感器等）和二次设备（各种继电器等）在同一幅图上，整个系统的概念清晰明了，有利于初学者理解整个系统的原理和基本工作过程。但其缺点也较突出：不能表示电路的详细路径，不能表示设备的内部接线，当装置复杂时，原理接线图甚至不能清楚地表示装置的整个原理。

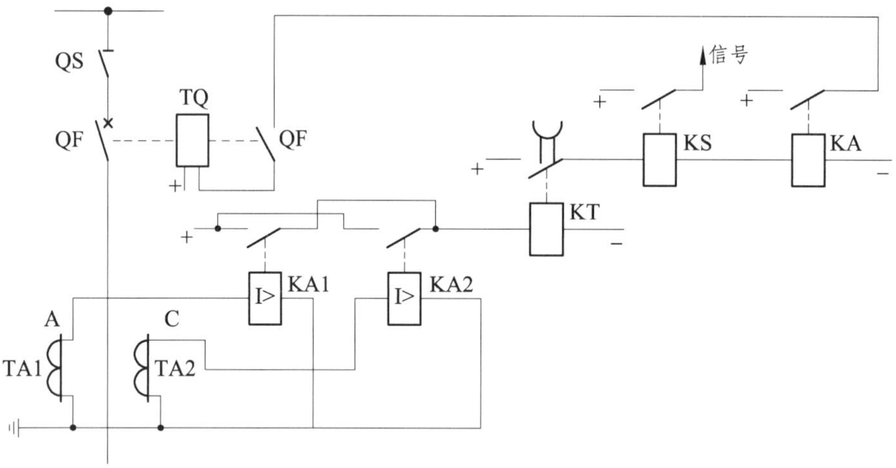

图 3-1-1　不完全星形接线的定时限过流保护原理接线图

如图 3-1-1 所示，属于一次设备的有母线、隔离开关、断路器、AC 相的电流互感器和线路等。组成过电流保护的二次设备及连接关系为：两只电流继电器 KA1，KA2 的线圈分别串接到对应 A、C 相电流互感器的二次侧，其两对常开触点并联后接到时间继电器 KT 的线圈上，时间继电器 KT 延时闭合的常开触点与信号继电器 KS、中间继电器 KA 的线圈串联后，中间继电器触点通过断路器常开辅助触点接到断路器的跳闸线圈 TQ 上。

二、原理展开图

二次电路原理展开图（见图 3-1-2）的基本出发点是按线圈、触点的接线回路画出，组成多个独立回路，如交流电流回路、交流电压回路和直流回路等。同一个元件的各部分可能出现在不同的回路里。二次电路展开图可以清晰地表示各电器元件的内部连接，是安装、调试和维护的重要技术图纸。

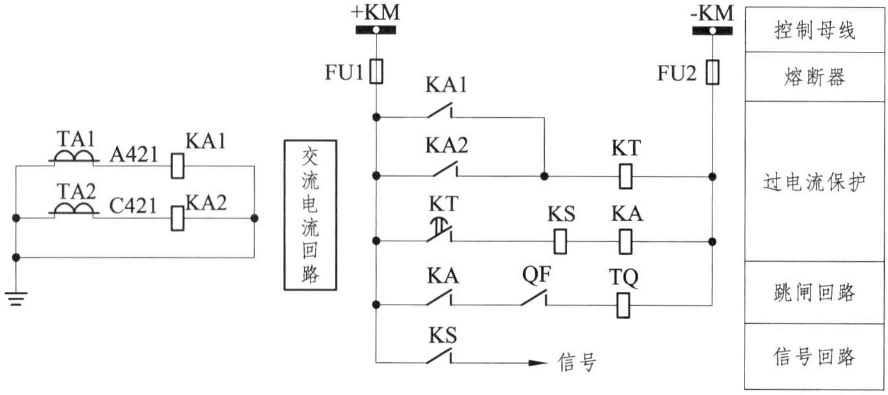

图 3-1-2　不完全星形接线的定时限过流保护原理展开图

原理展开图的特点包括：交流电流回路和直流回路分开表示，电路清晰明了，不易混淆；为了阅图的方便和清晰，整个图中同一元件的线圈和接点，用相同的符号表示；接点除了符号外，另标注下标区分同一继电器的多个接点；回路按动作的顺序由左到右、从上到下排列，并在每一个回路的右边列表说明各回路的用途，为阅图者提供了很大的便利。原理展开图的阅读，一般先从交流电流回路开始，后交流电压回路，最后看直流回路。对于熟练的读者来说，可以直接从图中找到自己需要了解的回路，从后面往前推。

对图 3-1-2 的阅读如下。

（一）交流电流回路

交流电流回路的电源是电流互感器的二次电流，交流电流回路是按 A、B、C、N 从上到下依次排列，对于图 3-1-2，只有 A、C 两相装设电流互感器，所以可以确定该保护装置采用了两相不完全星形接线法，适用于小电流接地系统。当电流继电器的线圈通过大于其整定值的电流时，电流继电器启动，保护装置启动。

（二）直流回路

直流回路的电源是变电所的直流操作电源“±KM”，当“+KM”…→“-KM”回路能导通时，该回路中的继电器线圈得电，继电器动作。

当图 3-1-2 中的保护对象近端发生两相短路故障时，交流电流回路中的电流继电器 KA1、KA2 启动，其直流回路中的接点闭合，启动时间继电器 KT，时间继电器 KT 启动信号继电器 KS 和中间继电器 KA；KS 的接点闭合给出动作信号，中间继电器 KA 的接点闭合，启动断路器的跳闸回路，断路器跳闸。

直流回路的动作顺序：

（1）“+KM”→KA1（KA2）常开接点→KT 线圈“-KM”，启动时间继电器 KT，KT 常开接点延时闭合。

（2）“+KM”→KT 常开延时接点→KS 线圈→KA 线圈→“-KM”，启动中间继电器 KA，KA 常开接点闭合。

（3）“+KM”→KA 常开接点→QF 断路器辅助常开接点→TQ 断路器的跳闸线圈→“-KM”，断路器的跳闸线圈 TQ 得电，断路器跳闸。

（三）回路标号

按等电位原则标注，即在电气回路中连于一点的所有导线用同一数字标注，具有相同回路标号。当回路经过开关或继电器触点时，因为在触点断开时触点两端已不是等电位，所以应给予不同的标号。回路标号一般由 3 位或 3 位以下的数字组成。当需要标明回路的相别和其他特征时，可在数字前加上必要的文字符号。对于不同用途的回路规定了标号数字的范围。二次回路标号示例如图 3-1-3 所示。

直流回路标号从正电源开始，以奇数顺序标号，直到最后一个主要电压降元件，然后再按偶数顺序标号直至负电源，交流回路也是按这个原则标号。图 3-1-3 所示为直流回路，与正电源相连的标号 101，经过触点 K1，标号变为 103，经过触点 K2，标号变为 105，再经降压元件 Q1，标号变为偶数，依次标号为 106、104 至负电源 102。

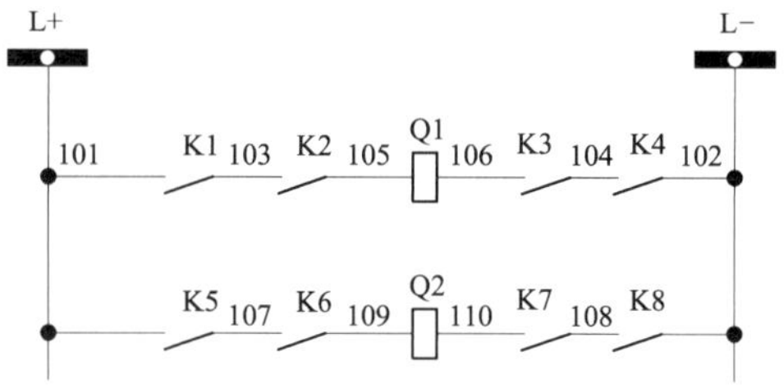

图 3-1-3　二次回路标号示例

三、安装接线图

所谓安装接线图，是控制、保护等屏（台）制造厂生产加工和现场安装施工用的图纸，也是运行试验、检修等的主要参考图纸，它是根据展开接线图绘制的。安装接线图通常包括屏面布置图、盘后接线图和端子排图。

（一）界面布置图

屏面布置图是指从屏的正面看将各安装设备和仪表的实际安装位置按比例画出的正视图，它是屏背面接线图的依据。某控制屏屏面布置图如图 3-1-4 所示。

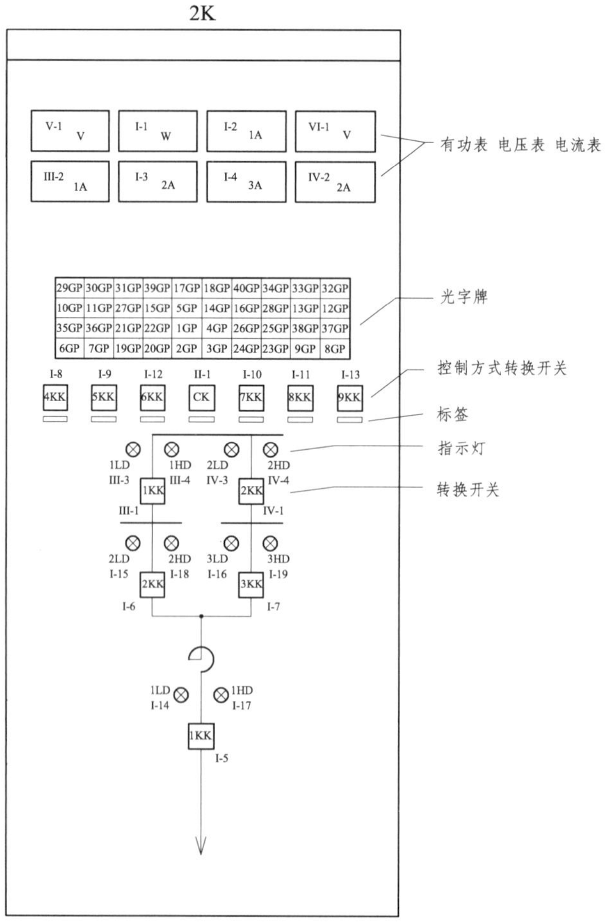

图 3-1-4　屏面布置图

（二）盘后接线图

盘后接线图指从屏（盘柜）的背面看的，盘后接线图是以屏面布置图为基础，以展开接线图为依据绘制的接线图。它标明了屏上各个设备的图形符号、顺序编号以及各个设备引出端子之间的连接情况和设备与端子排之间的连接情况，详细地表示各元件的连接方式，是安装配线的依据，是一种指导屏上配线工作的图。

盘后接线图不要求按比例画出，但要保证设每个设备间相对位置的准确。盘后接线图设备图形内有设备内部接线和接线柱的实际安装位置和顺序编号。成套装置和仪表可以只画出外部接线端子的实际排列顺序。盘后接线图如图 3-1-5 所示。

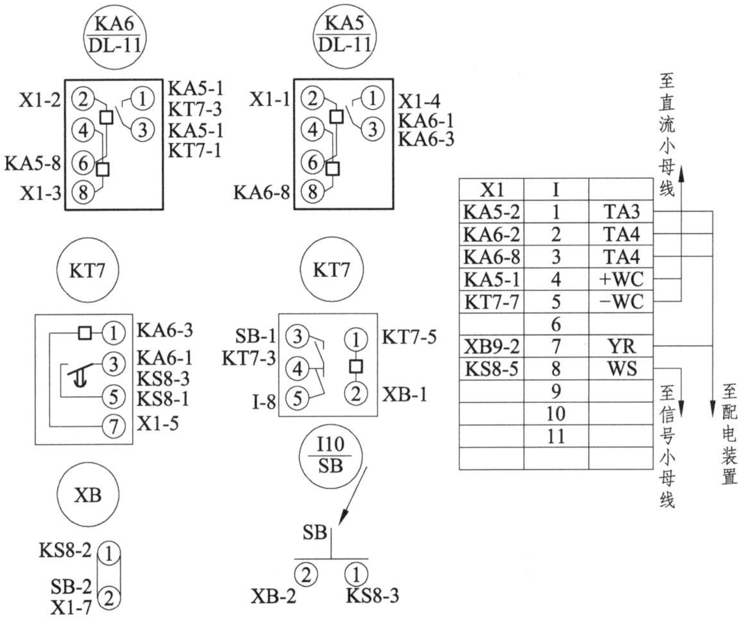

图 3-1-5　盘后接线图

盘后接线图用相对标号法画出：在本端子的端子处标记远端所连接的端子的号。如甲、乙两个端子用导线连接，用中断表示时，在甲端子旁标上乙端子的号，在乙端子旁标上甲端子的号。如果在某个端子旁没有标号，说明该端子是空着的，没有连接对象；如有两个标号，说明该端子有两个连接对象。现场在采用相对标号法的同时，还在端子号上标注本端子号或本端子回路号。相对标号法如图 3-1-6 所示。

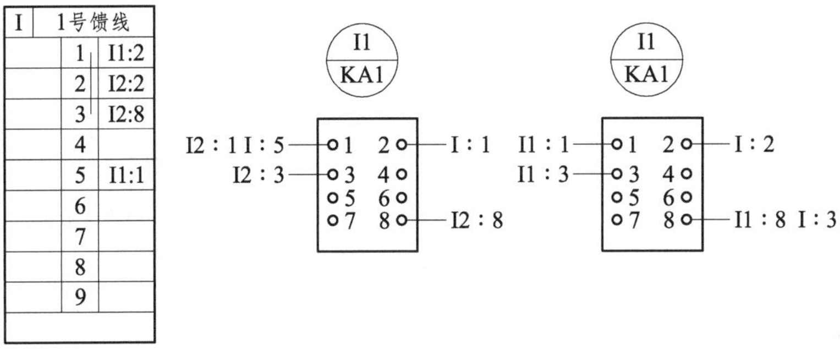

图 3-1-6　相对标号法示例

（三）端子排图

端子是用以连接器件和外部导线的导电件，是二次接线中不可缺少的配件。屏内设备与屏外设备之间的连接是通过端子和电缆来实现的。许多端子组合在一起构成端子排，多数采用垂直布置方式。常用端子的类型及用途，见表 3-1-1。

表 3-1-1　端子的类型及功能

序号	类型	功能
1	标准端子	用于很方便地断开的回路中
2	一般端子	连接电气装置不同部分的导线
3	试验端子	用于电流互感器二次绕组出线与负载的连接
4	连接型试验端子	用于在端子上需要彼此连接的电流试验回路中
5	连接端子	端子之间直接连通，用于回路分支或合并
6	终端端子	用于端子排的终端或中间，固定端子或分隔安装单位
7	特殊端子	可在不松动或不断开已接好的导线情况下断开回路
8	隔板	作为绝缘隔板，增加绝缘强度和爬电距离

端子排图释疑如图 3-1-7 所示。

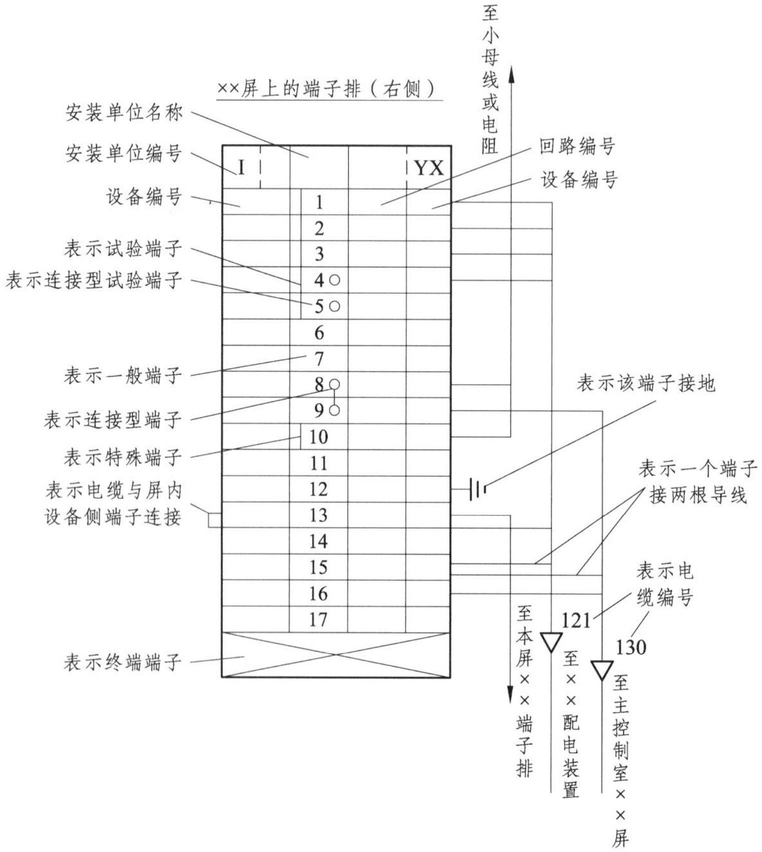

图 3-1-7　端子排图释疑

应经过端子排连接的回路：

（1）屏内设备与屏外设备的连接，同一屏上各安装单位之间的连接以及为节省控制电缆需要经本屏转接的转接回路等，均应经过端子排。盘外引入线接端子排外侧，盘内引出线接端子排内侧。

（2）屏内设备与直接接在小母线上的设备（如熔断器、电阻、隔离开关等）的连接一般经过端子排。

（3）各安装单位主要保护的正电源一般经过端子排，其负电源应在屏内设备之间接成环形，环的两端分别接到端子排。其他回路一般在屏内连接。

电流回路应经过试验端子。预告信号及事故信号回路和其他需要断开的回路，一般经过特殊端子或试验端子。

端子排的配置应满足运行、检修，调试的要求，并尽可能与屏上设备的位置相对应。每一个安装单位应有独立的端子排。垂直布置时，由上而下。水平布置时，由左至右按下列回路分组顺序地排列。

（1）交流电压回路，按每组电压互感器分组，同一保护方式的电压回路一般排在一起。其中，又按数字大小由上而下排列，再按 U、V、W、N 排列。

（2）交流电流回路，按每组电流互感器分组。同一保护方式的电流回路一般排在一起，其中，又按数字大小排列，再按 U、V、W、N 排列。

（3）信号回路，按预告、位置、事故信号分组。

（4）控制回路，按各组熔断器或空气开关分组。每组里面先排正极性回路，由小到大；再排负极性回路，由大到小。

（5）转接回路，先排本安装单位前转接端子，再排别的安装单位的转接端子。

（6）当一个安装单位的端子过多，或一个屏上仅有一个安装单位时，可将端子排成组地布置在屏的两侧。

（7）每一安装单位的端子排应编有顺序号，并应尽量在最后留 2～5 个端子作为备用。当条件许可时，各组端子排之间也宜留有 1～2 个备用端子。在端子排两端应有终端端子。室内外端子箱的端子排列，亦应按交流电压回路、交流电流回路和直流回路等排列。

端子排介绍　　二次布线工艺的技术要求　　二次回路布线

任务练习

1. 常用的二次电路接线图有哪几种？各有什么优缺点？

2. 根据图 3-1-8 中的原理展开图，在端子排图和盘后接线图上画出实际接线。

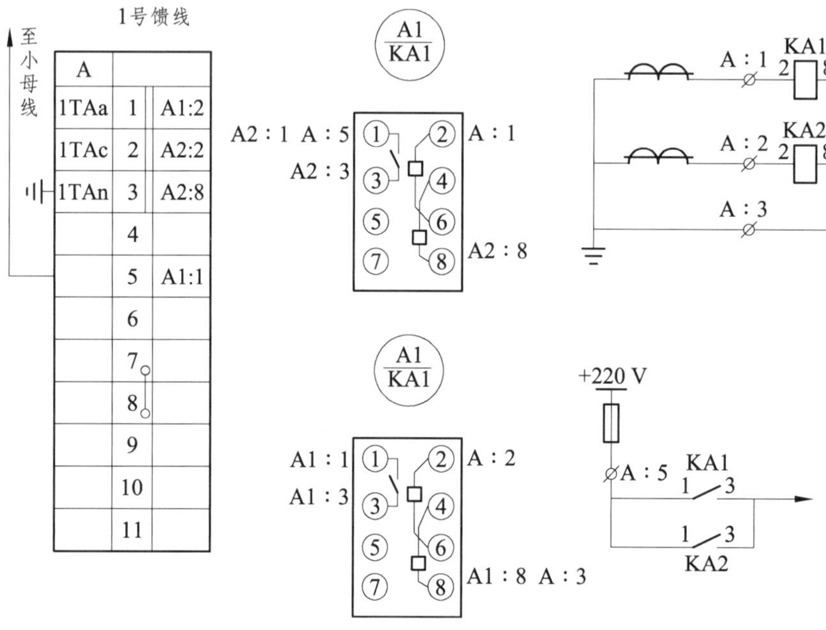

（a）端子排图　（b）盘后接线图　（c）原理展开图

图 3-1-8　端子排图、盘后接线图和原理展开图

任务二　断路器、隔离开关控制电路

一、110 kV 断路器、隔离开关控制电路分析

（一）110 kV 断路器控制电路

110 kV 断路器控制电路原理如图 3-2-1 所示。

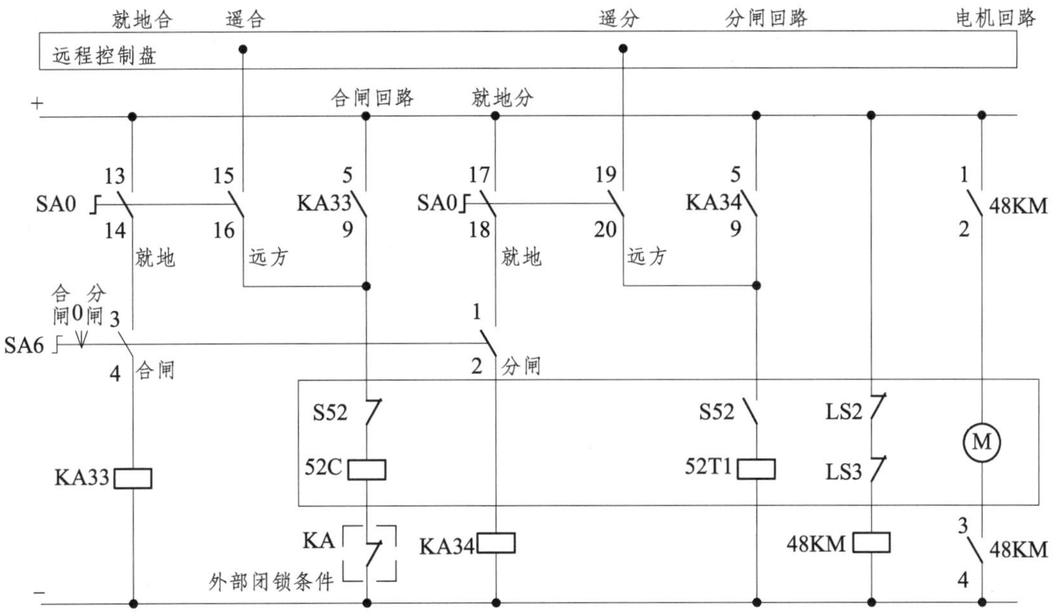

图 3-2-1　110 kV 断路器控制电路原理图

图 3-2-1 中的符号与说明见表 3-2-1。

表 3-2-1　110 kV 断路器控制电路符号与说明

符号	说明	符号	说明
SA0	就地、远方转换开关	KA33	断路器合闸继电器
SA6	断路器分合闸转换开关	KA34	断路器分闸继电器
KA	外部闭锁条件继电器触点	48KM	断路器合闸弹簧储能继电器
S52	断路器辅助触点	52C	合闸线圈
LS2	行程开关	52T1	分闸线圈
LS3	行程开关	M	储能电机

1. 就地合闸过程

将转换开关 SA0 打到就地位，SA0 的触点 13-14 接通，通过操作断路器分合闸转换开关 SA6，进行就地合闸操作，SA6 的触点 3-4 接通，此时就地合闸回路接通，合闸继电器 KA33 线圈得电，KA33 的触点 5-9 接通，合闸线圈 52C 得电，断路器合闸。S52 是反映断路器状态的辅助触点，串联在合闸回路的断路器常闭辅助触点 S52 在断路器分位时处于闭合状态。其中，合闸回路上的 KA 继电器触点反映的是外部闭锁条件，如 110 kV 快速接地开关或三工位隔离开关操作闭锁条件、防跳继电器闭锁条件、断路器气室压力过低闭锁条件、储能电机闭锁条件等。

2. 就地分闸过程

将转换开关 SA0 打到就地位，SA0 的触点 17-18 接通，通过操作断路器分合闸转换开关 SA6，进行就地分闸操作，SA6 的触点 1-2 接通，此时就地分闸回路接通，分闸继电器 KA34

线圈得电，KA34 的触点 5-9 接通，分闸线圈 52T1 得电，断路器分闸。串联在分闸回路的断路器常开辅助触点 S52 在断路器合位时处于闭合状态。

3. 遥控合闸过程

将转换开关 SA0 打到远方位，SA0 的触点 15-16 接通，此时断路器处于分位，合闸回路的断路器常闭辅助触点 S52 处于闭合状态，无外部闭锁条件，即 KA 触点闭合，当远程控制发出一个合闸信号，合闸回路接通，合闸线圈 52C 得电，断路器合闸。

4. 遥控分闸过程

将转换开关 SA0 打到远方位，SA0 的触点 19-20 接通，此时断路器处于合位，分闸回路的断路器常开辅助触点 S52 处于闭合状态，当远程控制发出一个分闸信号，分闸回路接通，分闸线圈 52T1 得电，断路器分闸。

当储能电机未储能时，LS2、LS3 处于闭合位置，48KM 继电器线圈得电；在储能电机回路上，48KM 继电器对应的触点 1-2 闭合，储能电机得电开始工作，当储能完毕后，LS2、LS3 行程开关断开，48KM 继电器线圈失电，储能电机回路断开，电机停转，停止储能。

110 kV 断路器分合闸原理图分析

（二）110 kV 三工位隔离开关控制电路

110 kV 三工位隔离开关控制电路原理如图 3-2-2 所示。可以实现手动、电动操作三工位隔离开关进行分合闸，电动操作时，可控制电动机的正、反转运行。

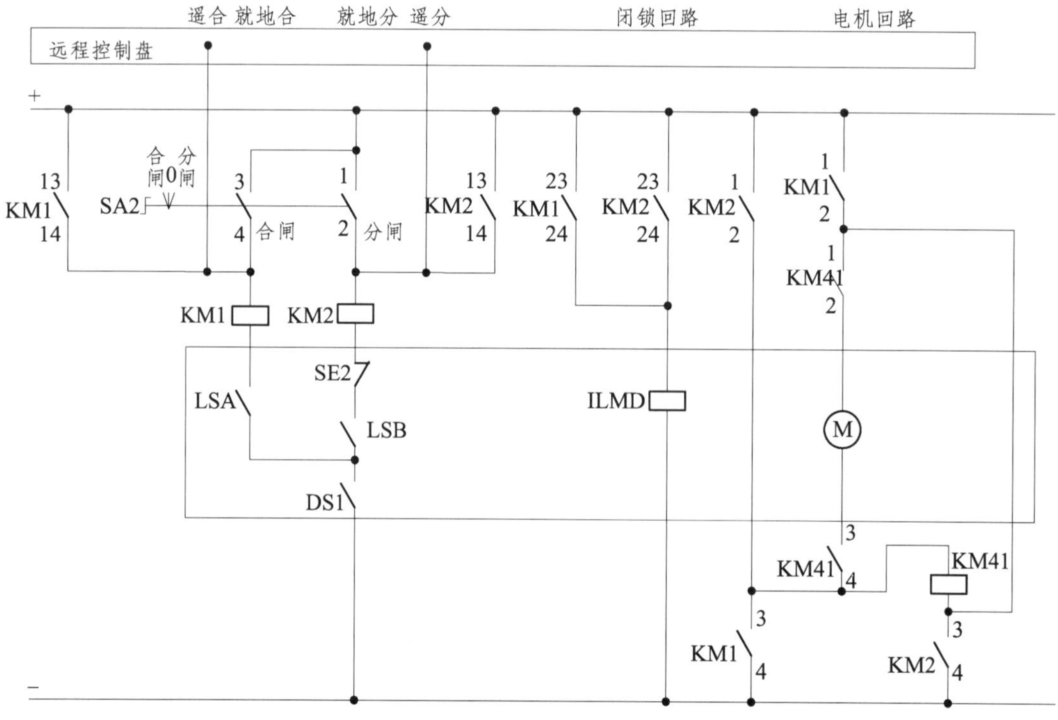

图 3-2-2　110 kV 三工位隔离开关控制电路原理图

图 3-2-2 中的符号与说明见表 3-2-2。

表 3-2-2　110 kV 三工位隔离开关控制电路符号与说明

符号	说明	符号	说明
SA2	三工位隔离开关分合闸转换开关	SE2	三工位隔离开关联动辅助触点
KM1	三工位隔离开关合闸接触器	LSA	行程开关
KM2	三工位隔离开关分闸接触器	LSB	行程开关
ILMD	电气操作闭锁手动电磁铁	DS1	手动操作小门的行程开关
KM41	电机回路启动接触器	M	分合闸电机

1. 就地合闸过程

通过操作三工位隔离开关分合闸转换开关 SA2，进行就地合闸操作，SA2 的触点 3-4 接通。此时，LSA、DS1 均处于合位，合闸回路接通，合闸接触器 KM1 线圈得电；KM1 的触点 13-14 接通，使合闸回路保持接通，KM1 的触点 23-24 接通，电气操作闭锁手动电磁铁 ILMD 线圈得电，闭锁手动操作。同时，KM1 的触点 1-2 和 3-4 也接通，电机回路启动接触器 KM41 线圈得电，KM41 的触点 1-2 和 3-4 接通，正电经 KM1 的触点 1-2，KM41 的触点 1-2，电机 M，KM41 的触点 3-4，KM1 的触点 3-4，至负电，电机正转，三工位隔离开关合闸。合闸到位后，行程开关 LSA 触点断开，LSB 触点闭合，合闸回路断电，接触器 KM1 线圈断电，KM1 触点 23-24 断开，断开闭锁手动回路；同时 KM1 的触点 1-2 和 3-4 也断开，接触器 KM41 线圈断电，KM41 的触点 1-2 和 3-4 断开，切断电机回路，电机停转，完成合闸过程。

2. 就地分闸过程

通过操作三工位隔离开关分合闸转换开关 SA2，进行就地分闸操作，SA2 的触点 1-2 接通。此时，SE2、LSB、DS1 均处于合位，分闸回路接通，分闸接触器 KM2 线圈得电；KM2 的触点 23-24 接通，电气操作闭锁手动电磁铁 ILMD 线圈得电，闭锁手动操作；KM2 的触点 1-2 和 3-4 也接通，电机回路启动接触器 KM41 得电，KM41 的触点 1-2 和 3-4 接通，正电经 KM2 的触点 1-2，KM41 的触点 4-3，电机 M，KM41 的触点 2-1，KM2 的触点 3-4，至负电，电机反转，三工位隔离开关分闸。分闸到位后，行程开关 LSB 触点断开，LSA 触点闭合，分闸回路断电，接触器 KM2 线圈断电，KM2 触点 23-24 断开，断开闭锁手动回路；同时 KM2 的触点 1-2 和 3-4 也断开，接触器 KM41 线圈断电，KM41 的触点 1-2 和 3-4 断开，切断电机回路，电机停转，完成分闸过程。

3. 遥控合闸过程

当远程控制发出一个合闸信号，合闸回路接通，合闸接触器 KM1 线圈得电，后续动作过程与就地合闸一致。

4. 遥控分闸过程

当远程控制发出一个分闸信号，分闸回路接通，分闸接触器 KM2 线圈得电，后续动作过程与就地分闸一致。

当三工位隔离开关处于手动操作状态时，手动操作小门的行程开关DS1断开，断开分合闸回路，闭锁电动操作。

110 kV 三工位隔离开关分合闸原理图分析

二、35 kV 断路器、隔离开关控制电路分析

（一）35 kV GIS 的保护配置

城市轨道交通35 kV GIS线路两端电流互感器之间设置电缆的差动保护，使用母联备自投作为开关柜本体的综合保护。

1. 保护配置

馈线保护（动力、整流变）配置有速断、过电流、过负荷、零序电流保护和断路器失灵保护。

进出线、母联配置的保护有过电流Ⅱ段、零序电流Ⅱ段、过电流Ⅳ段和差动保护。过电流Ⅱ段、零序电流Ⅱ段、过电流Ⅳ段是数字式电流保护，是为了保护选择性而设置，即故障应从下往上跳，不应出现直接跳至上级，导致故障扩大。

（1）电流速断保护。

电流速断保护按照被保护设备的短路电流整定。当短路电流超过整定值时，则保护装置无延时动作，断路器跳闸，电流速断保护一般没有时限，不能保护线路全长。

（2）过电流保护。

过电流保护是指，当流过被保护元件中的电流超过预先整定的某个数值时，保护装置启动，并用时限保证动作的选择性，使断路器跳闸切除故障或给出报警信号。

（3）过负荷保护（反时限过电流保护）。

过负荷保护是动作时限与被保护线路中电流大小有关的一种保护。当电流大时，保护的动作时限短，而电流小时动作时限长。同一线路不同地点短路时，由于短路电流不同，保护具有不同的动作时限，在线路靠近电源端短路电流较大，动作时间较短。反时限过流保护的优点是在线路靠近电源处短路时保护动作时限较短；缺点是时限配合较复杂，虽然每条线路靠近电源端短路时动作时限比末端短路时动作时限短，但当线路级数较多时，总的动作时限仍然很长。

（4）断路器失灵保护。

断路器失灵保护是指，故障电气设备的继电保护动作发出跳闸命令而断路器拒动时，利用故障设备的保护动作信息与拒动断路器的电流信息构成对断路器失灵的判别，能够以较短的时限，切除同一变电所内其他有关的断路器，使停电范围限制在最小，从而保证整个电网的稳定运行，避免造成发电机、变压器等故障元件的严重烧损和电网的崩溃瓦解事故。例如，当馈电断路器拒动时，跳进出线和母联断路器。

（5）零序电流保护。

在大短路电流接地系统中发生接地故障后，就有零序电流、零序电压和零序功率出现，利用这些电气量而构成保护接地短路的继电保护装置，统称为零序保护。零序电流主要反映

的是三相电流不平衡，通常采用的是继保通过电流互感器采集的电流量计算出零序电流，以此电流为依据进行保护设置。另外，还有一种得到零序电流的方法，是通过零序电流互感器直接测量得出。

（6）差动保护。

差动保护是通过比较线路首末两端电流大小和相位实现的。当线路正常运行时，对于该段电缆，根据基尔霍夫定律，电缆两端流入该电缆的电流矢量和应为零。当线路发生内部故障，电缆两端流入该电缆的电流矢量和不为零，差动保护就是利用这个原理实现保护线路的功能。35 kV 进出线柜主要利用微机保护装置实现差动保护功能，本侧微机保护装置通过光纤与电缆另一端的同型号微机保护装置进行通信，根据两者采集的电流信号，计算出差动电流，当差动电流达到定值后，跳电缆两端的断路器，切除故障。

2. 母联备自投

当 35 kV GIS 在非正常情况下时需要合母联断路器，母联备自投逻辑图如图 3-2-3 所示。

母联备自投的条件：

（1）母联断路器备自投投入。

（2）Ⅰ段（Ⅱ段）母排无压，Ⅱ段（Ⅰ段）母排有压。

（3）母联断路器在分位，隔离开关在合位。

（4）出线 1 或进线 1（出线 2 或进线 2）差动保护动作启动备自投。

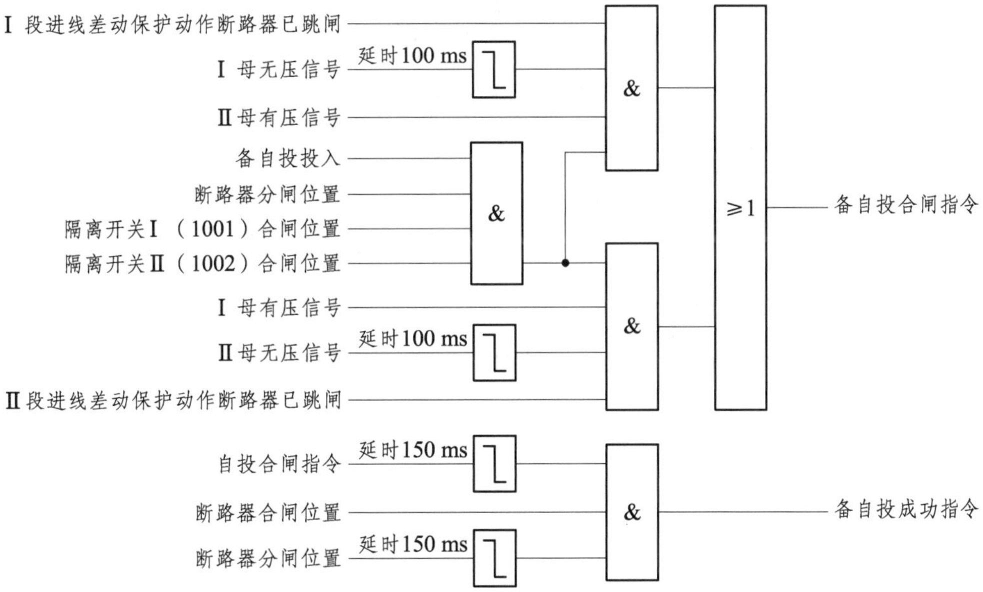

图 3-2-3　母联备自投逻辑

35 kV 母联备自投动作逻辑

（二）35 kV 断路器控制电路

1. 35 kV 断路器控制回路原理

以 KFM（ZX2）型开关柜为例，介绍其控制回路动作原理，如图 3-2-4 所示。

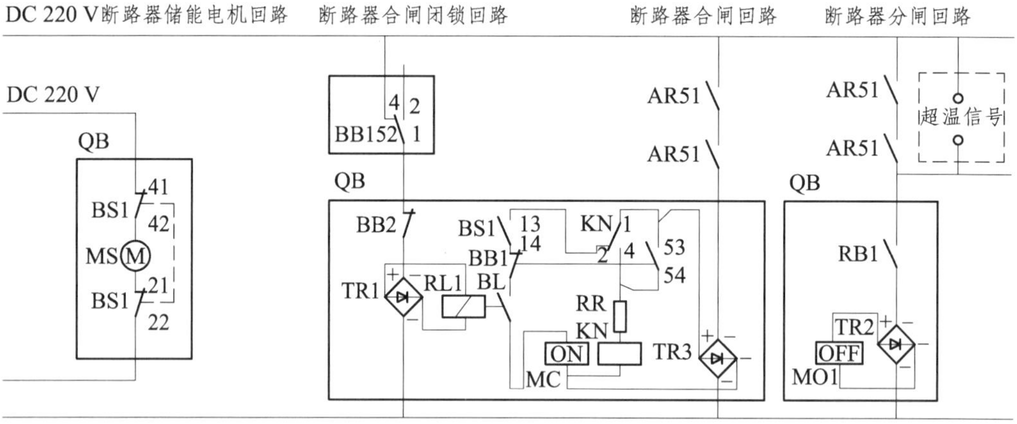

图 3-2-4　35 kV 断路器控制回路原理图

图 3-2-4 中的符号与说明见表 3-2-3。

表 3-2-3　35 kV 断路器控制回路符号与说明

符号	说明	符号	说明
RL1	合闸闭锁电磁铁	KN	防跳继电器
MO1	分闸线圈	AR51	微机保护测控装置
MC	合闸线圈	RR	串联电阻
TR1-TR3	桥式整流装置	BS1	与储能机构联动的行程开关
MS	断路器操作机构储能电机	BL	合闸闭锁电磁铁的辅助开关
BB1	断路器辅助触点		

（1）合闸过程。

遥控发合闸命令，断路器合闸回路中 AR51 常开触点闭合，接通合闸回路（合闸回路中 BS1 触点储能完成后处于闭合状态），合闸线圈 MC 得电，断路器合闸，串联在合闸回路中的 BB1 触点断开，串联在分闸回路中的 BB1 触点闭合。

（2）分闸过程。

遥控发分闸命令，断路器分闸回路中的 AR51 常开触点闭合，接通分闸回路，分闸线圈 MO1 得电，断路器分闸，串联在合闸回路中的 BB1 触点闭合，串联在分闸回路中的 BB1 触点断开。

断路器合闸后，操作机构弹簧能量释放，此时，与储能机构联动的行程开关触点 BS1 的 41-42 和 21-22 接通，电机 MS 得电，开始储能，储能完成后，行程开关 BS1 的触点 41-42 和 21-22 断开，断开储能回路。

2. 35 kV 馈线断路器分合闸逻辑

35 kV 馈线断路器分合闸逻辑如图 3-2-5 所示。

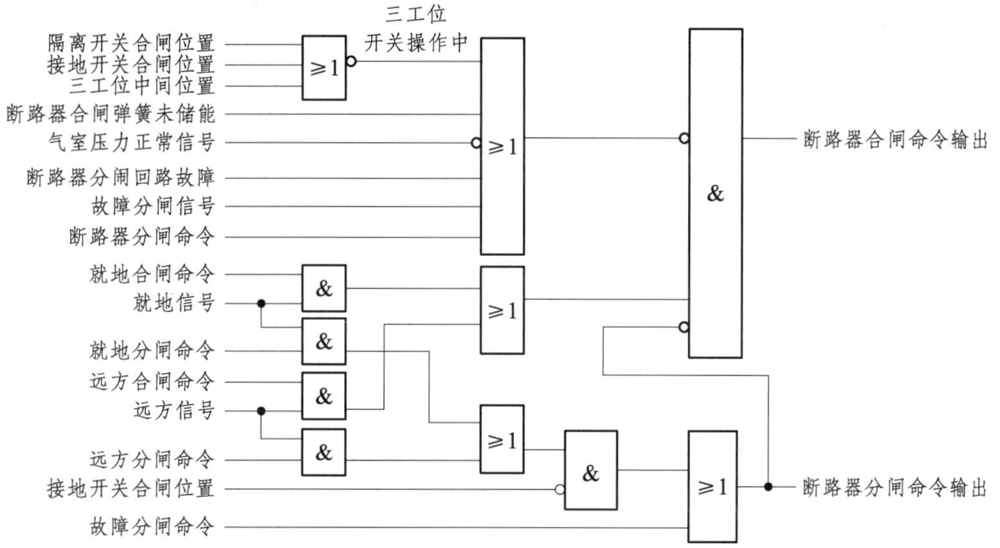

图 3-2-5　35 kV 馈线断路器分合闸逻辑

（三）35 kV 三工位隔离开关控制电路

35 kV 三工位隔离开关控制回路原理图如图 3-2-6 所示，可手动、电动操作三工位隔离开关。当三工位隔离开关为电动操作时，可控制电动机的正、反转运行，即实现三工位隔离开关的合闸和分闸。

35 kV 馈线断路器分合闸逻辑

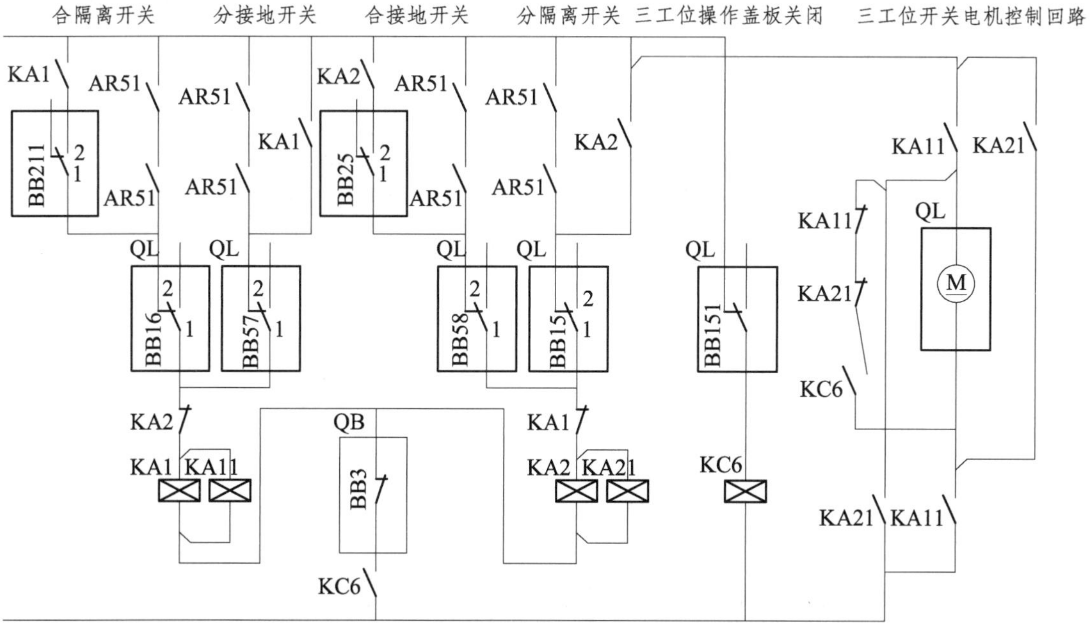

图 3-2-6　35 kV 三工位隔离开关控制回路原理图

图 3-2-6 中的符号与说明见表 3-2-4。

表 3-2-4 35 kV 三工位隔离开关控制回路符号与说明

符号	说明	符号	说明
M	三工位隔离开关隔离/接地开关驱动电机	BB58	三工位隔离开关接地位置辅助开关
BB15	三工位隔离开关分闸位置辅助开关	BB151	操作孔盖板的辅助开关
BB16	三工位隔离开关合闸位置辅助开关	BB211	三工位隔离开关分闸位置辅助开关
BB57	三工位隔离开关合闸位置辅助开关	BB25	三工位隔离开关分闸位置辅助开关
AR51	微机保护测控装置	M	三工位隔离开关分合电机
KA1	合隔离开关、分接地开关继电器	KA11	合隔离开关、分接地开关继电器
KA2	分隔离开关、合接地开关继电器	KA21	分隔离开关、合接地开关继电器
KC6	三工位操作盖板关闭继电器		

1. 隔离开关合闸

合隔离开关时，三工位隔离开关分闸位置辅助开关 BB211 的 1-2 触点闭合，遥控发合闸命令，合隔离开关回路中的 AR51 触点闭合，KAl、KA11 线圈得电，三工位隔离开关电机正转，隔离开关合闸。电机转动到位，辅助开关 BB16 的 1-2 触点分开，KAl、KA11 线圈断电。

2. 隔离开关分闸

分隔离开关时，遥控发分闸命令，分隔离开关回路中的 AR51 触点闭合，KA2、KA21 线圈得电，三工位隔离开关电机反转，隔离开关分闸。电机转动到位，辅助开关 BB15 的 1-2 触点分开，KA2、KA21 线圈断电。

3. 接地开关合闸

合接地开关时，三工位隔离开关分闸位置辅助开关 BB25 的 1-2 触点闭合，遥控发合接地开关命令，KA2、KA21 线圈得电，三工位隔离开关电机反转，接地开关合闸。电机转动到位，辅助开关 BB58 的 1-2 触点断开，KA1、KA11 线圈断电。

4. 接地开关分闸

分接地开关时，三工位隔离开关分闸位置辅助开关 BB21 的 1-2 触点闭合，遥控发分接地开关命令，KA1、KA11 线圈得电三工位隔离开关电机正转，接地开关分闸。电机转动到位，辅助开关 BB15 的 1-2 触点断开，KA1、KA11 线圈断电。

任务练习

1. 图 3-2-7 所示为 110 kV 断路器控制回路原理图，标出以下文字符号所表示的元器件或设备名称。

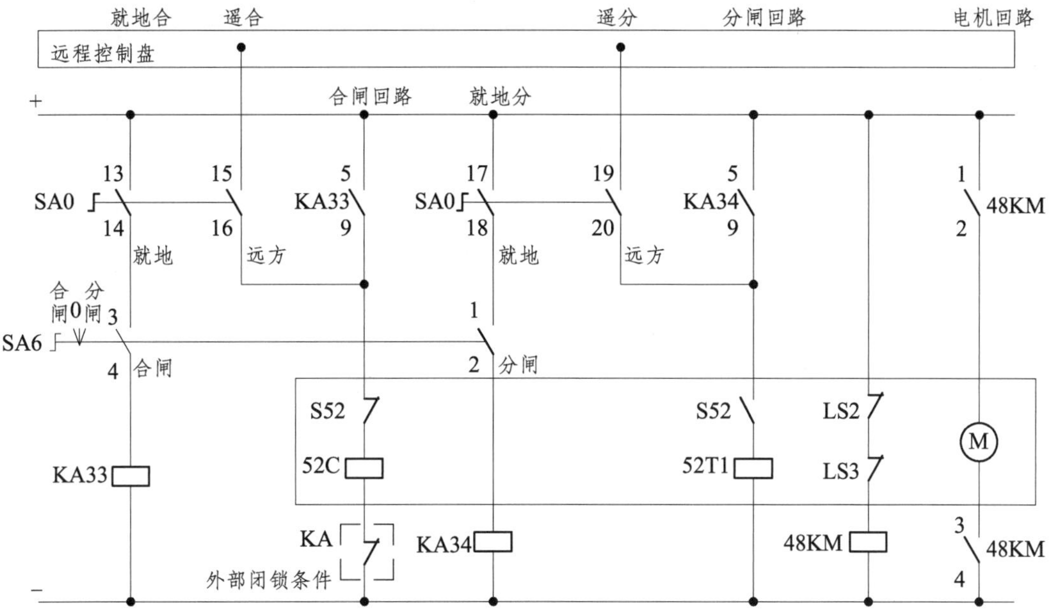

图 3-2-7　110 kV 断路器控制回路原理图

（1）SA0

（2）SA6

（3）KA33

（4）KA34

（5）52C

（6）52T1

（7）48KM

（8）S52

（9）LS2、LS3

2. 如图 3-2-8 所示为 35 kV 母联备自投逻辑图，请写出从Ⅰ母切换至Ⅱ母的备自投动作逻辑过程。

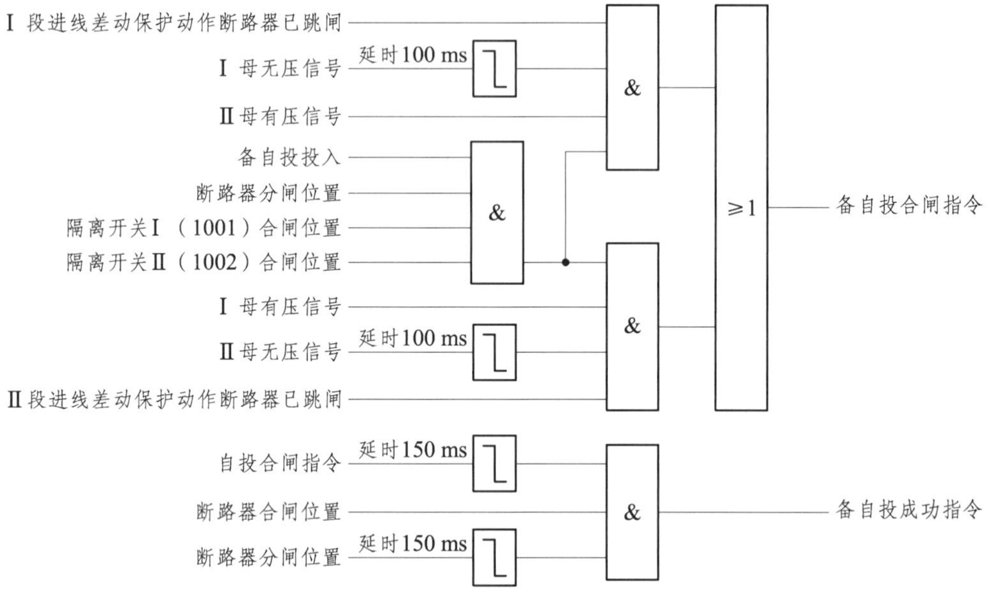

图 3-2-8　35 kV 母联备自投逻辑图

任务三　整流变压器、整流器控制及保护电路

一、整流变压器保护配置

整流变压器的超温报警和超温跳闸保护，都是由变压器温控仪实现。温控仪采集预埋到变压器绕组和铁心中的温度传感器信号，并将采集到的温度与设定温度进行比较判断后发出告警信号或者跳闸信号。

由于实训室变压器的负荷较小，温度变化不明显，无法通关调节负载做温度保护试验。为了达到教学演示的要求，可以从温控仪的高温报警输出端子做变压器超温报警和超温跳闸试验。

二、某实训室整流变压器超温保护

变压器温控仪接线及端子排如图 3-3-1 和图 3-3-2 所示。

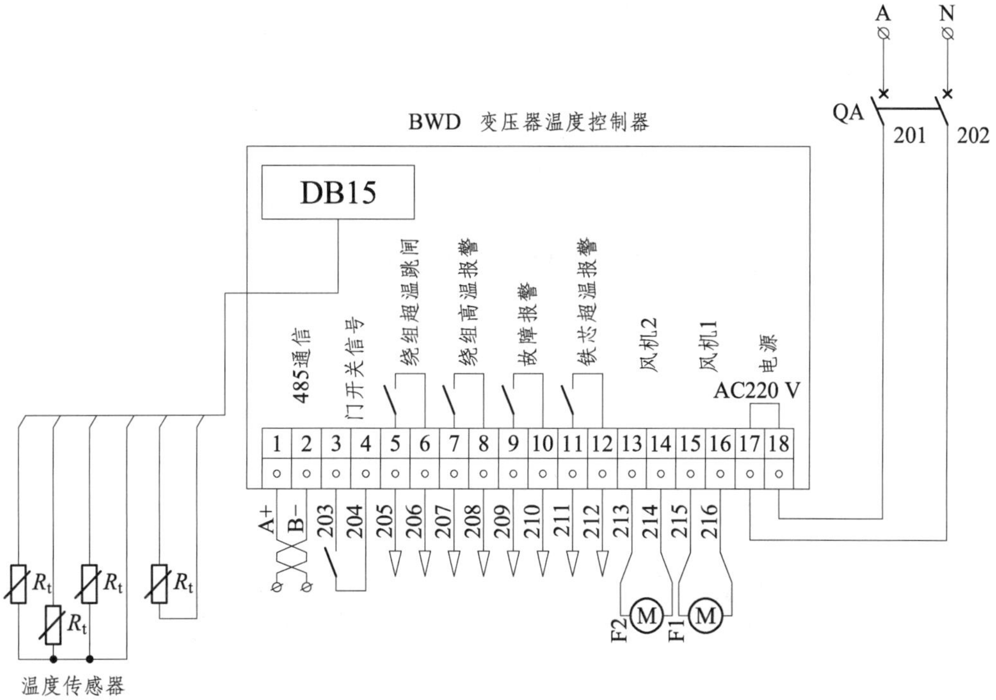

图 3-3-1　变压器温控仪接线

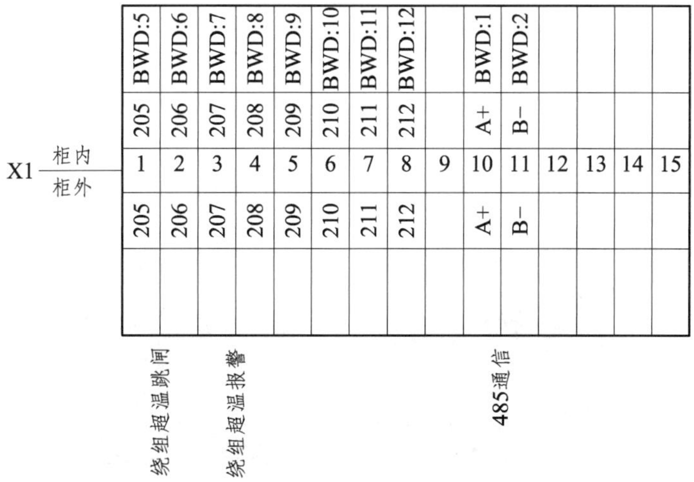

图 3-3-2　整流变压器温度保护端子排

（一）整流变压器超温报警实训

（1）准备继电保护测试仪及试验线。

（2）打开整流变压器柜前柜门（注意变压器有电危险，防止触电）。

（3）将两根试验线的插头插入 X1:3，X1:4 端子，另一端插头插入继电保护测试仪模拟装置“开关量 1”输出端子，如图 3-3-3 所示。

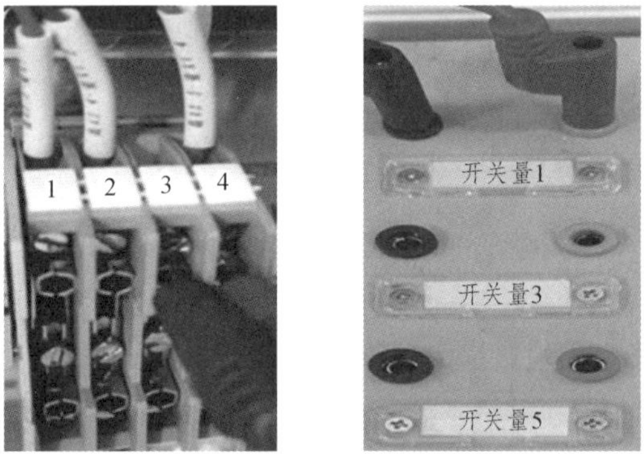

图 3-3-3　试验接线示意图

（4）按下继电保护测试仪“按钮 1”按钮，35 kV 高压柜发生告警信号，如图 3-3-4 所示。

（5）观察 35 kV 高压柜微机保护装置，发现变压器高温告警事件动作，如图 3-3-5 所示。

图 3-3-4　试验按钮

图 3-3-5　微机保护装置显示界面

（二）整流变压器超温跳闸实训

（1）准备继电保护测试仪及试验线。

（2）检查 35 kV 高压柜是否在合闸状态，如图 3-3-6 所示。

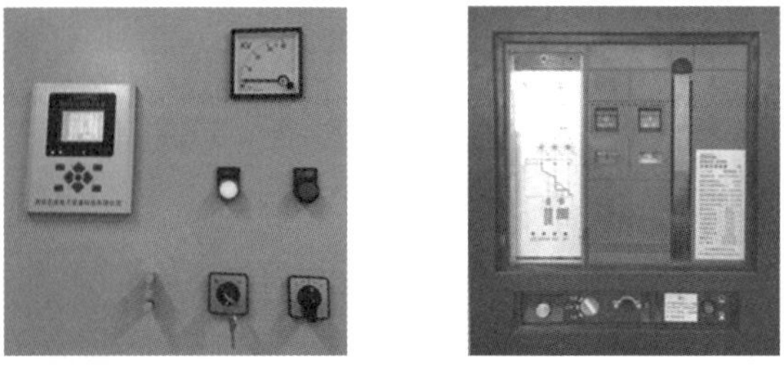

图 3-3-6　35 kV 高压柜合闸指示

（3）打开整流变压器柜前柜门（注意变压器有电危险，防止触电）。

（4）将两根试验线的插头插入 X1:1，X1:2 端子，另一端插头插入继电保护测试仪模拟装置“开关量 1”输出端子，如图 3-3-7 所示。

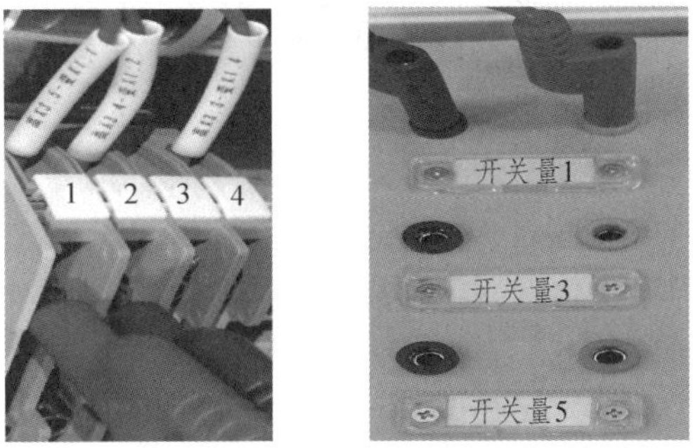

图 3-3-7　试验接线示意图

（5）按下继电保护测试仪“按钮 1”按钮，35 kV 断路器跳闸，如图 3-3-8 所示。

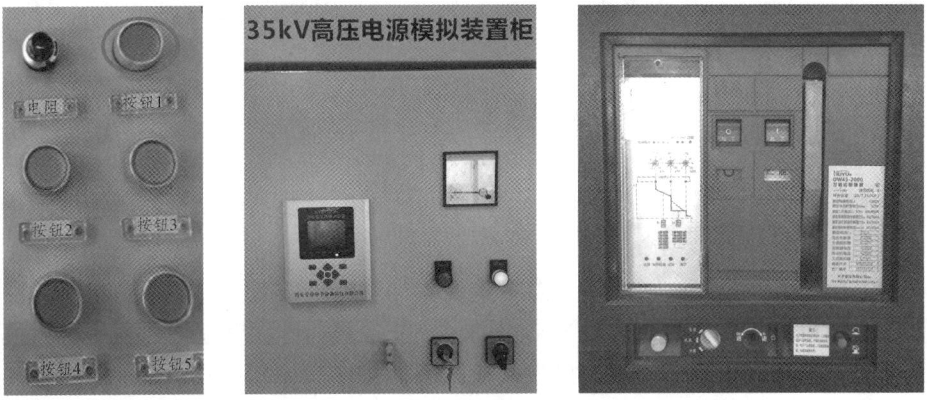

图 3-3-8　试验按钮及 35 kV 高压柜分闸指示

（6）观察 35 kV 高压柜微机保护装置，发现超温跳闸保护动作，如图 3-3-9 所示。

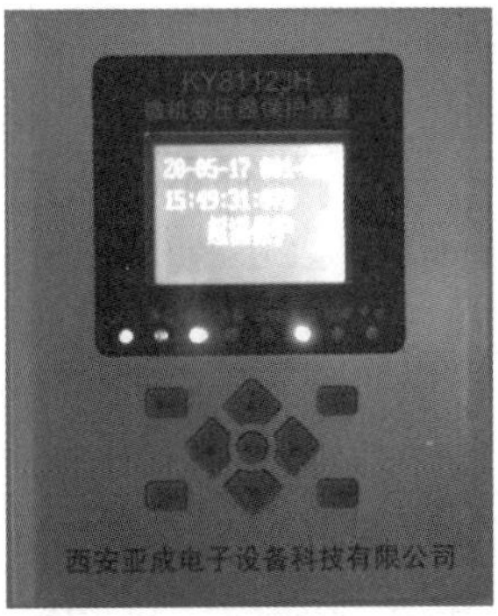

图 3-3-9　微机保护装置显示界面

变压器绕组超温报警和超温跳闸实训

微机测控保护装置操作实训

三、整流器的控制与信号回路

（1）二极管故障指示回路：整流器同一整流桥臂的一个二极管故障，或不同整流器桥臂的两个二极管故障时均不跳闸，二极管故障信号在当地和远方显示。

（2）二极管故障跳闸控制回路：整流器同一整流桥臂的两个二极管故障时，发出跳闸信号，二极管故障信号在当地和远方显示。

（3）整流器温度报警和跳闸指示回路：当整流器测试点的温度超过设定值时，能分级发出报警和跳闸信号，在当地和远方显示故障信号。

（4）逆流保护显示：当每个桥臂安装的电流传感器检测到逆向电流时，发出逆流跳闸信号，并在显示屏显示。

四、某实训室整流器保护设置及实训项目

某实训室整流器二次原理接线如图 3-3-10 所示。整流器的保护通过 PLC 逻辑控制器实现的，PLC 通过信号变送器采集交流电压、直流电压、直流电流、母排温度、桥臂温度以及快熔开关量信号，通过逻辑判断及计算结果发出报警和保护信号，从而实现整流柜的各种保护。

故障报警：一个整流桥有一个熔断器熔断、不同整流桥各有一个熔断器熔断、母排过热、整流管过热、开门告警等现象发生时便会启动故障报警。

故障跳闸：一个整流桥有两个熔断器熔断、母排超温、整流管超温、压敏电阻损坏、逆流保护等现象发生时便会启动故障跳闸。

故障指示：一个整流桥有一个熔断器熔断、不同整流桥各有一个熔断器熔断、一个整流桥有两个熔断器熔断、母排过热、母排超温、整流管过热、整流管超温、压敏电阻损坏、开门告警、逆流保护等现象发生时便会触发故障指示。

保护电路说明：

（1）快速熔断器的单快熔熔断报警。当一个整流桥中有单个快速熔断器熔断时，系统出现报警故障，修复后须在触摸屏上点击报警复位进行故障复位。

（2）一个整流桥两快熔熔断跳闸。当一个整流桥中有两个快速熔断器熔断时，系统出现跳闸故障，上级 35 kV 高压柜、下级正级柜连锁跳闸，修复后须在触摸屏上点击跳闸复位进行故障复位。

（3）整流桥臂过热、母排过热。当整流桥臂过热、母排过热时，系统向 PLC 发出信号，PLC 内部逻辑运算，出现报警故障，须在触摸屏上点击报警复位进行故障复位。

（4）整流桥臂超温、母排超温。当整流桥臂超温、母排超温时，系统出现跳闸故障，上级 35 kV 高压柜、下级正级柜连锁跳闸，修复后须在触摸屏上点击跳闸复位进行故障复位。

（5）过电压、电流过流。当系统发生过电压、过电流时，压敏电阻率先损坏，快速熔断器熔断，PLC 收到指令，输出跳闸信号，上级柜，下级柜连锁跳闸。修复后点击触摸屏中的跳闸复位经行故障复位。

（6）逆流保护。当系统发生负向电流时，快速输出跳闸信号。上级柜，下级柜连锁跳闸。修复后点击触摸屏中的跳闸复位经行故障复位。

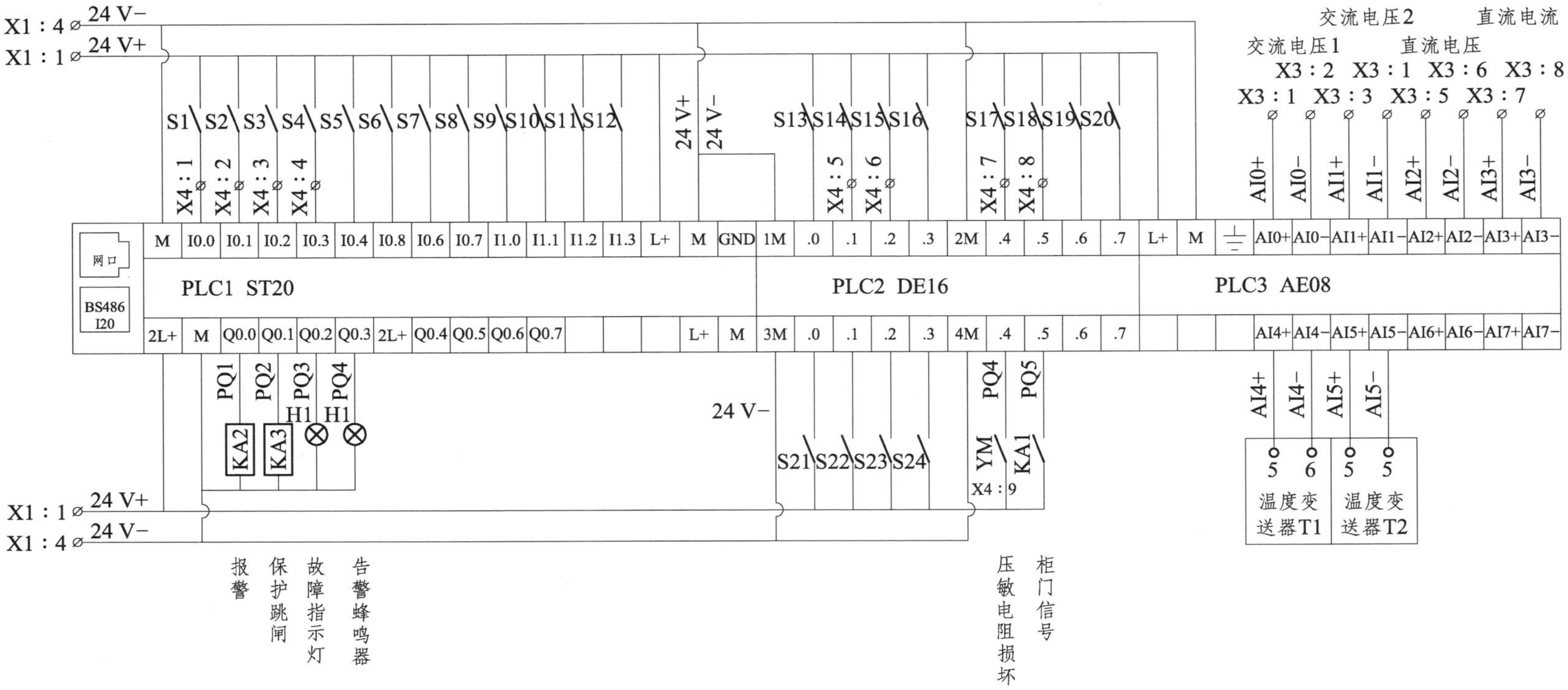
X1：4
24 V−
X1：1
24 V+
网口
BS486
I20
PLC1 ST20
PLC2 DE16
PLC3 AE08
报警
保护跳闸
故障指示灯
告警蜂鸣器
压敏电阻损坏
柜门信号
交流电压1
交流电压2
直流电压
直流电流
温度变送器T1
温度变送器T2

（a）整流器 PLC 原理

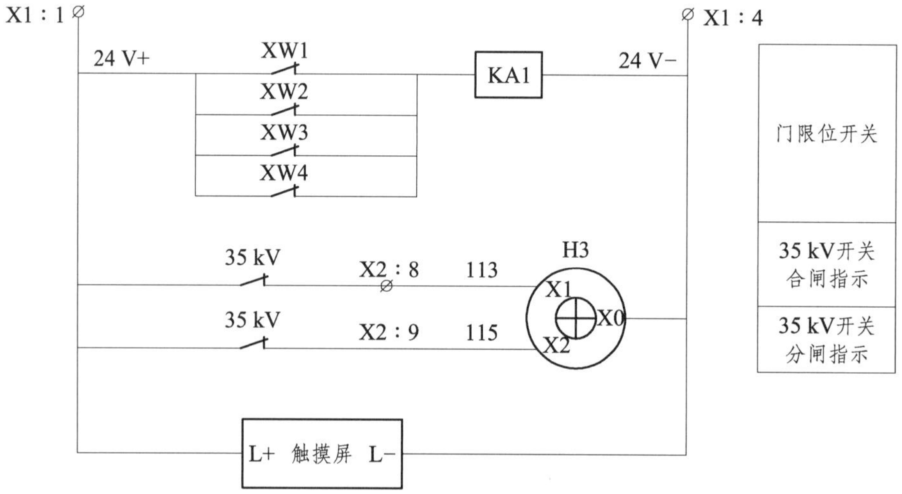

（b）35 kV 开柜分合闸指示

（c）跳闸回路

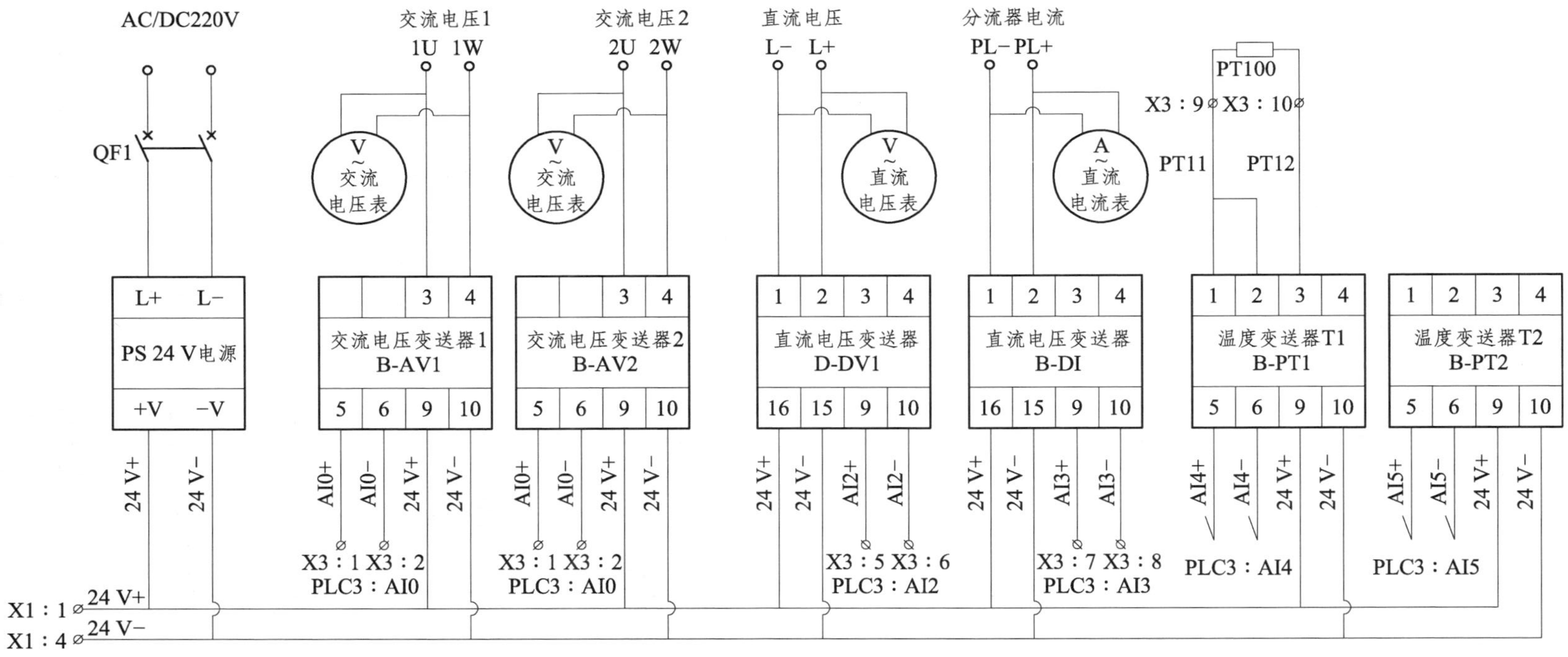

AC/DC220V
QF1
L+ L−
PS 24 V电源
+V −V
24 V+
24 V−
交流电压1
1U 1W
交流电压表
交流电压变送器1
B-AV1
AI0+ AI0− 24 V+ 24 V−
X3：1 X3：2
PLC3：AI0
交流电压2
2U 2W
交流电压变送器2
B-AV2
直流电压
L− L+
直流电压表
直流电压变送器
D-DV1
AI2+ AI2−
X3：5 X3：6
PLC3：AI2
分流器电流
PL− PL+
直流电流表
直流电压变送器
B-DI
AI3+ AI3−
X3：7 X3：8
PLC3：AI3
PT100
X3：9 X3：10
PT11 PT12
温度变送器T1
B-PT1
AI4+ AI4−
PLC3：AI4
温度变送器T2
B-PT2
AI5+ AI5−
PLC3：AI5
X1：1 24 V+
X1：4 24 V−

（d）电流、电压、温度变送器

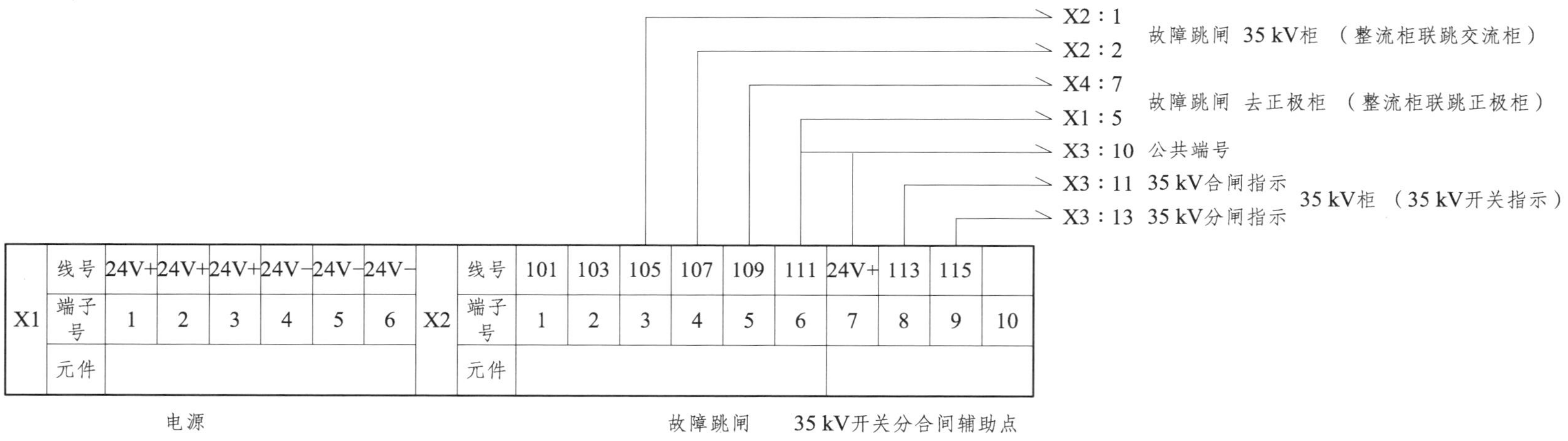

X3	线号	AI0+	AI0−	AI1+	AI1−	AI2+	AI2−	AI3+	AI3−	AI4+	AI4−	AI5+	AI5−
	端子号	1	2	3	4	5	6	7	8	9	10	11	12
	元件												

X4	线号	S1	S2	S3	S4	S14	S15	S17	S18	P04	24V+	24V+
	端子号	1	2	3	4	5	6	7	8	9	10	11
	元件											

（e）端子排

图 3-3-10　整流器二次原理接线

（一）交流侧过电压保护实训

整流器交流侧
过电压保护实训

（1）准备继电保护测试仪及试验线。

（2）将 35 kV 高压断路器合上，如图 3-3-11 所示。

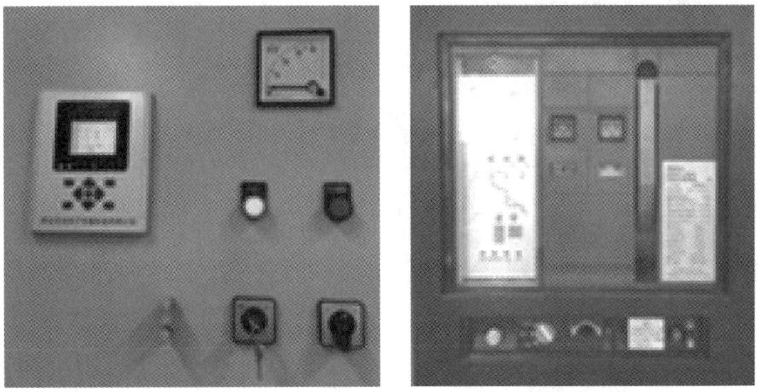

图 3-3-11　35 kV 高压柜合闸指示

（3）操作触摸屏，将整流柜交流过电压定值设为 2 000 V，如图 3-3-12 所示。

交流1过电压定值	2000.0 V

图 3-3-12　整流柜交流过电压定值设定

（4）将整流柜的 X3:1 与 X3:2 试验端子调节至分开状态。

（5）使用试验线将信号模拟发生装置模拟量 1 端口和整流柜 X3:1、X3:2 端子连接，X3:1 为正极，X3:2 为负极，如图 3-3-13 所示。

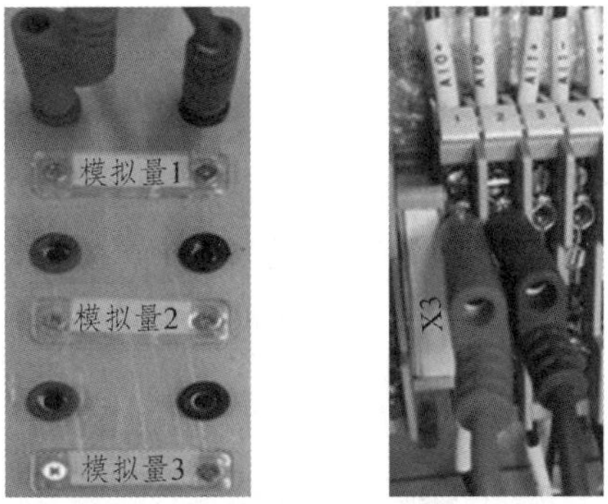

图 3-3-13　试验接线示意图

（6）调节模拟量 1 对应的 0 ~ 10 V 信号发生器，由小到大调节，调节到电压值大于电压整定值。整流柜交流 1 过压跳闸，如图 3-3-14 所示。

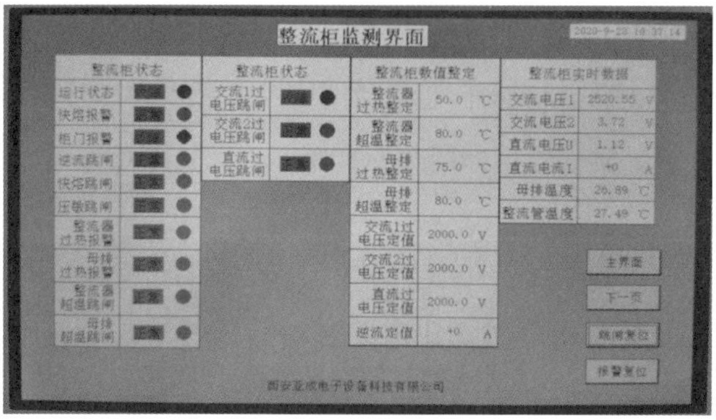

图 3-3-14　整流柜监测界面交流过压显示

（7）整流柜发出过电压保护跳闸信号，高压柜跳闸，如图 3-3-15 所示。

图 3-3-15　35 kV 高压柜分闸指示

（8）将模拟量信号发生器调节至零位，拔出试验短接线，将试验端子复归。

整流器直流侧过电压保护实训

（二）直流侧过电压保护实训

（1）准备继电保护测试仪及试验线。

（2）将正极柜断路器合上，微机保护装置交流测故障投入，如图 3-3-16 所示。

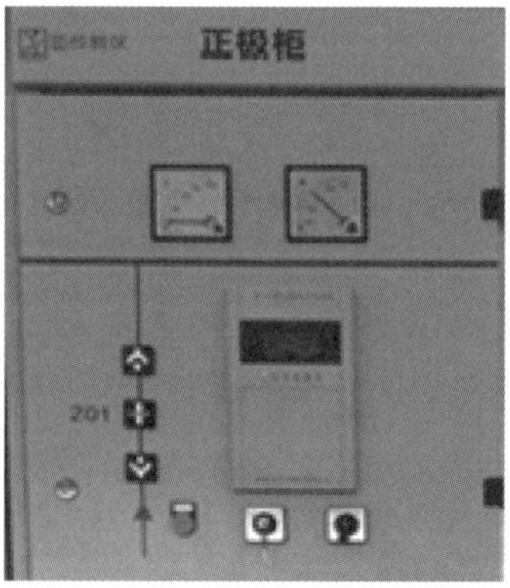

图 3-3-16　正极柜合闸状态指示

（3）操作触摸屏，将整流柜直流过电压定值设为 2 000 V，如图 3-3-17 所示。

直流过 电压定值	2000.0 V

图 3-3-17　整流柜直流过电压定值设定

（4）将整流柜的 X3:5 与 X3:6 试验端子调节至分开状态。

（5）使用试验线将信号模拟发生装置模拟量 1 端口和整流柜 X3:5、X3:6 端子连接，X3:5 为正极，X3:6 为负极，如图 3-3-18 所示。

图 3-3-18　试验接线示意图

（6）调节模拟量 1 对应的 0 ~ 10 V 信号发生器，由小到大调节，调节到电压值大于电压整定值。整流柜直流过电压跳闸动作，如图 3-3-19 所示。

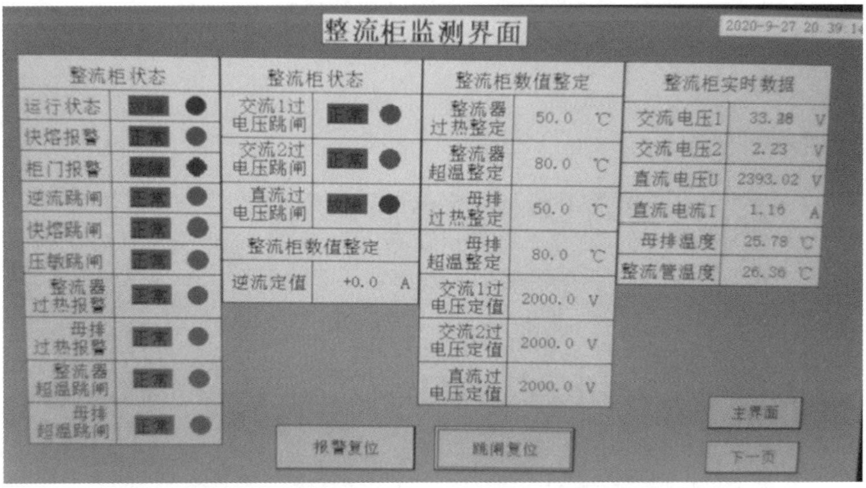

图 3-3-19　整流柜监测界面直流过压显示

（7）整流柜发出过电压保护跳闸信号，正极柜跳闸，如图 3-3-20 所示。

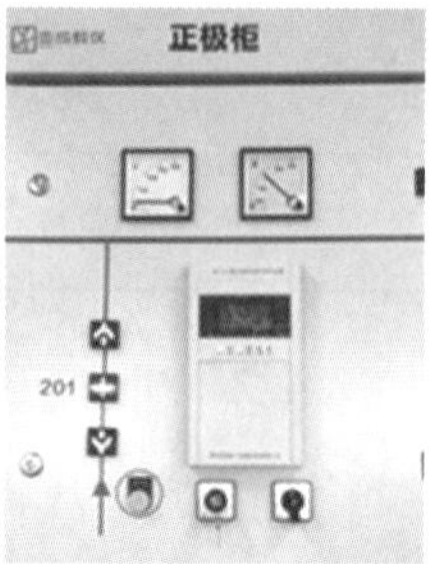

图 3-3-20　正极柜分闸状态指示

（8）将模拟量信号发生器调节至零位，拔出试验短接线，将试验端子复归。

（三）整流器快速熔断器保护实训

整流器快速熔断器保护实训

1. 故障报警试验

（1）准备继电保护测试仪及试验线。

（2）在整流柜试验端子排上利用一根试验线将端子 X4:1 和 X4:10 短接，如图 3-3-21 所示。

图 3-3-21　试验接线示意图

（3）观察现象发现整流柜触摸屏上出现了一个熔断器熔断的画面，面板的告警指示灯亮起。并发出警报声，如图 3-3-22 所示。

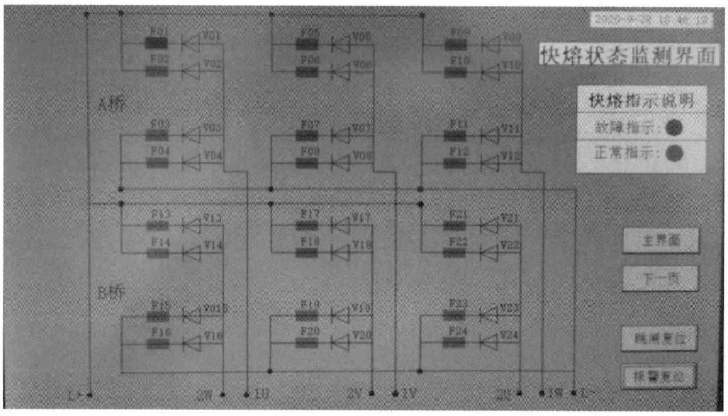

图 3-3-22　整流柜监测界面熔断器熔断显示

（4）拆除插在试验端子 X4:1 和 X4:10 的短接线，在触摸屏上点击进入，输入用户名和密码“admin”进入系统后点击复位按键。

2. 故障跳闸试验

（1）将 35 kV 高压断路器合闸。

（2）在整流柜试验端子排上利用试验线将 X4:1，X4:10，X4:11 三个端子短接，如图 3-3-23 所示。

图 3-3-23　试验接线示意图

（3）观察现象发现整流柜触摸屏上出现了两个熔断器熔断的画面，面板的故障指示灯亮起，并发出跳闸信号，如图 3-3-24 所示。

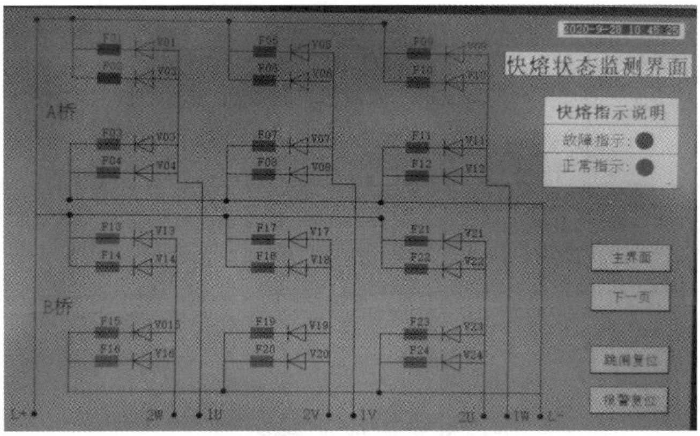

图 3-3-24　整流柜监测界面两个熔断器熔断显示

（4）整流柜发出保护跳闸信号，35 kV 高压柜跳闸，如图 3-3-25 所示。

图 3-3-25　35 kV 高压柜分闸指示

（5）拆除插在试验端子 X4:1，X4:10，X4:11 的短接线，在触摸屏上点击进入，输入用户名和密码“admin”进入系统后点击复位按键。

（四）逆流保护实训

整流器逆流保护实训

（1）准备继电保护测试仪及试验线。

（2）检查并佩戴绝缘手套。

（3）准备继电保护测试仪及试验线。

（4）将正极柜断路器合上，微机保护装置交流侧故障投入，如图 3-3-26 所示。

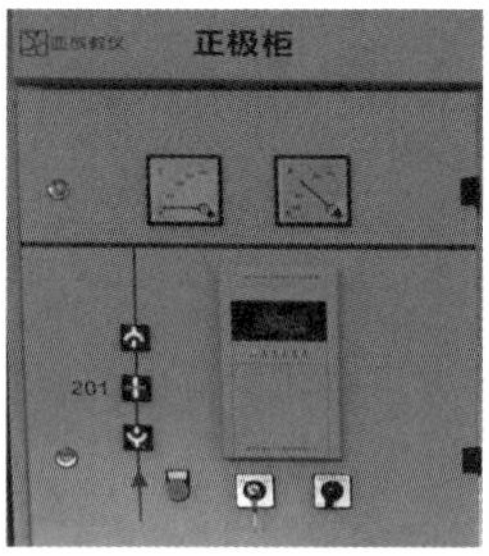

图 3-3-26　正极柜合闸状态指示

（5）操作触摸屏，将整流柜逆流保护定值设为 – 500 A，如图 3-3-27 所示。

逆流定值	−500 A

图 3-3-27　整流柜逆流保护定值设定

（6）将整流柜的 X3:7 与 X3:8 试验端子调节至分开状态。

（7）使用试验线将信号模拟发生装置模拟量 1 端口和整流柜 X3:7、X3:8 端子连接，X3:7 为负极，X3:8 为正极，如图 3-3-28 所示。

图 3-3-28　试验接线示意图

（8）调节模拟量 1 对应的 0 ~ 10 V 信号发生器，由小到大调节，调节到电流值小于整定值。整流柜逆流保护跳闸动作，如图 3-3-29 所示。

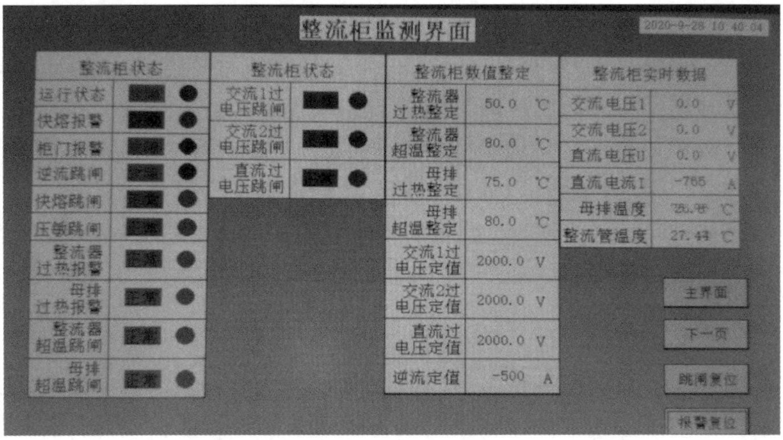

图 3-3-29　整流柜监测界面逆流保护显示

（9）整流柜发出过保护跳闸信号，正极柜跳闸，如图 3-3-30 所示。

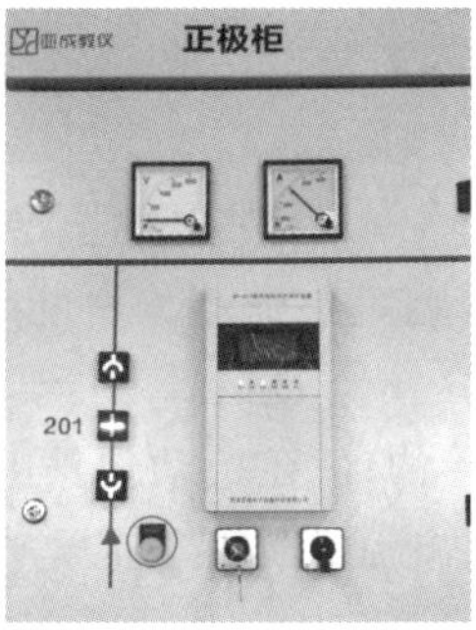

图 3-3-30　正极柜分闸状态指示

（10）将模拟量信号发生器调节至零位，拔出试验短接线，将试验端子复归。

地铁现场整流器功能性测试

任务四　直流 1 500 V 断路器控制及保护电路

一、直流 1 500 V 开关柜常见保护配置

（一）大电流脱扣保护

大电流脱扣保护，是高速直流断路器自带的一种保护类型，它采用了电磁脱扣原理，主要用于快速切除近端金属性短路故障（此时故障电流非常大，一般超过 10 000 A）。

直流 1 500 V 采用的直流断路器，在其内部设有一个跳闸装置（由一个钢片层压的固定引铁和一个可移动引铁组成），可移动引铁与一弹簧微调螺钉相连接，用于调节跳闸动作值，另外还有一个动铁心用于触发跳闸。在过流（短路或过载）的情况下，主回路中的绕组在固定引铁内产生一个磁场，动铁心受这个磁场的作用，通过一个杠杆推动棘爪，从而释放动触头，使断路器跳闸。跳闸动作值可以通过改变磁路的位置，也就是空气气隙的大小而改变。

电流脱扣保护可以通过调节螺栓，整定动作电流的值。整定刻度标示在整定装置的顶上，调节螺栓用一个 M6 螺栓锁定。

（二）逆流保护

在直流牵引供电系统中，整流机组把交流电经降压整流后转换成所需的直流电，经过直流进线断路器后送至直流母排上。正常运行时，电流只能从整流机组经过直流进线断路器流向直流母排，不会从直流母排反向流向整流机组，这点和交流供电方式不同。直流进线断路器的逆流保护，正是为了防止故障发生时电流反向流动而设置的一种保护。

（三）直流馈线柜保护及功能

1. DDL 保护

DDL 保护，又称短延时电流增量（ΔI）保护和长延时电流上升率（$\mathrm{d}i/\mathrm{d}t$）保护，该保护作为馈线保护的主保护，既能切除近端短路电流，也能切除大电流脱扣保护不能切除的故障电流较小的远端短路故障。DDL 保护分为 DDL + ΔI 与 DDL + ΔI 保护。DDL 保护克服了单独 $\mathrm{d}i/\mathrm{d}t$ 保护受干扰而误动，以及 ΔI 保护存在拒动现象的缺点。

通过电流的上升率来判别是故障电流，还是正常运行时的电流。当电流上升率高于整定值时，$\mathrm{d}i/\mathrm{d}t$ 保护启动，进入延时阶段。若电流上升率在延时阶段一直高于保护整定值，则保护动作，否则保护返回。与此同时，ΔI 保护也进入保护延时，继电器将从 ΔI 保护启动时的电流作为基准电流，在此基础上来计算相对电流增量，若在 ΔI 保护延时阶段，电流增量超出 ΔI 保护预设值，则保护动作。两种保护虽然作为不同距离的非金属性短路故障的主保护，其中 $\mathrm{d}i/\mathrm{d}t$ 为中远距离，ΔI 为中近距离，但它们都是用同一个预设值作为其启动条件的，且是相互配合来实现保护功能的。

设备运行时，保护不断监测馈线电流 I 及电流变化率 $\mathrm{d}i/\mathrm{d}t$。当电流变化率 $\mathrm{d}i/\mathrm{d}t$ 高于设定值 E，保护启动（$\mathrm{d}i/\mathrm{d}t > E$）；如果电流变化率 $\mathrm{d}i/\mathrm{d}t$ 低于 F（返回值）且未有跳闸出口，则 DDL 保护停止。DDL + ΔI 跳闸特性曲线如图 3-4-1 所示。

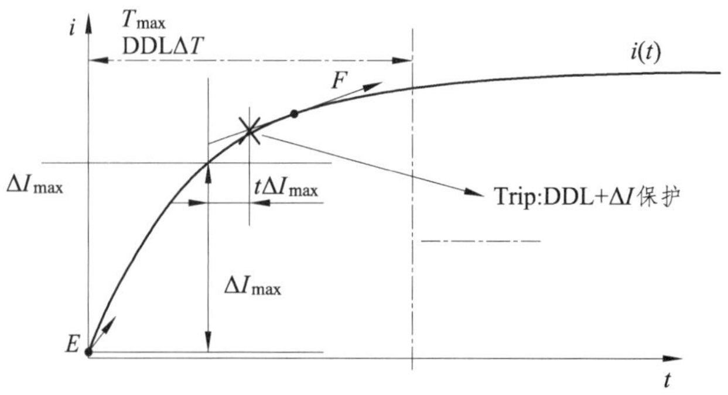

图 3-4-1　DDL + ΔI 跳闸特性曲线

如果测量到电流增量 ΔI 高于参数设定值（ ΔI_{max} ）的时间大于或等于时间参数 $t\Delta I_{max}$，DDL + ΔI 保护动作，同时跳闸信号启动。若在保护出口动作前检测到电流变化率 di/dt 低于设定值 F，整个保护复归，相关参数清零。

DDL + ΔI 保护，如图 3-4-2 所示。

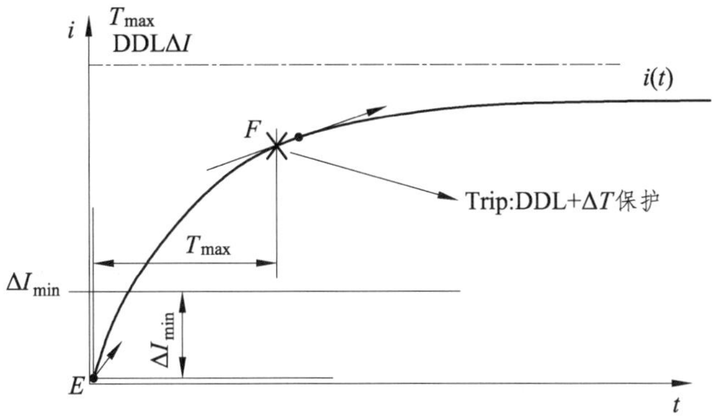

图 3-4-2　DDL + ΔT 跳闸特性曲线

如果 ΔT 的测量值高于参数 T_{max}，同时 ΔI 的测量值高于参数 ΔI_{max}，DDL + ΔT 保护动作同时跳闸信号启动。若在保护出口动作前检测到电流变化率 di/dt 低于 F，整个保护复归，相关参数清零。DDL + ΔI 保护与 DDL + ΔT 保护的启动值与返回值为同一设置。

2. 电流速断 I_{max} + + 和过电流 I_{max} +

电流速断保护 I_{max} + + 是断路器本体大电流脱扣的后备保护，电流设定值一般小于断路器本体的定值，主要通过分析馈线电流来识别故障。

保护装置不断检测当前正向电流最大值 I_{max} + +。如电流大于设定值并超过设定时间 T + +，跳闸启动与相应输出激活；如电流小于设定值则保护返回。

如图 3-4-3 所示，在保护控制单元预先整定电流 I_{max} + + 值和时间 T + + 值。当通过直流馈线短路的电流值超过 I_{max} + + 值，时间超过预先设定的时间时，电流速断保护装置动作，使直流馈线断路器跳闸来切除故障。显然，I_{max} + + 值应小于大电流脱扣保护装置动作值。对于 I_{max} + + 值的设定，可分别设定正反方向的 I_{max} + +。当地铁列车处于再生状态或当地牵引变电所整流机组退出运行，变电所内直流馈线被用于直流越区供电回路时，如果线路发生故障，会有反向电流通过直流馈线断路器，反向过流保护用于检测并切除该故障。

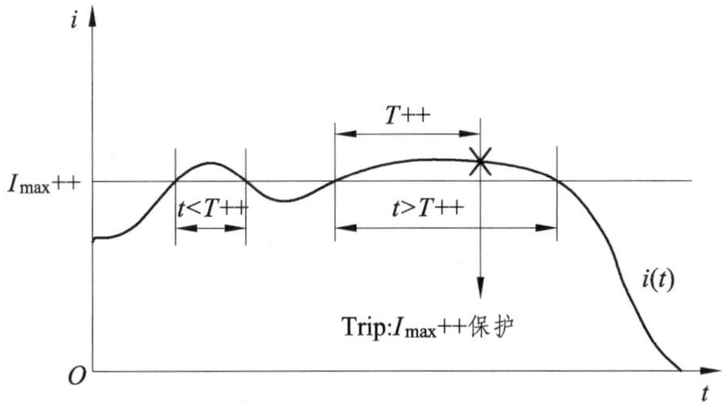

图 3-4-3　I_{max} + + 跳闸特性曲线

过电流保护 I_{max} + 的保护原理同电流速断保护 I_{max} + +，区别在于整定电流 I_{max} + 和时间 T+ 值不同。

电流速断和过电流保护参数设置见表 3-4-1。

表 3-4-1 电流速断和过电流保护参数设置

名称	设定范围	单位	保护设置说明
I_{max} + +	1～线路电流值	A	电流速断设定值
T+ +	1～65 535	ms	电流速断设定时间
I_{max} +	1～线路电流值	A	过电流设定值
T+	1～65 535	ms	过电流设定时间

3. 接触网过负荷保护

若设备长期处在过负荷运行的情况下，会导致直流馈出电缆，特别是架空接触网发热甚至瘫痪。发生此类故障时，应切除过载运行的线路，待恢复冷却后再投入运行。其工作原理是保护单元连续测量馈线电流。同时，根据接触网的电阻率、电阻率修正系数、长度、横截面积、电流，计算接触网的发热量，再根据接触网和空气的比热等热负荷特性及通风量等环境条件，计算接触网的温度。如果该温度超过设定值，保护单元发出跳闸信号分开馈线断路器，待一段时间冷却后，断路器才能重新合闸。不过这种算法比较复杂，在实际应用中一般采用反时限过负荷保护的方式，即电流过载倍数越大，允许持续的时间越短。

4. 低电压保护

低电压保护用于机车的正常工作电压保护。低电压保护作为后备保护应与其他保护相互配合，而且一般不作为单独的保护来跳闸断路器。它的整定值 U_{Lmin} 和延时 T_{ULmin} 必须配合列车正常运行时的情况，并考虑最大负荷下列车的启动时间、启动电流，以及在同一供电区内多列车连续启动的情况。

保护装置不断检测馈线电压，在发生短路的情况下，电压值会大幅降低，如果馈线电压低于 U_{Lmin} 且延时时间大于或等于 T_{ULmin}，则低电压保护出口，发出动作信号。低电压保护参数设置见表 3-4-2。

表 3-4-2 低电压保护参数设置

名称	设定范围	单位	保护设置说明
U_{Lmin}	1～线路电压值	V	低电压设定值
T_{ULmin}	1～65 535	ms	低电压设定时间

5. 双边联跳保护功能

双边联跳保护是一种设备出现故障后断路器跳闸的方式，类似于变压器本体发生短路故障后，跳开变压器高、低压侧断路器。该保护针对采用双边供电的供电系统，具有较为广泛的运用。在不考虑线路末端单边供电的情况下，在一个区内的接触网每一电分段都由两个变电所对其供电，若其中某个牵引降压混合变电所的馈线断路器跳闸，与此同时会发出联跳信号，使给同一段接触网供电的直流馈线断路器联跳。

直流双边联跳保护，其功能是通过联跳电缆及两侧直流开关柜中配置的联跳继电器来实现的。双边联跳可通过开关或显示单元投退。当本变电所一台断路器跳闸时，必须使相邻变电所内向同一区间供电的断路器同时跳闸。其功能可通过联跳电缆及两侧直流开关柜中的联跳继电器来实现，每条馈线数字式保护监控单元的联跳接收与发送，采用独立的回路。

具体实现过程为：首先，由一个变电所的一台馈线柜内的微机综合测控与保护装置联跳发送回路发出联跳信号；其次，经联跳发送继电器及相邻变电所间的联跳电缆，将此联跳信号发送到相邻变电所的向同一区间供电的馈线柜内；最后，经该柜内联跳继电器进入微机综合测控与保护装置，使其实现联跳断路器动作。

双边联跳保护原理如下：当接触网发生故障时，由于采用双边供电方式，总是可以看成一侧为近距离故障，另一侧为远距离故障，应该是近故障点的变电所先跳闸。如图 3-4-4 所示，A 站的 211 断路器和 B 站的 213 断路器向同一供电区的接触网供电，当靠近 A 站的 C 点接触网发生短路故障时，由于故障电流值不一样（A 站故障电流大于 B 站故障电流），由短路故障电流较大的 A 站发出跳闸命令，跳开本站 211 断路器，同时发出联跳命令，向 B 站发出联跳信号。B 站收到联跳信号后，跳开本所的 213 断路器，确保故障供电区内接触网无电。由于采用了双边联跳保护，只要两个变电所中有一个能检测出故障电流并正确跳闸，另一个也会被联跳，提高了保护的可靠性。

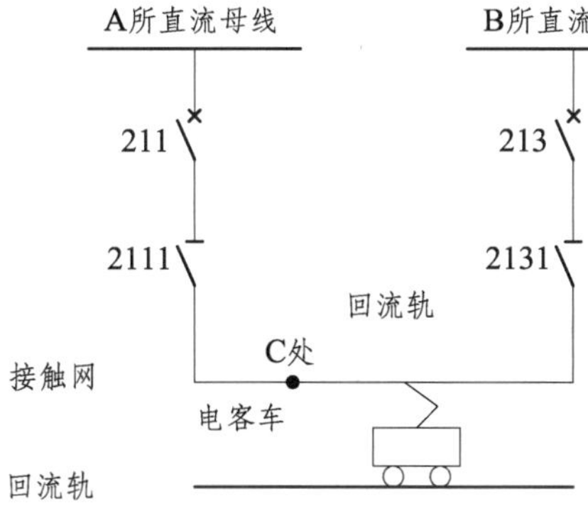

图 3-4-4　双边联跳保护原理

6. 线路测试功能

保护装置在断路器合闸前进行线路测试，主要检测母线电压 U_r，馈线电压 U_f。防止断路器合到故障线路上，进行对馈出回路电阻的测试。线路测试原理如图 3-4-5 所示。

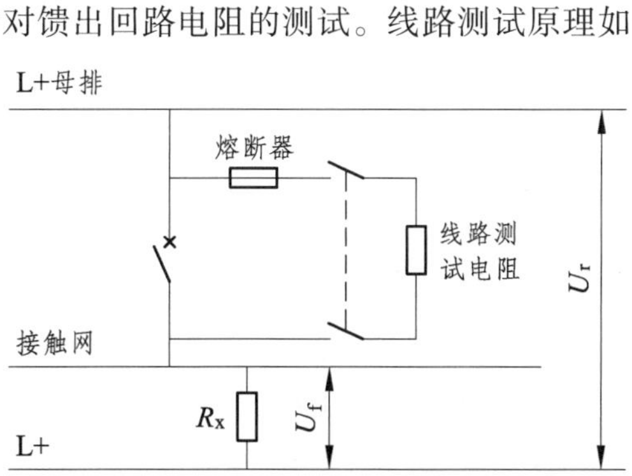

图 3-4-5　线路测试原理图

当接触网上有短时脉冲整流电压（通过一个电阻，限制它的当前值）时，线路测试的接触器短时闭合，以测试线路的总电阻 R_x。

$$R_x = \text{馈出回路电阻} + \text{接触网电阻} + \text{回流轨电阻}$$

线路测试电阻 R 的阻值已知，可以测量得到母线电压 U_r 和馈线电压 U_f 的数值。利用分压原理，从而计算出 R_x 的阻值。

仅当 R_x 值大于调整后的某一设定值（一般为 2.5 Ω左右）时，直流断路器才允许合闸。

紧急情况下，若最终用户确认馈出线路侧无短路故障，断路器不通过线路测试也可合闸，但只限于本地操作，通过输入一个旁路线路测试合闸命令进行合闸。

7. 自动重合闸功能

牵引供电系统故障可分为以下两种类型。

（1）瞬时性故障：在接触网线路被继电保护迅速断开后，电弧即行熄灭，故障点的绝缘强度重新恢复。此时，如果把断开的线路断路器再合上，就能恢复正常供电，因此称这类故障为“瞬时性故障”。常见的瞬时性故障有列车逆变器换向故障、雷击过电压引起绝缘子表面闪络或角隙避雷器放电、大风时的短时碰线等。

（2）永久性故障：在线路被断开以后，故障仍然存在，这时即使再合上电源，由于故障仍然存在，线路还要被继电保护再次断开，因而就不能恢复正常的供电。此类故障称为“永久性故障”。

在直流馈线断路器柜中设置了自动重合闸功能，通过线路测试回路，计算线路残余电阻来判别故障性质，决定是否进行自动重合闸。正常操作断路器合闸时，能对线路进行多次测试，线路正常允许合闸，如线路存在持续性故障，闭锁合闸。当接触网发生故障时，断路器分闸，起动线路测试，并根据测试结果判别故障性质。如故障是瞬时性的，自动重合闸将使断路器重新合闸；如故障是永久性的，直流断路器不进行重合闸。

二、直流 1 500 V 开关柜逻辑图及原理图分析

（一）直流进线断路器合闸逻辑

直流进线断路器合闸逻辑如图 3-4-6 所示。

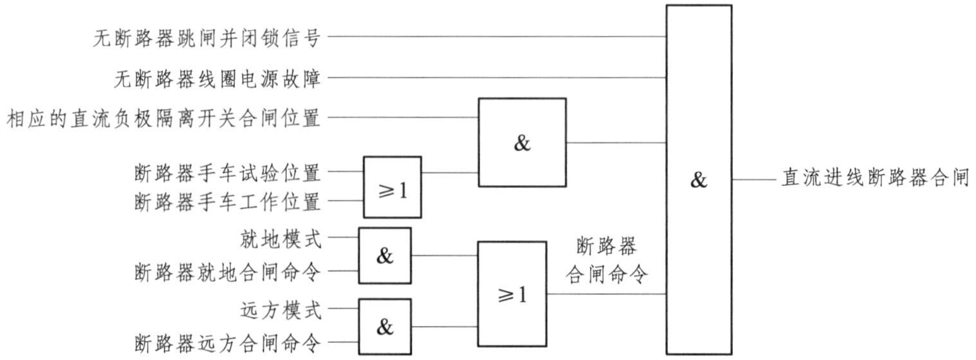

图 3-4-6　直流进线断路器合闸逻辑

（二）直流 1 500 V 开关柜原理图分析

直流馈线断路器控制原理如图 3-4-7 所示。断路器控制的核心部件是保护装置，断路器采用电保持操作机构，分合闸共用一个回路。

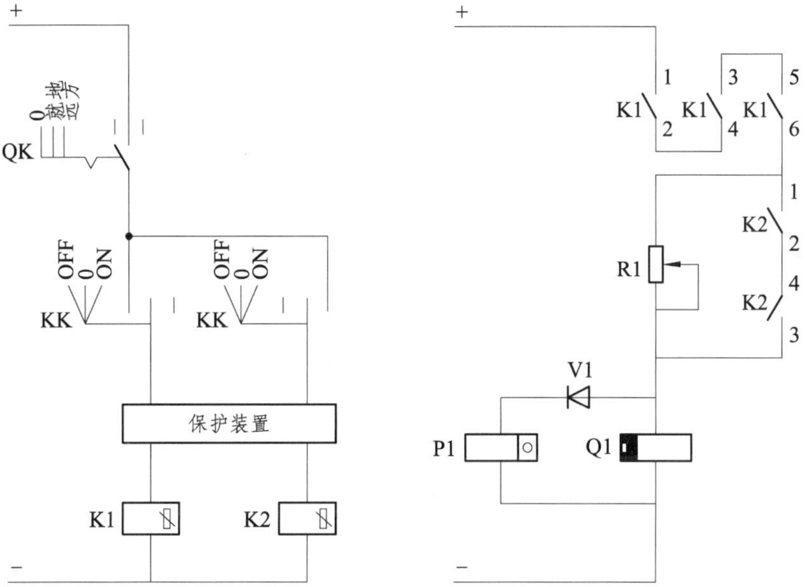

图 3-4-7　直流馈线断路器控制原理图

图 3-4-7 中的符号与说明见表 3-4-3。

表 3-4-3　直流馈线断路器控制回路符号与说明

QK	就地远方转换开关	P1	计数器
KK	分合闸控制开关	Q1	合闸接触器线圈
K1	插入式继电器	R1	保持电阻
K2	插入式继电器		

1. 断路器合闸过程

就地远方转换开关 QK 打到“就地”位，分合闸控制开关 KK 打到“ON”位，继电器 K1 线圈得电，其触点 1-2、3-4、5-6 接通，同时继电器 K2 线圈得电，其触点 1-2、3-4 接通，合闸接触器线圈 Q1 得电，断路器合闸。断路器合闸成功后，继电器 K2 线圈失电，合闸回路通过保持电阻 R1 使合闸接触器线圈保持得电，断路器保持合位。远方合闸时，就地远方转换开关 QK 打到远方位，远方合闸命令给出，继电器 K1 线圈得电，后续动作过程与就地合闸相同。

2. 断路器分闸过程

就地远方转换开关 QK 打到“就地”位，分合闸控制开关 KK 打到“OFF”位，继电器 K1 线圈失电，其触点 1-2、3-4、5-6 断开，合闸接触器 Q1 线圈断电，断路器分闸。远方分闸时，就地远方转换开关 QK 打到远方位，远方分闸命令给出，继电器 K1 线圈失电，后续动作过程与就地分闸相同。

三、直流 1 500 V 开关柜实训

某实训室正极柜二次原理接线图如图 3-4-8 所示。进线柜设有大电流脱扣保护、逆流保护。

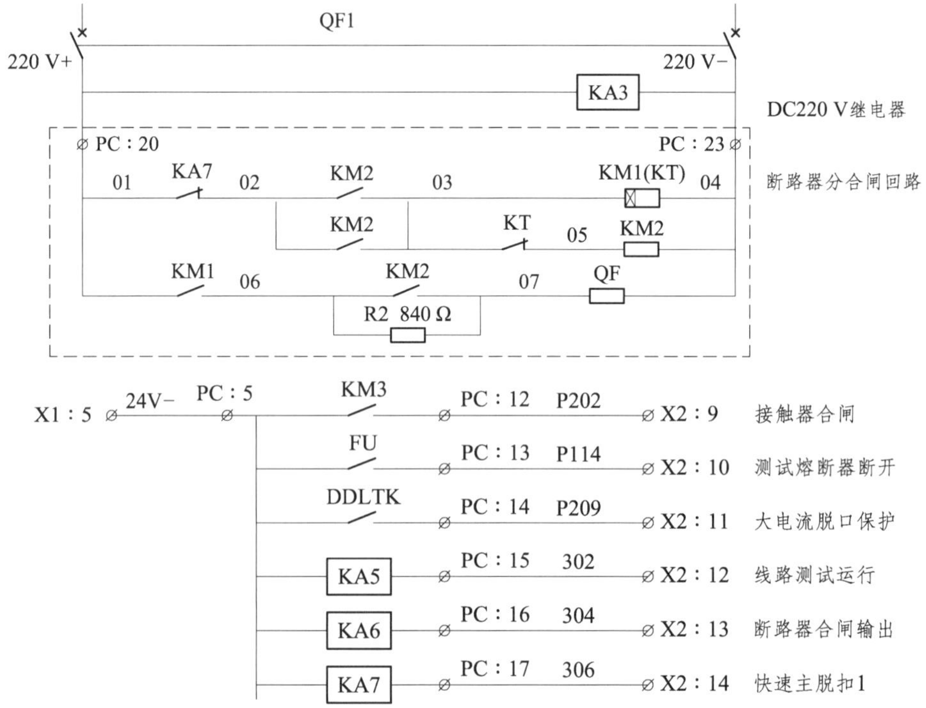

（a）正极柜断路器分合闸控制回路接线

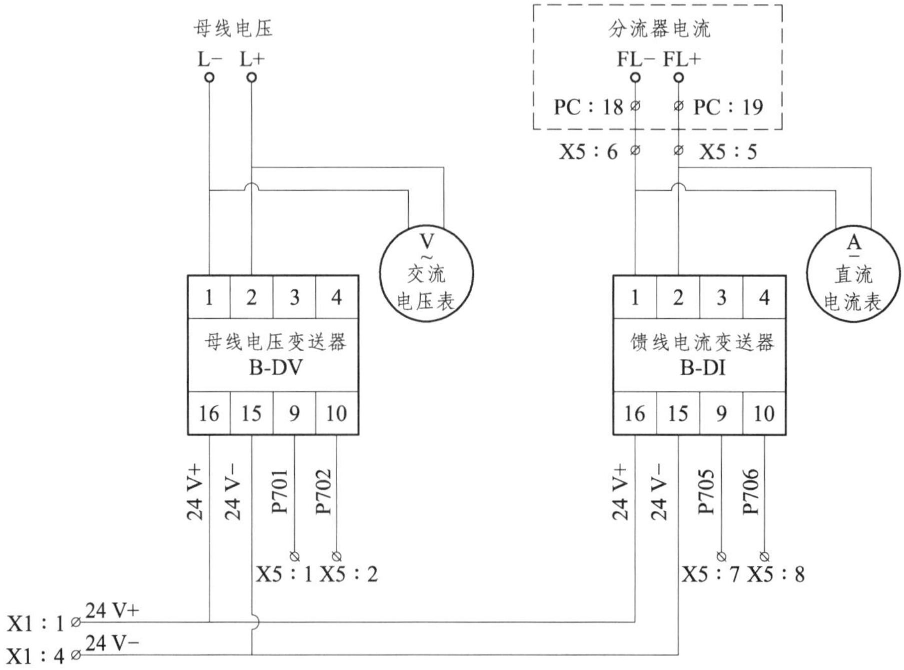

（b）电流变送器接线

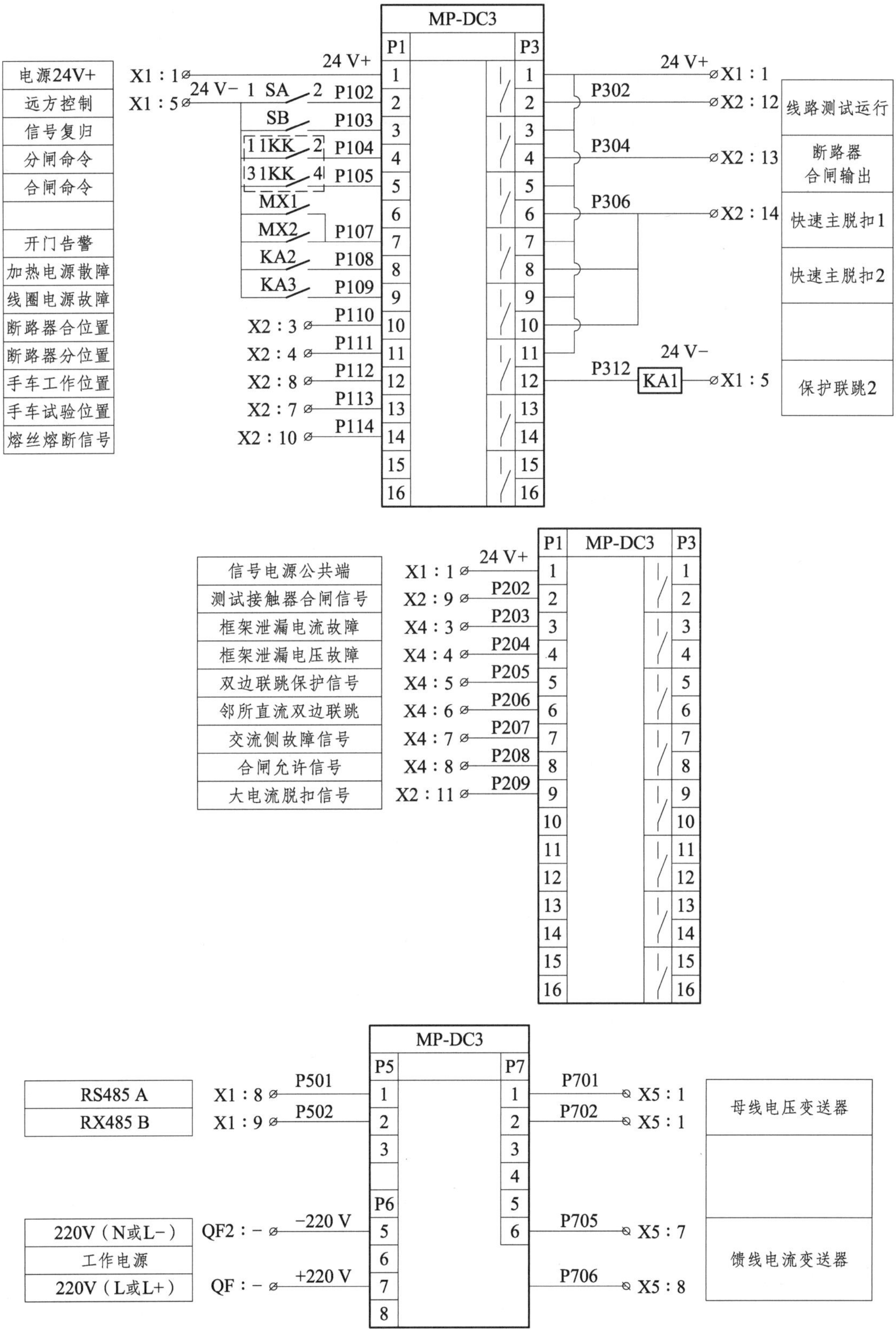
MP-DC3
P1
P3
电源24V+
远方控制
信号复归
分闸命令
合闸命令
开门告警
加热电源散障
线圈电源故障
断路器合位置
断路器分位置
手车工作位置
手车试验位置
熔丝熔断信号
X1 : 1
X1 : 5
24 V+
24 V− 1 SA 2
SB
1 1KK 2
3 1KK 4
MX1
MX2
KA2
KA3
P102
P103
P104
P105
P107
P108
P109
P110
P111
P112
P113
P114
X2 : 3
X2 : 4
X2 : 8
X2 : 7
X2 : 10
P302
P304
P306
P312
KA1
24 V−
X1 : 1
X2 : 12
X2 : 13
X2 : 14
X1 : 5
线路测试运行
断路器
合闸输出
快速主脱扣1
快速主脱扣2
保护联跳2
信号电源公共端
测试接触器合闸信号
框架泄漏电流故障
框架泄漏电压故障
双边联跳保护信号
邻所直流双边联跳
交流侧故障信号
合闸允许信号
大电流脱扣信号
X1 : 1
X2 : 9
X4 : 3
X4 : 4
X4 : 5
X4 : 6
X4 : 7
X4 : 8
X2 : 11
P202
P203
P204
P205
P206
P207
P208
P209
P5
P6
P7
RS485 A
RX485 B
X1 : 8
X1 : 9
P501
P502
220V（N或L−）
工作电源
220V（L或L+）
QF2 : −
QF : −
−220 V
+220 V
P701
P702
P705
P706
X5 : 1
X5 : 1
X5 : 7
X5 : 8
母线电压变送器
馈线电流变送器

（c）PLC 接线

X2：6　公共端（整流柜）
X3：9　公共端（35 kV柜）
X2：3　公共端（负极柜）

X1	线号	24V+	24V+	24V+	24V−	24V−	24V−		485A	485B	
	端子号	1	2	3	4	5	6	7	8	9	
	元件	24V电源输出									

X2	线号	110	101	P110	P111	P112	102	P113	103	P202	P114	P209	P302	P304	P306	
	端子号	1	2	3	4	5	6	7	8	9	10	11	12	13	14	15
	元件	MP-DC3														

X5	线号	P701	P702	P703	P704	FL+	FL−	P705	P706
	端子号	1	2	3	4	5	6	7	8
	元件	MP-DC3				B-DI		MP-DC3	

X3：4　201分闸
（负极柜）（正极柜联锁负极柜）
X3：10　201分闸

X3	线号	10	11	12	13	14	15	16	17
	端子号	1	2	3	4	5	6	7	8
	元件	KA4							

X2：1　保护跳闸
（35 kV柜）　（正极柜联跳交流柜）
X2：2　保护跳闸
X2：6　框架泄漏电流故障
（负极柜）
X2：4　框架泄漏电压故障
X2：8　2011负极隔离开关合闸　（负极柜联锁正极柜）
X3：8　35 kV跳闸　（35 kV柜）（交流柜联跳正极柜）
X2：5　整流柜保护跳闸　（整流柜）（整流柜联跳正极柜）

X3	线号	19	20	P203	P204	P205	P206	P207	P208
	端子号	1	2	3	4	5	6	7	8
	元件	KA1		MP-DC3					

（d）端子排

图 3-4-8　正极柜二次原理接线图

（一）某实训室正极柜实训项目

1. 直流正极柜停送电操作实训

正极柜合闸逻辑如图 3-4-9 所示。

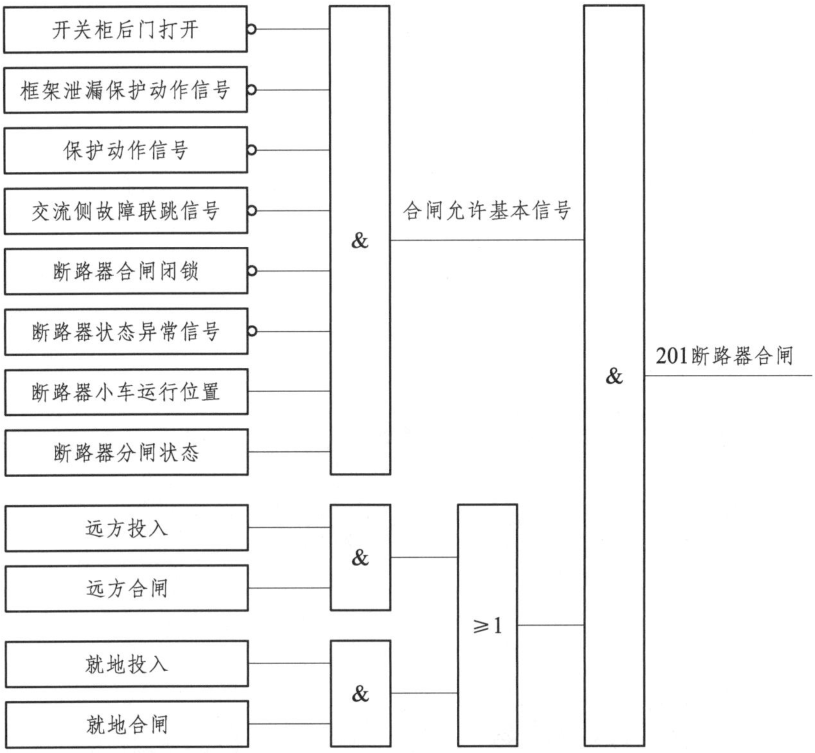

图 3-4-9　正极柜断路器合闸逻辑

就地送电倒闸操作步骤：

（1）检查负极隔离开关 2011 合位。

（2）检查无柜门打开。

（3）检查无框架泄漏保护信号。

（4）检查无保护动作信号。

（5）检查无交流侧故障联跳信号。

（6）检查无断路器合闸闭锁信号。

（7）检查无断路器状态异常信号。

（8）断路器小车运行位置处于工作位置或试验位置。

（9）断路器处于分闸状态。

（10）远方就地转换开关切换至就地位置。

（11）转动分合闸转换开关至合闸位置。

（12）观察正极柜断路器的状态确在合闸位置。

就地停电倒闸操作步骤：

（1）远方就地转换开关切换至就地位置。

正极柜断路器
合闸逻辑

（2）转动分合闸转换开关至分闸位置。

（3）观察 201 正极柜断路器的状态确在分闸位置。

2. 逆流保护实训

正极柜逆流保护实训

微机保护装置通过信号变送器采集直流电流，保护装置经过计算及逻辑判断结果发出保护跳闸信号，从而实现逆流保护。

（1）准备继电保护测试仪及试验线。

（2）将正极柜断路器合闸。

（3）设置微机保护装置，微机保护装置逆流保护投入，将逆流定值设为 1 000 A。

（4）在端子排中找到 X5:7（P705）和 X5:8（P706）试验端子，将其试验端子的短接片拨至断开位置并固定。

（5）连接信号发生装置模拟量 1 的端子和正极柜 X5:7（P705）和 X5:8（P706），其中 X5:7（连接信号发生装置负极）和 X5:8（连接信号发生装置正极），如图 3-4-10 所示。

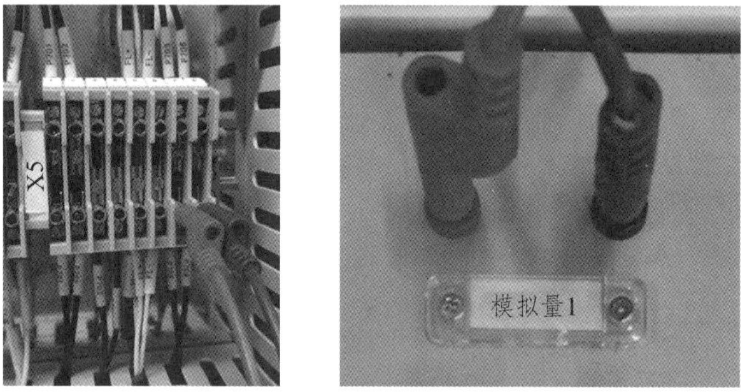

图 3-4-10　试验接线示意图

（6）调节第三个模拟信号发生装置，从小到大调节；使其馈线电流调至大于 1 500 A（举例），直到断路器跳闸动作，如图 3-4-11 所示。

图 3-4-11　模拟信号调节显示

（7）观察正极柜的状态发现正极柜断路器跳闸，微机保护装置弹出故障，故障信息为逆流保护动作，如图 3-4-12 所示。

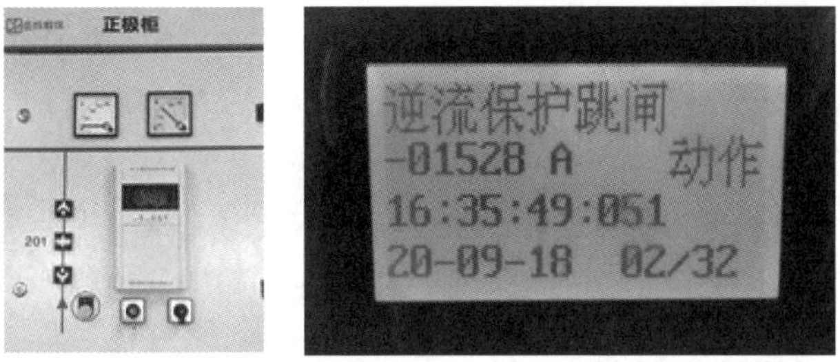

图 3-4-12　正极柜及微机保护装置动作显示

（8）将电源模拟装置的电压调节到 0 V，拔掉试验端子上的线，并将连接片拨至连接位置、固定。

（9）点击正极柜复位按钮，故障被复位，试验结束。

35 kV 高压开关柜联跳正极柜实训

3. 联跳保护实训

正极柜保护动作后会发出跳闸信号，跳闸信号会联锁 35 kV 高压开关柜跳闸，保护逻辑如图 3-4-13 和图 3-4-14 所示。

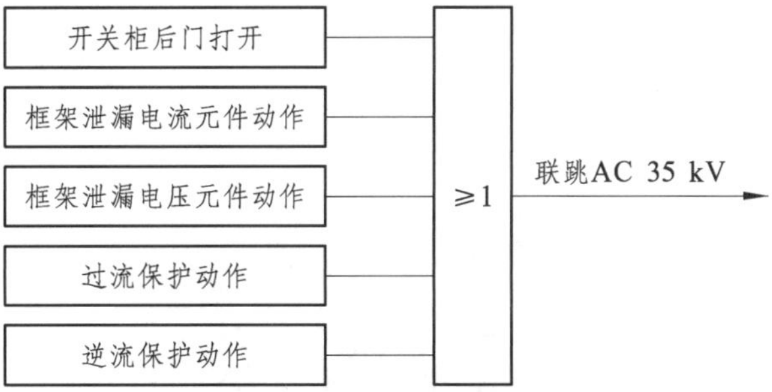

图 3-4-13　联跳逻辑

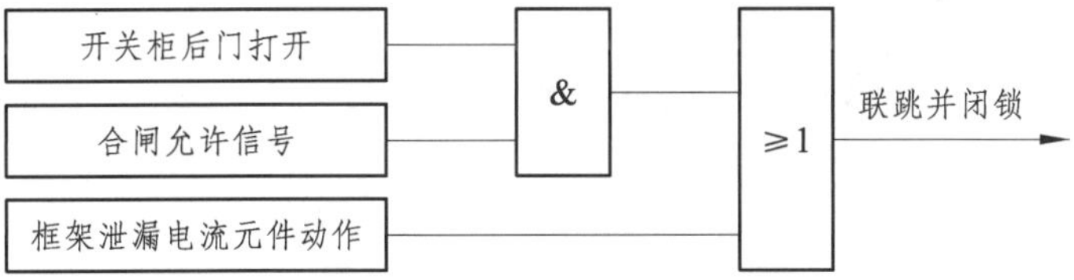

图 3-4-14　联跳并闭锁逻辑

正极柜联跳 35 kV 高压开关柜逻辑

（1）将 35 kV 断路器合闸，正极柜断路器合闸，如图 3-4-15 所示。

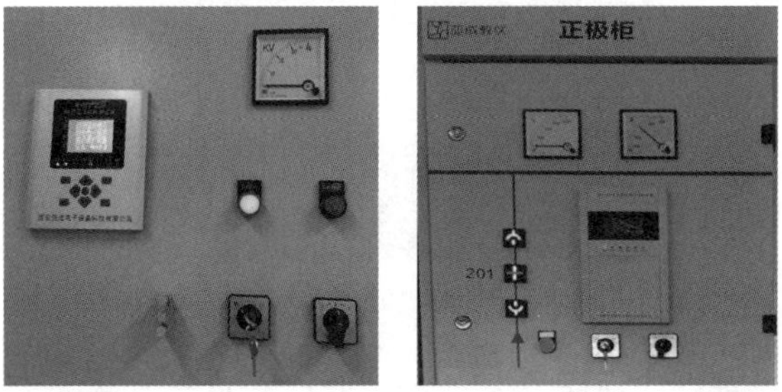

图 3-4-15　35 kV 高压柜和直流正极柜合闸指示

（2）设置微机保护装置，微机保护装置逆流保护投入，将逆流定值设为 1 000 A。

（3）在端子排中找到 X5:7（P705）和 X5:8（P706）试验端子，将其试验端子的短接片拨至断开位置并固定。

（4）连接信号发生装置模拟量 1 的端子和正极柜 X5:7（P705）和 X5:8（P706），其中 X5:7（连接信号发生装置负极）和 X5:8（连接信号发生装置正极），如图 3-4-16 所示。

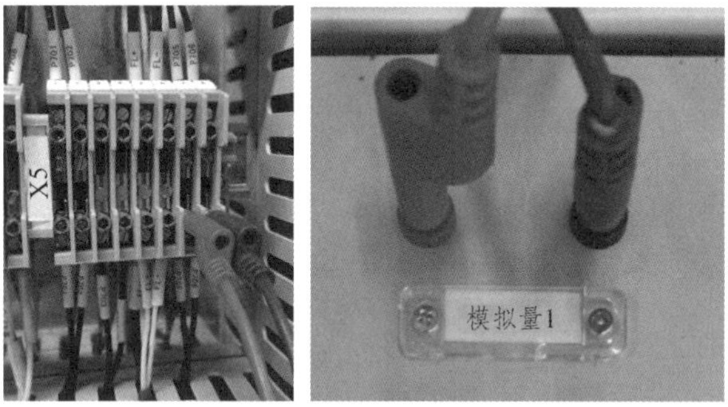

图 3-4-16　试验接线示意图

（5）调节模拟信号，使其馈线电流由小调至大于 1 500 A（举例），直到断路器跳闸动作，如图 3-4-17 所示。

图 3-4-17　模拟信号调节显示

（6）观察正极柜的状态，发现正极柜跳闸且综保弹出故障，故障信息为逆流保护动作，如图 3-4-18 所示。

图 3-4-18　正极柜微机保护装置动作显示

（7）观察 35 kV 高压柜及正机柜保护动作，断路器处于分闸状态，如图 3-4-19 所示。

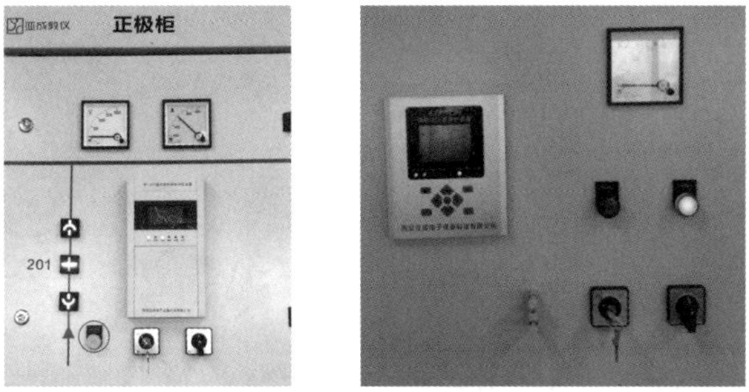

图 3-4-19　正极柜及 35 kV 高压柜分闸状态显示

（8）将电源模拟装置的电压调节到 0 V，从试验端子拔掉线将其试验端子的连接片拨至连接位置并固定。

（9）点击正极柜复位按钮，故障被复位，试验结束。

（二）某实训室直流馈线柜实训项目

某实训室直流馈线柜二次原理接线如图 3-4-20 所示。馈线柜设有过流速断保护、过电流延时保护、热反时限保护、DDL 保护、电压保护等。

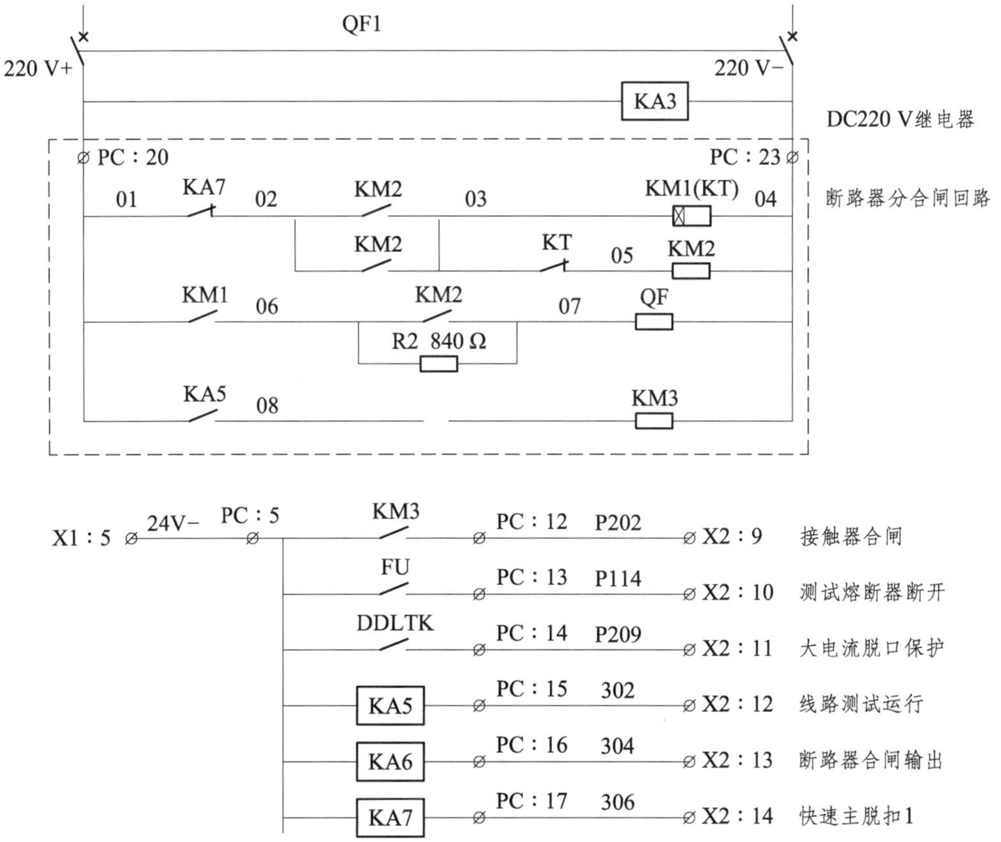

（a）馈线柜断路器分合闸控制回路接线

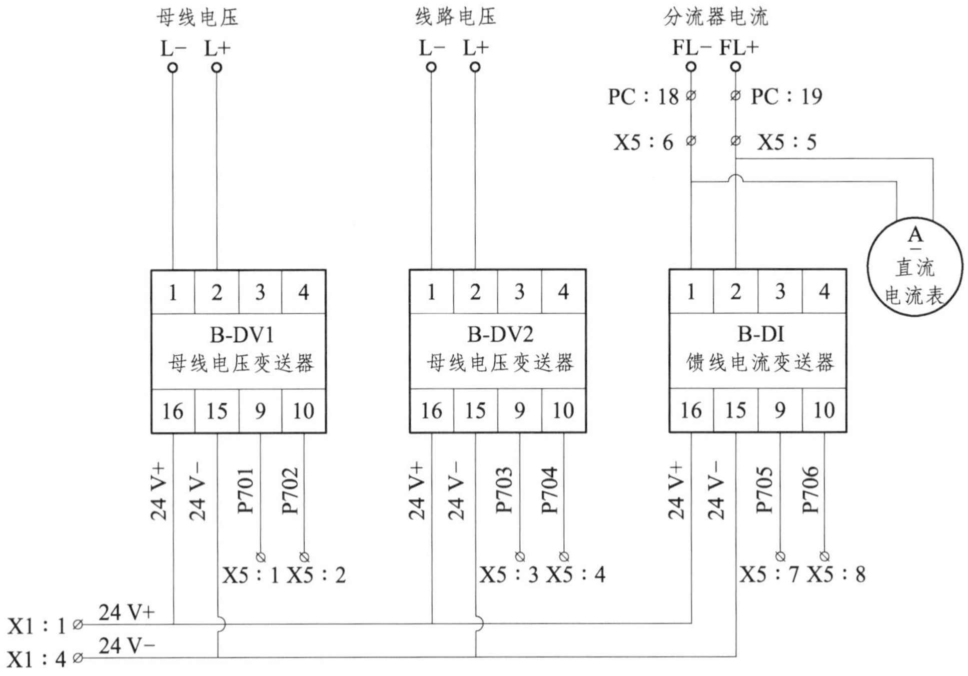
母线电压
L− L+
线路电压
L− L+
分流器电流
FL− FL+
PC：18
PC：19
X5：6
X5：5
A
直流
电流表
1 2 3 4
B-DV1
母线电压变送器
16 15 9 10
B-DV2
母线电压变送器
B-DI
馈线电流变送器
24 V+
24 V−
P701
P702
P703
P704
P705
P706
X5：1 X5：2
X5：3 X5：4
X5：7 X5：8
X1：1
X1：4

（b）变送器接线

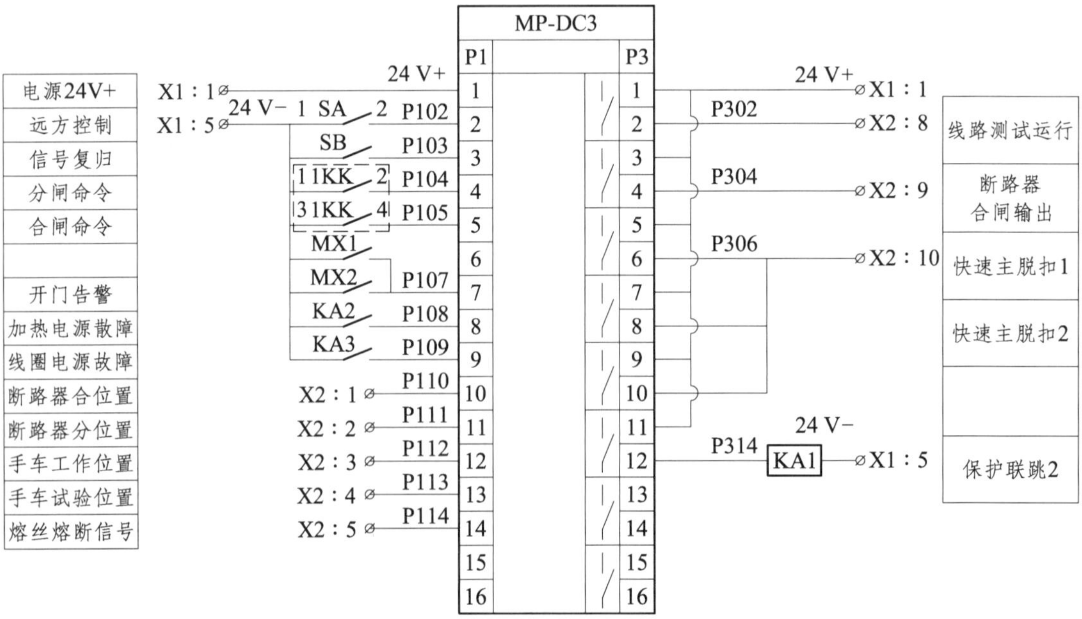
电源24V+
远方控制
信号复归
分闸命令
合闸命令
开门告警
加热电源散障
线圈电源故障
断路器合位置
断路器分位置
手车工作位置
手车试验位置
熔丝熔断信号
X1：1
X1：5
24 V+
24 V−
SA
SB
1KK
MX1
MX2
KA2
KA3
P102
P103
P104
P105
P107
P108
P109
X2：1
X2：2
X2：3
X2：4
X2：5
P110
P111
P112
P113
P114
MP-DC3
P1
P3
P302
P304
P306
P314
KA1
X2：8
X2：9
X2：10
线路测试运行
断路器
合闸输出
快速主脱扣1
快速主脱扣2
保护联跳2

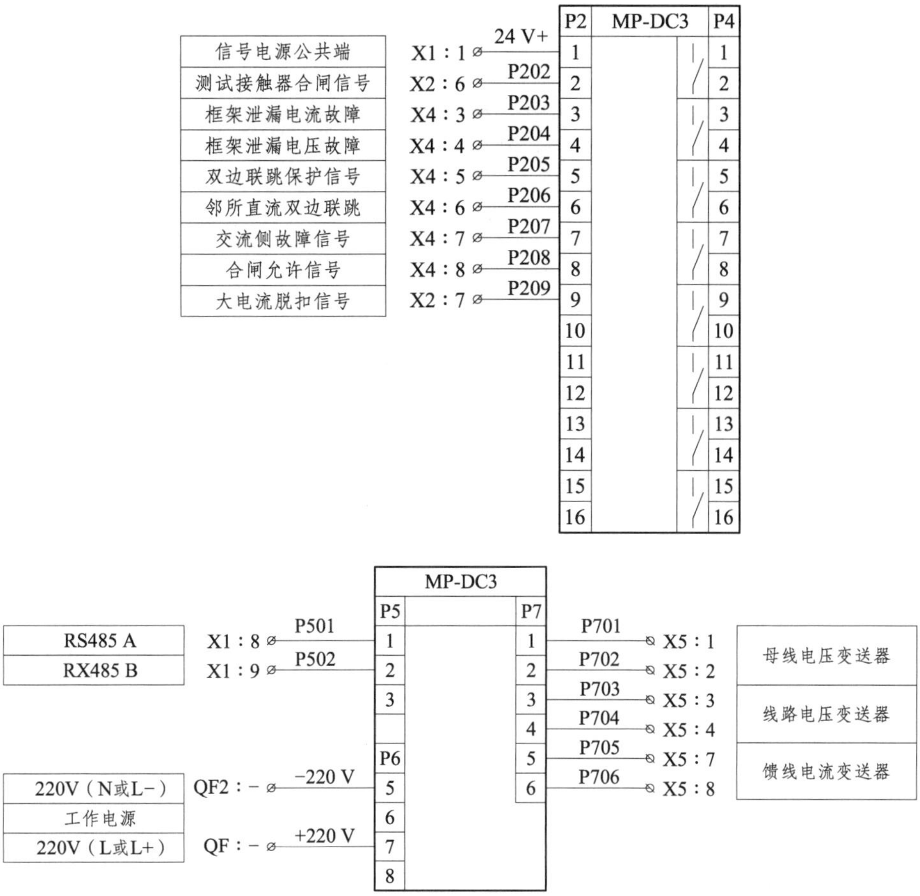

（c）PLC 接线

X2：6　公共端（隔离柜）

X2：15　公共端（负极柜）

X1	线号	24V+	24V+	24V+	24V−	24V−	24V−		485A	485B	
	端子号	1	2	3	4	5	6	7	8	9	10
	元件	24V电源输出							MP-DC3		

X2	线号	110	101	P110	P111	P112	102	P113	103	P202	P114	P209	P302	P304	P306	
	端子号	1	2	3	4	5	6	7	8	9	10	11	12	13	14	15
	元件					QF			MP-DC3							

X5	线号	P701	P702	P703	P704	FL+	FL−	P705	P706
	端子号	1	2	3	4	5	6	7	8
	元件	MP-DC3							

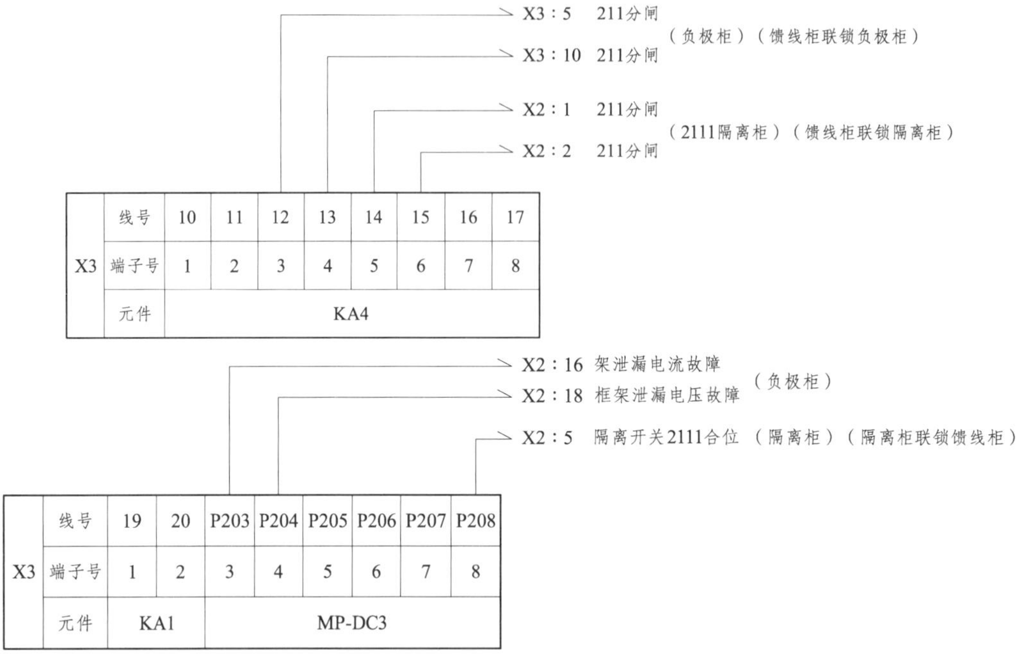

X3	线号	10	11	12	13	14	15	16	17
	端子号	1	2	3	4	5	6	7	8
	元件	KA4							

X3	线号	19	20	P203	P204	P205	P206	P207	P208
	端子号	1	2	3	4	5	6	7	8
	元件	KA1		MP-DC3					

（d）端子排图

图 3-4-20 直流馈线柜二次原理接线

1. 直流馈线柜停送电操作实训

馈线柜分闸逻辑，如图 3-4-21 所示。

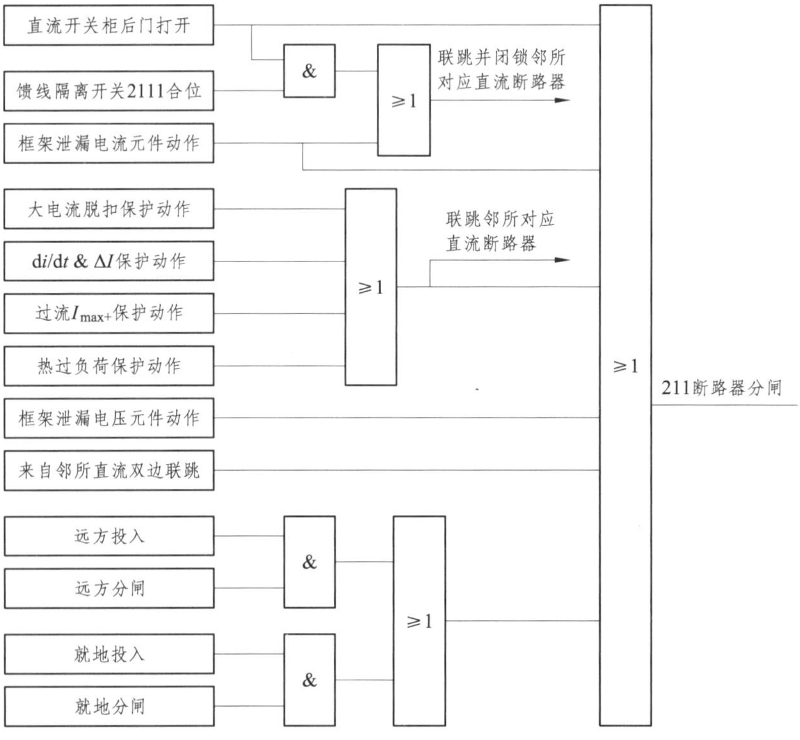

图 3-4-21 馈线柜断路器分闸逻辑

馈线断路器分闸逻辑

馈线柜合闸逻辑，如图 3-4-22 所示。

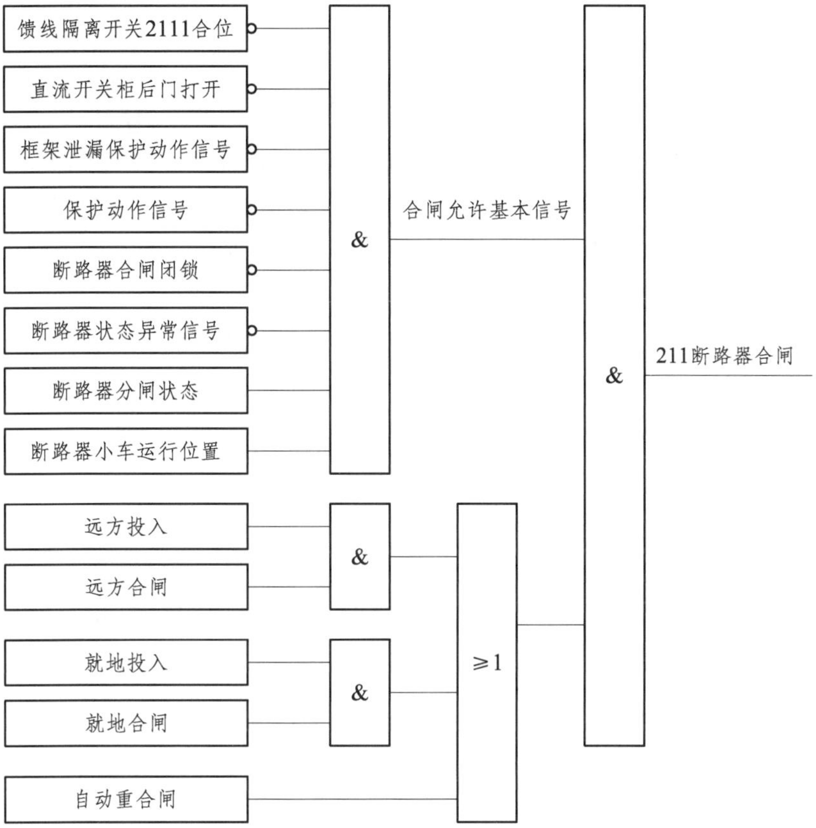

图 3-4-22　馈线柜断路器合闸逻辑

馈线柜 211 断路器合闸操作步骤：

（1）检查柜门确已关闭且 2111 隔离开关确在合闸位置。

（2）检查综保无 SOE 事件。

（3）检查手车确在工作位置。

（4）检查断路器确在分闸位置。

（5）检查远方就地转换开关确在就地位置。

（6）转动分合闸转换开关至合闸位置。

（7）观察合闸指示灯点亮，分闸指示灯熄灭。

（8）由观察窗观察断路器确在合闸位置。

馈线柜 211 断路器分闸操作步骤：

（1）检查柜门确已关闭且 2111 隔离开关确在合闸位置。

（2）检查综保无 SOE 事件。

（3）检查手车确在工作位置。

（4）检查断路器确在合闸位置。

（5）检查远方就地转换开关确在就地位置。

（6）转动分合闸转换开关至分闸位置。

（7）观察分闸指示灯点亮，合闸指示灯熄灭。

（8）由观察窗观察断路器确在分闸位置。

2. 直流馈线柜过流速断保护实训

过电流瞬时保护用于切断大的短路电流，大的短路电流对线路会造成极大的损坏，故大的短路电流一出现应立即切断，切断时刻应在达到电流峰值之前，使系统馈电部分免受短路电流伤害，反应时间以毫秒为单位。如果测量馈线电流超过 I_{dz1}，则保护功能的延时计数启动。如果在延时 T_{dz1} 的时间段内馈线电流一直超过 I_{dz1}，则生成一个使脱扣逻辑电路动作的脱扣命令。过流速断保护如图 3-4-23 所示。

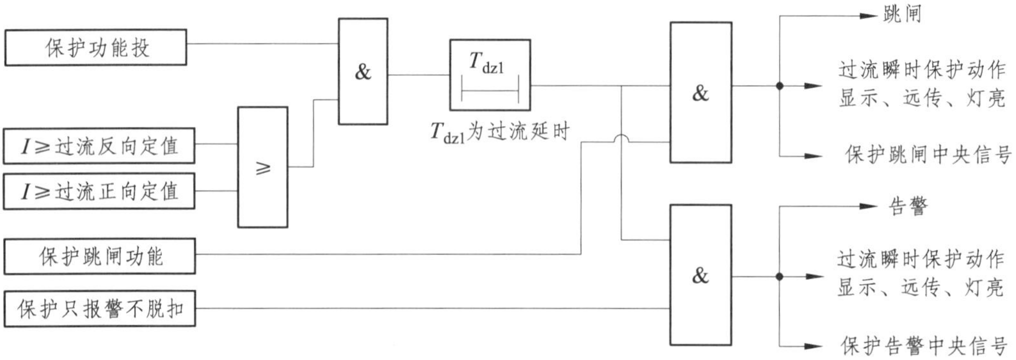

图 3-4-23　馈线柜过流速断保护逻辑

（1）准备继电保护测试仪及试验线。

（2）将综保其他保护功能切换至退，只投速断保护，将电流定值设 1 000 A。

（3）检查并确认馈线柜确在合闸位置且综保无故障信号。

（4）将馈线柜试验端子 X5:7 和 X5:8 短接片移至断开位置。

（5）使用试验线将信号模拟发生装置模拟量 1 端口和馈线柜 X5:7、X5:8 端子连接，X5:7 为正极，X5:8 为负极，如图 3-4-24 所示。

馈线柜过流速断保护逻辑

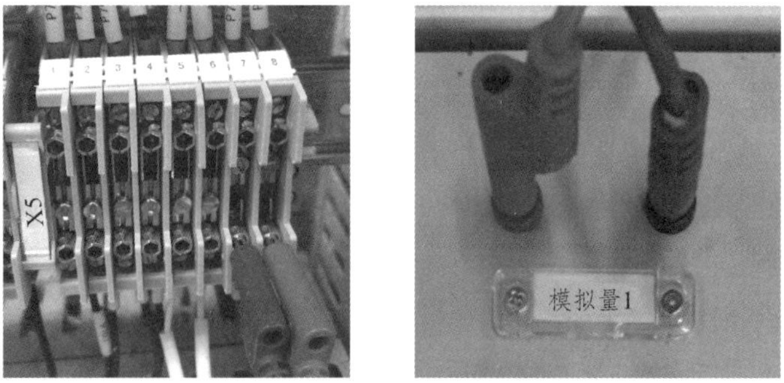

图 3-4-24　试验接线示意图

（6）从小到大调节模拟量信号，直至综保出现速断保护信号，如图 3-4-25 所示。

图 3-4-25　模拟信号调节显示

（7）观察发现看到微机保护装置出现了速断保护信号，并听到断路器跳闸的声音，查看面板显示分闸指示灯点亮，合闸指示灯熄灭，如图 3-4-26 所示。

图 3-4-26　馈线柜微机保护装置动作显示

（8）拆除试验线，将试验端子的短接片恢复。

（9）在面板上点击复位按钮，综保故障复位。

3. 直流馈线柜过电流延时保护实训

（1）准备继电保护测试仪及试验线。

（2）将综保其他保护功能切换至退，只投过流保护，将电流定值设 1 000 A。

（3）检查并确认馈线柜确在合闸位置且综保无故障信号。

（4）将馈线柜试验端子 X5:7 和 X5:8 短接片移至断开位置。

（5）使用试验线将信号模拟发生装置模拟量 1 端口和馈线柜 X5:7、X5:8 端子连接，X5:7 为正极，X5:8 为负极，如图 3-4-27 所示。

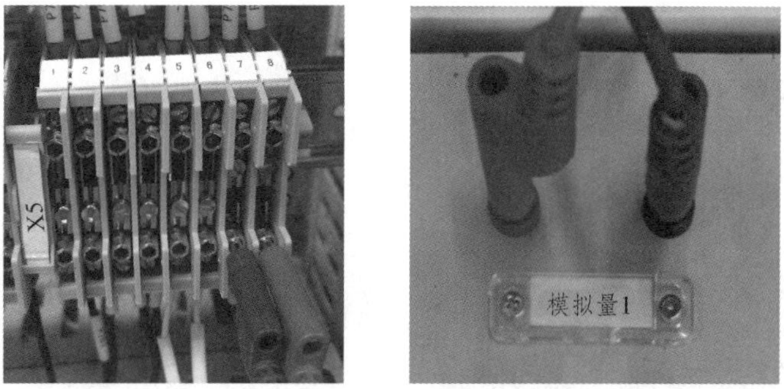

图 3-4-27　试验接线示意图

（6）调节模拟量信号从小到大，直至综保出现速断保护信号，如图 3-4-28 所示。

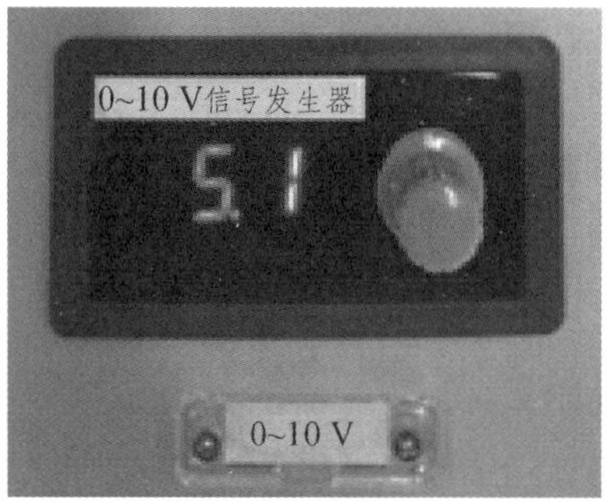

图 3-4-28　模拟信号调节显示

（7）观察发现看到微机保护装置出现过流保护信号，并听到断路器跳闸的声音，查看面板显示分闸指示灯点亮，合闸指示灯熄灭，如图 3-4-29 所示。

图 3-4-29　馈线柜微机保护装置动作显示

（8）拆除试验线，将试验端子的短接片恢复。

（9）在面板上点击复位按钮，综保故障复位。

4. 直流馈线柜 DDL + Δ*I* 保护实训

（1）准备继电保护测试仪及试验线。

（2）将综保其他保护功能切换至退出，只投 DDL + Δ*I* 保护。

（3）检查并确认馈线柜确在合闸位置且综保无故障信号。

（4）将馈线柜试验端子 X5:7 和 X5:8 短接片移至断开位置。

（5）使用试验线将信号模拟发生装置模拟量 1 端口和馈线柜 X5:7、X5:8 端子连接，X5:7 为正极，X5:8 为负极，如图 3-4-30 所示。

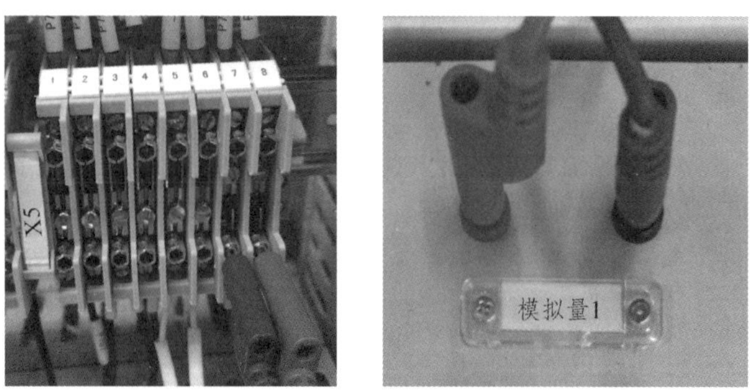

图 3-4-30　试验接线示意图

（6）调节模拟量信号从小到大，直至综保出现 DDL + ΔI 保护信号，如图 3-4-31 所示。

（7）观察发现看到综保出现了 DDL + ΔI 保护信号，并听到断路器跳闸的声音再看面板发现分闸指示灯点亮，合闸指示灯熄灭，如图 3-4-32 所示。

图 3-4-31　模拟信号调节显示

图 3-4-32　馈线柜微机保护装置动作显示

（8）拆除试验线，将试验端子的短接片恢复。

（9）在面板上点击复位按钮，综保故障复位。

5. 直流馈线柜 DDL + ΔT 保护实训

（1）将综保其他保护功能切换至退，只投 DDL + ΔT 保护。

（2）检查并确认馈线柜确在合闸位置且综保无故障信号。

（3）将馈线柜试验端子 X5:7 和 X5:8 短接片移至断开位置。

（4）使用试验线将信号模拟发生装置模拟量 1 端口和馈线柜 X5:7、X5:8 端子连接，X5:7 为正极，X5:8 为负极；如图 3-4-33 所示。

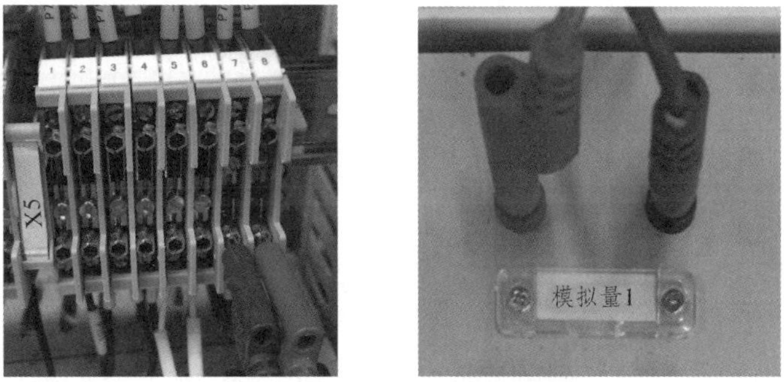

图 3-4-33　试验接线示意图

（5）调节模拟量信号从小到大，直至综保出现 DDL + ΔT 保护信号，如图 3-4-34 所示。

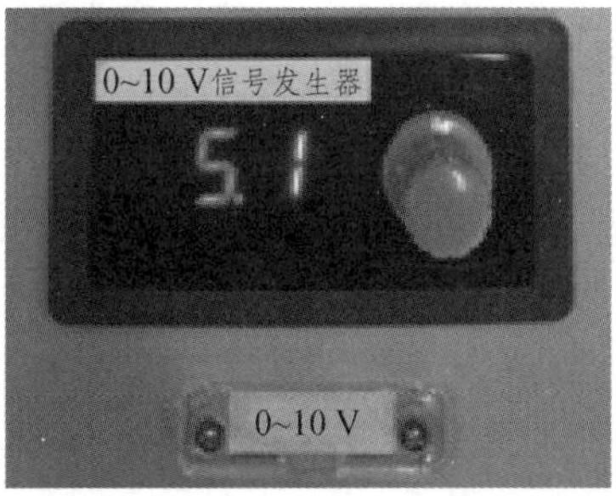

图 3-4-34　模拟信号调节显示

（6）观察发现看到综保出现了 DDL + ΔT 保护信号，并听到断路器跳闸的声音再看面板发现分闸指示灯点亮，合闸指示灯熄灭，如图 3-4-35 所示。

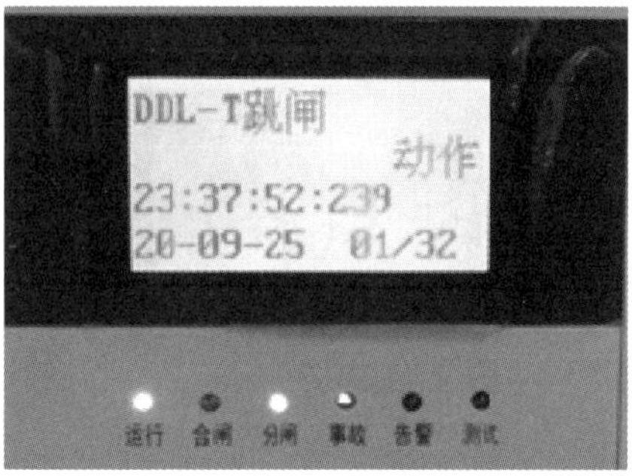

图 3-4-35 馈线柜微机保护装置动作显示

（7）拆除试验线，将试验端子的短接片恢复。

（8）在面板上点击复位按钮，综保故障复位。

6. 直流馈线柜电压保护实训

馈线电压异常检测可以用压板、控制字进行投退。断路器在合位时线路电压小于设定值时，发出低电压保护动作异常信号。断路器在合位时线路电压大于设定值时，发出过电压保护动作异常信号。低电压和过电压保护逻辑图如图 3-4-36 和图 3-4-37 所示。

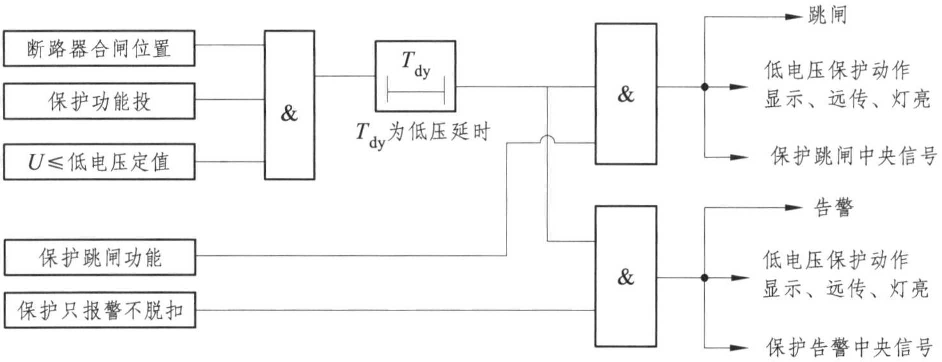

图 3-4-36 低电压保护逻辑

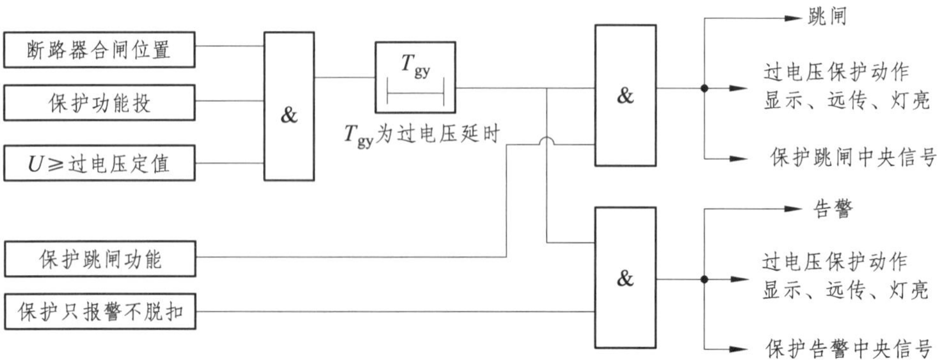

图 3-4-37 过电压保护逻辑图

（1）过电压保护实训。

① 将微机保护装置其他保护功能切换至退，只投过电压保护，设置过电压保护定值 1 500 V。

馈线低电压
动作逻辑

② 检查并确认馈线柜确在合闸位置且综保无故障信号。

③ 将馈线柜试验端子 X5:3 和 X5:4 短接片移至断开位置。

④ 使用试验线将信号模拟发生装置模拟量 1 端口和馈线柜 X5:3、X5:4 端子连接，X5:3 为正极，X5:4 为负极，如图 3-4-38 所示。

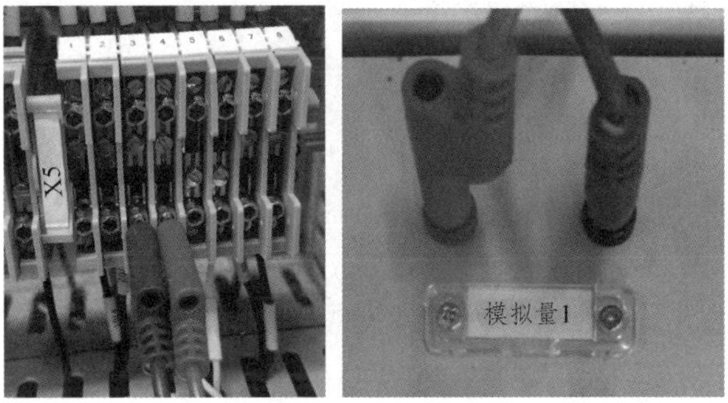

图 3-4-38　试验接线示意图

⑤ 调节模拟量信号从小到大，直至综保出现过压跳闸保护信号，如图 3-4-39 所示。

图 3-4-39　模拟信号调节显示

⑥ 观察发现看到微机保护装置出现过压跳闸护信号，并听到断路器跳闸的声音，查看面板显示分闸指示灯点亮，合闸指示灯熄灭，如图 3-4-40 所示。

图 3-4-40　馈线柜微机保护装置动作显示

⑦ 拆除试验线，将试验端子的短接片恢复。

⑧ 在面板上点击复位按钮，综保故障复位。

（2）低电压保护实训。

① 将微机保护装置其他保护功能切换至退出，只投低电压保护，设置电压保护定值 1 500 V。

② 检查并确认馈线柜确在合闸位置且综保无故障信号。

③ 将馈线柜试验端子 X5:3 和 X5:4 短接片移至断开位置。

④ 使用试验线将信号模拟发生装置模拟量 1 端口和馈线柜 X5:3、X5:4 端子连接，X5:3 为正极，X5:4 为负极，如图 3-4-41 所示。

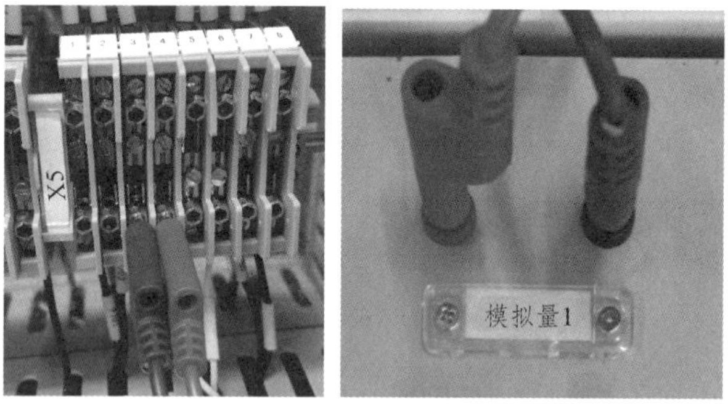

图 3-4-41　试验接线示意图

⑤ 从小到大调节模拟量信号，直至综保出现低压跳闸保护信号，如图 3-4-42 所示。

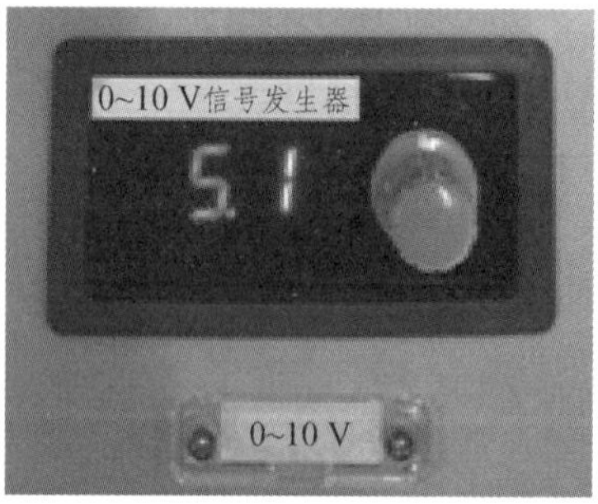

图 3-4-42　模拟信号调节显示

⑥ 观察发现看到综保出现了低压跳闸护信号，并听到断路器跳闸的声音，再看面板发现分闸指示灯点亮，合闸指示灯熄灭，如图 3-4-43 所示。

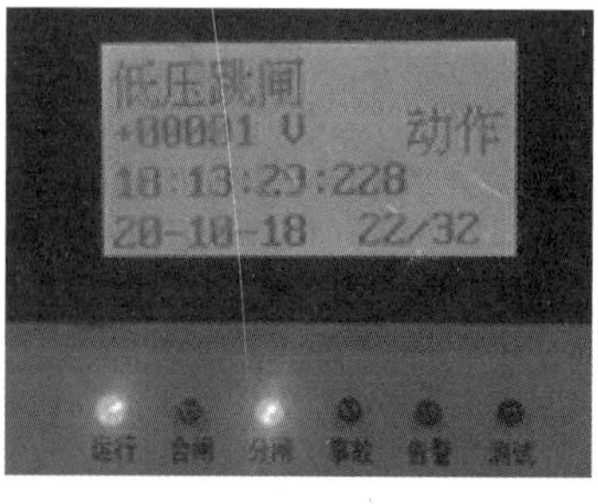

图 3-4-43　馈线柜微机保护装置动作显示

⑦ 拆除试验线，将试验端子的短接片恢复。

⑧ 在面板上点击复位按钮，综保故障复位。

（三）某实训室负极柜实训项目

1. 负极柜隔离开关停送电操作实训

负极柜 2011 隔离开关分合闸控制逻辑如图 3-4-44 和图 3-4-45 所示。

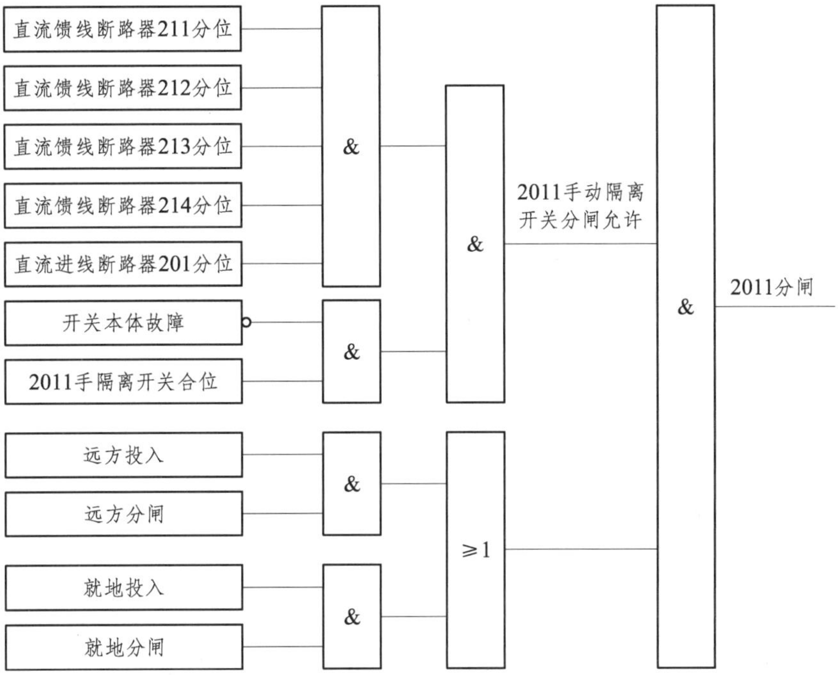

图 3-4-44　负极柜隔离开关分闸逻辑

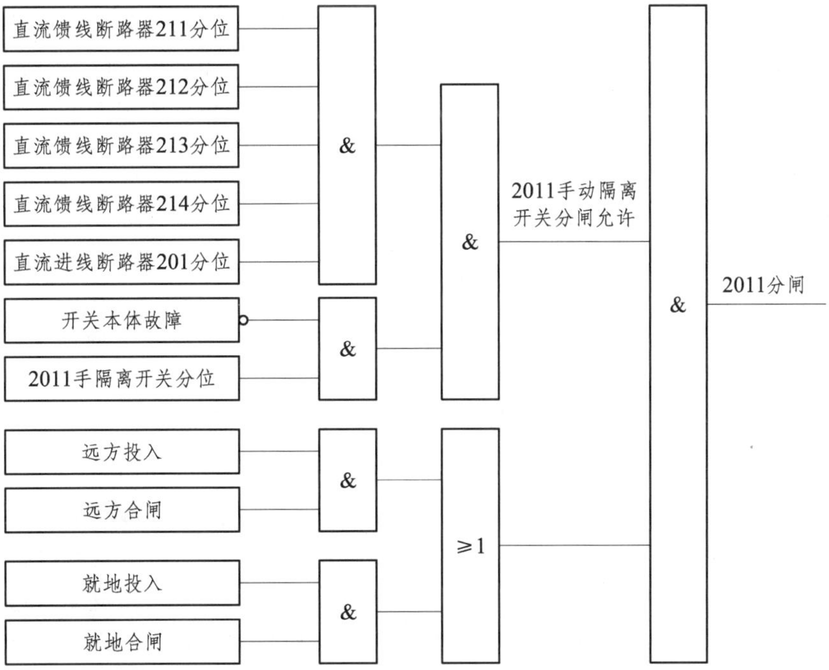

图 3-4-45　负极柜隔离开关合闸逻辑

直流负极柜 2011 隔离开关分闸逻辑　　直流负极柜 2011 隔离开关合闸逻辑

就地合闸操作实训步骤：

（1）检查并佩戴绝缘手套。

（2）将正极柜 201 和馈线柜 211、213、212、214 断开。

由于本系统无馈线柜 213、212、214 柜，端子排上 X3:6、X3:8、X3:9 分别代表馈线柜 213、212、214 的分闸反馈。为了保证隔离开关分合闸逻辑完整，将端子 X3:6、X3:8、X3:9 与 X3:10 用试验线短接，模拟馈线柜 213、212、214 的分闸反馈信号。

（3）确认负极柜隔离开关 2011 确在分位。

（4）确认 2011 合闸允许灯亮。

（5）确认 2011 远方就地转换开关已转至就地位置。

（6）转动 2011 分合闸转换开关至分闸位置。

（7）观察 2011 绿色分闸指示灯亮，确在分闸位置。

2. 负极柜框架保护实训

在地铁牵引变电所内的直流开关设备大多数是采用的绝缘安装，其中包括直流开关柜、整流器柜等，大多数都是利用 1 500 V 的直流电，使用这种绝缘装置，能够起到一定的保护作用，在柜体外壳正极或者是负极发生绝缘损坏时，能够及时发现故障问题，并及时切断故障点，从而有效保证整个系统的正常安全运行。一般情况下，直流框架保护以动作类型分为电流型、电压型两种。在起动框架电压的保护设备之后，将牵引变电所的所有直流断路器采取跳闸处理，但是并不会将馈线断路器一起联动产生跳闸的现象。为了能够尽可能快速恢复地铁的正常供电运行，要将框架泄漏保护的信号进行一定的隔离。

（1）框架泄漏原理。

直流框架保护以动作类型分为电流型、电压型两种。

① 电流型框架保护、电压型框架保护原理。

电流型框架保护主要检测设备外壳对地的电流：电压型框架保护检测的是设备外壳对直流设备负极之间的电压，设备外壳通过电流继电器接地。

② 电流型框架保护、电压型框架保护动作特性。

直流系统正常运行情况下，设备绝缘良好，电流型框架保护电流回路电流为零，装置动作。当直流设备绝缘发生变化，设备对柜体外壳放电或短路时，电流回路电流达到整定值（80 A），电流型框架保护动作，向交直流开关发出跳闸命令，本所所有直流柜和 1 个 35 kV 整流变柜同时跳闸，并联跳相邻 2 个牵引变电所各 2 个向本区段双边供电上下行开关。

由于在城市轨道交通的牵引供电直流系统中，直流设备和钢轨都是采用绝缘法安装，其作用是减少杂散电流的泄漏途径，减少杂散电流对钢轨、钢筋等金属体的电化学腐蚀，钢轨对地的绝缘电阻是随着绝缘材料的性能变化的，所以电流型框架保护的电流回路的电阻是不确定的。当电阻很大时，可能会造成电流回路检测值达不到整定值的要求，从而设备发生绝缘下降而电流型框架保护没动作的情况。因此，电压型框架保护就是为了弥补这个缺陷，当电压型框架保护装置检测到设备外壳对负极电压超过整定值（150 V）时发出报警信号，延时200 s后向交直流开关发出跳闸命令，联跳本所和相邻2个牵引变电所的开关柜。

（2）框架电压保护实训。

① 检查并佩戴绝缘手套。

② 确保35 kV高压柜、正极柜、馈线柜确在合闸位置。

③ 使用试验线将信号模拟发生装置开关量1端口和负极柜X3:1、X3:10端子连接；如图3-4-46所示。

框架电压保护的原理是当电压型框架保护装置检测到设备外壳对负极电压超过整定值（150 V）时发出报警信号，延时200 s后发出跳闸命令，由于无法加载150 V直流电压，因此采用短接框架电压保护装置的跳闸输出端子X3:1和X3:10模拟框架电压保护动作信号。

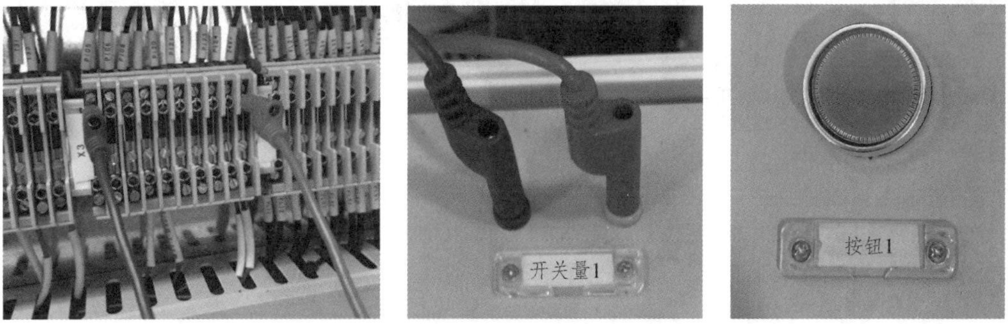

图 3-4-46　试验接线示意图

④ 按下继电保护测试仪“按钮 1”按钮，负极柜出现了告警指示，一直按住延时200 s后，框架电压保护动作，且35 kV高压柜、正极柜、馈线柜跳闸动作，如图3-4-47所示。

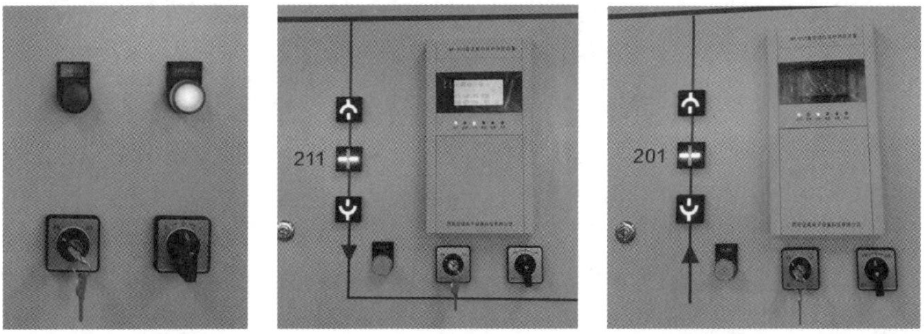

图 3-4-47　高压柜、正极柜、馈线柜分闸状态指示

⑤ 拆除试验线，将试验端子恢复正常，按下负极柜故障复位按钮负极柜故障复位。按下正极柜故障复位按钮，正极柜故障复位。按下馈线柜故障复位按钮，馈线柜故障复位。

⑥ 结束试验。

（3）框架电流保护实训。

① 检查并佩戴绝缘手套。

② 确保 35 kV 高压柜、正极柜、馈线柜确在合闸位置。

③ 使用试验线将信号模拟发生装置开关量 1 端口和负极柜 X3:2、X3:10 端子连接；如图 3-4-48 所示。

框架电流保护的原理是电流型框架保护装置检测设备外壳（框架）对地的电流超过整定值（80 A）时发出跳闸命令，由于无法加载 80 A 电流，因此采用短接框架电流保护装置的跳闸输出端子 X3:2 和 X3:10 模拟框架电流保护信号。

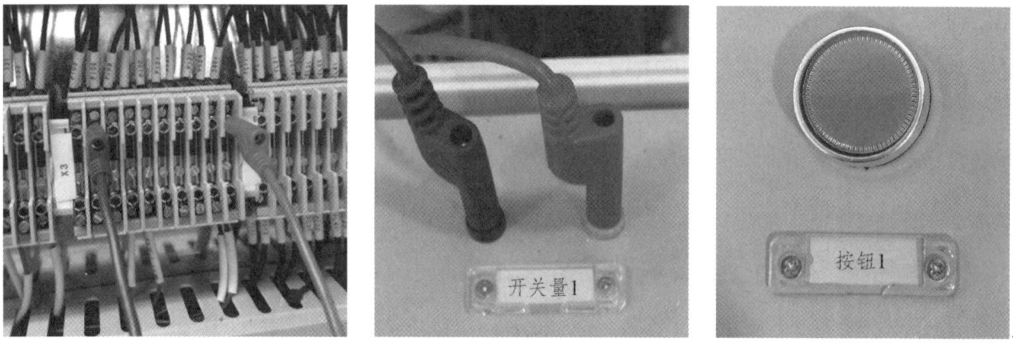

图 3-4-48　试验接线示意图

④ 按下继电保护测试仪“按钮 1”按钮，负极柜发出框架电流保护动作信号，35 kV 高压柜、正极柜、馈线柜跳闸动作，如图 3-4-49 所示。

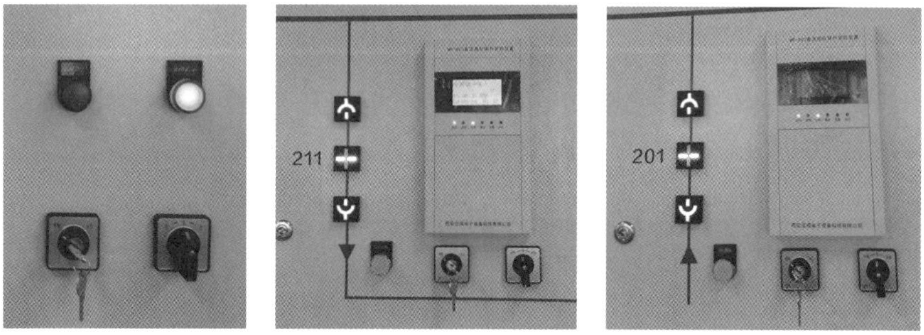

图 3-4-49　高压柜、正极柜、馈线柜分闸状态指示

⑤ 拆除试验线，将试验端子恢复正常，按下负极柜故障复位按钮负极柜故障复位。按下正极柜故障复位按钮，正极柜故障复位。按下馈线柜故障复位按钮，馈线柜故障复位。

⑥ 结束试验。

（四）某实训室隔离上网开关柜实训项目

隔离上网开关柜分合闸逻辑如图 3-4-50 和图 3-4-51 所示。馈线柜断开后隔离开关才可以分合闸操作，隔离开关合闸后馈线柜才可以合闸操作。

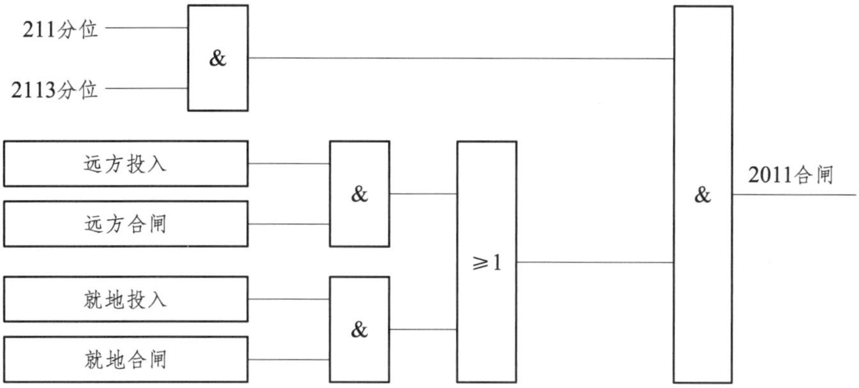

图 3-4-50　隔离开关 2111 合闸逻辑

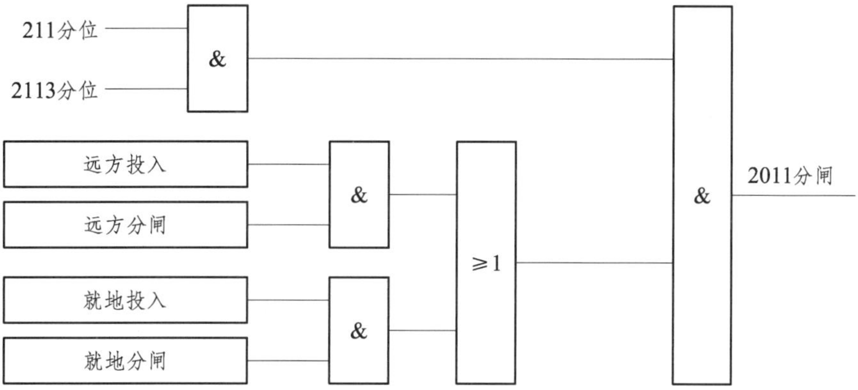

图 3-4-51　隔离开关 2111 分闸逻辑

（1）检查并佩戴绝缘手套。

（2）将馈线柜 211 断路器断开。

（3）将联络柜 2113 隔离开关断开。

由于本系统无联络柜，端子排上 X2:3 和 X2:4 代表 2113 隔离开关分闸反馈信号，为了保证隔离开关分合闸逻辑完整，将端子 X2:3 和 X2:4 用试验线短接，模拟 2113 隔离开关分闸信号。

（4）打开柜门，将控制回路微型断路器 QF1 合闸。

（5）将柜门上“远方/就地”旋转开关打到就地位置。

（6）将柜门上“分闸/合闸”旋转开关打到分闸位置，此时隔离开关分闸操作完成，如图 3-4-52 所示。

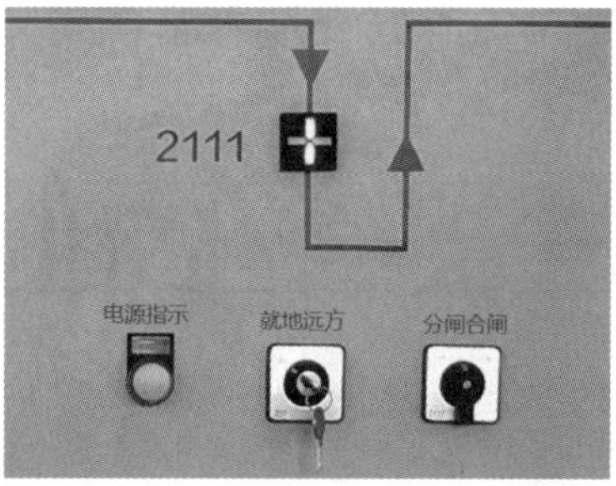

图 3-4-52　隔离上网开关柜面板

任务练习

1. 图 3-4-53 为 1 500 V 直流进线断路器合闸逻辑，写出其动作逻辑过程。

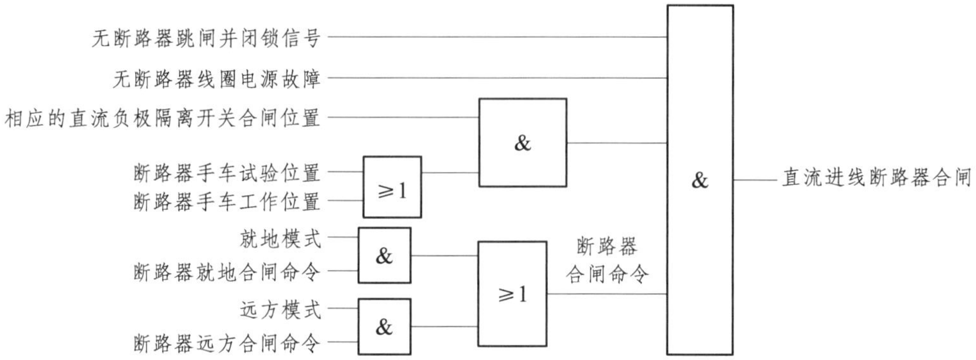

图 3-4-53　1 500 V 直流进线断路器合闸逻辑

2. 直流 1 500 V 开关柜配置的保护主要有哪些，从给出的选项中选出正确答案，填入表格中。

（1）大电流脱扣保护。（2）差动保护。（3）DDL 保护。（4）距离保护。（5）过电流保护。（6）零序电流保护。（7）低电压保护。（8）双边联跳保护。（9）逆流保护。（10）电流速断保护。（11）接触网过负荷保护。

1.	2.	3.
4.	5.	6.
7.	8.	

项目四
城市轨道交通供电设备维护及检修

学习目标

1. 掌握供电设备巡视流程。
2. 理解 GIS 组合电器的维护与检修项目。
3. 熟悉变压器的维护及检修项目。
4. 熟悉整流器的维护与检修项目及功能性测试内容。
5. 了解直流 1 500 V 开关柜维护与检修项目及检修方法。

知识要求和技能要求

1. 能正确进行供电设备巡视。
2. 能说明清楚 GIS 组合电器的维护与检修项目。
3. 能说明清楚变压器的维护及检修项目。
4. 能说明清楚整流器的维护与检修项目并进行整流器功能性测试试验。
5. 能说明直流 1 500 V 开关柜的维护与检修项目，并进行直流 1 500 V 断路器的常规检修。

任务资讯

供电设备维护分为设备日常巡视和检修两种。日常巡视是通过观察并记录设备运行数据，进而判断设备是否正常的重要手段。检修又分为计划修和故障修。

供电设备日常巡视及计划修的检修项目以及周期可以根据后期设备运行情况，结合工作经验进行优化调整。

一、供电设备巡检

供电设备巡检对象应包含变电所内所有变配电设备，主要有电力监控装置、交直流屏、蓄电池、400 V 低压开关柜、直流 1 500 V 开关柜、整流器、负极柜、钢轨电位限制装置、35 kV GIS、110 kV GIS、动力变压器、整流变压器、主变压器以及厂段内的单向导通装置、静调电源柜。变配电巡视流程如图 4-0-1 所示。

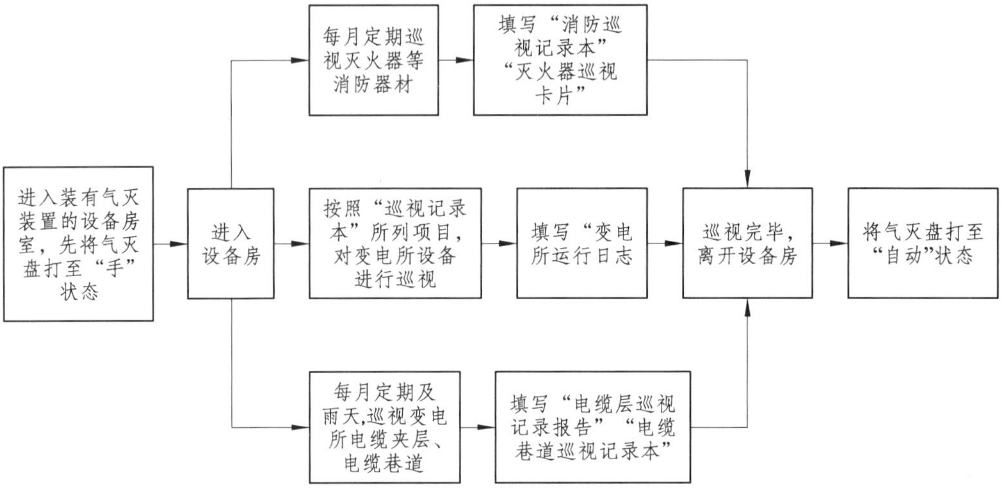

图 4-0-1　变配电巡视流程

二、值班巡视注意事项

（1）变电所设备房蓄电池室环境温度一般应保持在 25 °C 左右，其他设备房环境温度应在 5 ~ 40 °C，相对湿度不大于 80%。

（2）城市轨道交通供电系统 110 kV 进线电压正、负偏差的绝对值之和小于额定电压值的 10%；非正常情况下，电压允许偏差为 ± 10%。

（3）城市轨道交通供电系统 35 kV 供电电压正、负偏差的绝对值之和不超过额定电压的 10%；非正常情况下，电压最大允许偏差不应超过额定值的 10%。主变压器自动调压范围为 34 ~ 36 kV。

（4）直流 1 500 V 牵引供电系统的电压标准范围为 1 000 ~ 1 800 V。

（5）400 V 三相供电电压允许偏差为额定电压的 ± 7%；非正常情况下，电压最大允许偏差不应超过额定值的 10%。

（6）220 V 单相供电电压允许偏差为额定电压的 7% ~ 10%；非正常情况下，电压最大允许偏差不应超过额定值的 10%。

（7）变压器不能超温运行，一般设定温度保护：超温报警整定值为 130 °C，超温跳闸整定值为 150 °C。

（8）供电系统继电保护整定值设定应符合整定通知书要求。

限于篇幅，本项目仅介绍变电所主要设备包括 GIS 组合电器，变压器，整流器，1 500 V 开关柜，分维护项目和检修实施两部分进行。为简单起见，维护里只给出日常保养（日检）和小修（年检）内容。

变电所设备巡视　　变电所巡检内容　　设备巡视的重点要求　　变电所安全设施的分类

变电设备缺陷分类及示例说明　　接地装置维护　　防小动物设施检查维护

任务一　GIS 组合电器的维护与检修

根据城市轨道交通变电设备检修试验规程要求，每年应对变电所 110 kV GIS 组合电器及 35 kV GIS 的完好性进行检查，测试回路电阻、断路器分合闸参数、SF6 气体的微水、气体检漏等，确保 110 kV GIS 组合电器及 35 kV GIS 功能完好、工作状态正常，提高设备运行可靠性，确保供电安全。

一、110 kV GIS 组合电器的维护

110 kV GIS 作为电压等级最高的设备，加上其采用封闭式组合电器，可靠性和安全性极高，运行简单、维修方便。

（一）日常保养

（1）电气连接部分应连接牢固，接触良好，无发热、松动。

（2）设备的气压正常，无异味。

（3）设备安装牢固，无倾斜，外壳无严重锈蚀，接地良好，基础、支架应无严重破损剥落。

（4）设备无放电声，无电晕现象。

（5）SF6 压力指示正常，防爆筒应无破裂、密封良好。

（6）GIS 连接部分无泄漏，气压正常。

（7）隔离开关、断路器位置指示正确。

（二）小　修

1. 断路器间隔操作机构检查

（1）分合闸线圈、行程开关外观良好，功能测试正常、无卡滞。

（2）操作机构机械位置指示正确。

（3）手动储能功能正常，储能指示正常，机械传动无卡滞。

（4）分合闸脱扣装置各机械传动部件及零件良好，分合闸操作过程正确、无异常。

（5）机械、电气联锁装置各部件外观检查、清洁；分合闸时与隔离开关、接地刀闸的联锁条件正确；机械闭锁正确，各部件无变形、无破损、无生锈、无积尘；各电气、机械联锁条件正确。

（6）储能弹簧安装牢固，表面光滑、无生锈、无变形。

（7）分合位置辅助接点装置动作连动功能正确；辅助接点完好无损，各接线端子连接良好。

（8）电机绕组绝缘不小于 0.5 MΩ；接线良好；电机运转正常，无异常声响。

2. 断路器 110 kV GIS 气室检查

（1）各部分应密封，无泄漏情况。

（2）气室缸体螺栓外观正常。

（3）SF6 气体压力值正常，气体回收装置开机运行正常、各运行功能正常。

（4）伸缩节伸缩值符合要求。

3. 互感器间隔、互感器检查

二次端子外观应接线紧固、无腐蚀。

4. 进线间隔终端头检查

电缆终端头外观正常。

5. 刀闸间隔操作机构箱检查

（1）外观清洁，应符合标准。

（2）分合闸动作准确。

（3）二次端子应紧固，接线整齐。

6. 现场控制柜计算机控制单元检查

（1）控制装置信息正确。

（2）二次接线端子应紧固。

（3）液晶显示、信号灯等正确。

（4）检查分闸线圈、合闸线圈的接线、端子。

（5）外观无破裂，触点无氧化，电磁铁动作灵活、无卡滞。

（6）柜体外观正常。

7. 现场控制柜二次回路检查

（1）端子排、继电器、空气开关接线端子、加热器、照明装置端子，应紧固。

（2）风扇开关功能正常，端子排接线端子螺栓紧固。

（3）二次设备表面应无积尘，加热器功能应正常。

SF6 高压断路器的巡视

变电所检修流程

二、110 kV GIS 组合电器的检修

（一）安全措施办理

1. 人工需求

监护人 1 人、操作人 1 人。

2. 工具需求

操作工具：110 kV GIS 操作工具、35 kV 操作工具。
安全工具：绝缘靴 2 双、绝缘手套 1 双、安全帽 2 顶。

3. 安全措施办理步骤

（1）接到电力调度准许作业命令后，由值班长和值班员确认 110 kV 断路器和 2 个三工位隔离开关、相对应的 35 kV 进线侧断路器都在分位。

（2）由值班长和值班员根据工作票的要求办理安全措施，拉开相对应的 35 kV 进线开关柜三工位隔离开关，合上 110 kV GIS 进线侧、主变侧快速接地刀。

（3）将 110 kV GIS 控制柜和 35 kV 进线开关柜操作模式倒至“就地”，并断开 110 kV GIS 控制柜控制电源。

（4）在 110 kV GIS 控制柜操作处，悬挂“禁止合闸，线路有人工作”标示牌；在 35 kV 进线开关柜操作处悬挂“禁止分闸，线路有人工作”标示牌。

（5）工作负责人和值班长共同检查安全措施，确认满足作业要求。

（6）工作负责人组织作业组成员开开工会。

（二）作业注意事项

（1）110 kV GIS 第一把三工位隔离开关和快速接地刀操作权限属地调管辖范围，操作时电调应单独下倒闸操作令。

（2）合 110 kV GIS 第一把快速接地刀时，应检查 110 kV 进线侧电缆带电显示器无电后操作。

（3）合 110 kV GIS 第二把快速接地刀时，35 kV 进线断路器必须在分位。

（4）在 110 kV GIS 上维护时，人员要系安全带，戴安全帽。

（5）在进行 110 kV 断路器机构检查时，弹簧操作机构应分合闸各一次进行了能量释放。

（6）倒闸操作时，禁止将 110 kV 控制柜联锁释放开关倒至“释放”位。

（7）检修前打开 110 kV GIS 室风机通风，室内氧气浓度必须大于 18%。

（三）检修实施过程

检修实施过程见表 4-1-1。

表 4-1-1 检修实施过程

序号	检修项目	人员需求	工具需求	检修步骤
1	设备除尘	变电检修人员 4 人	毛刷 4 把、棉布 4 张、吹风机 1 台、AC 220 V 线盘、电筒 1 支	1. 清除控制柜顶部的灰尘。 2. 清除 GIS 开关柜外表面清洁。 3. 打开控制柜柜门由上至下先扫后吹，再擦拭柜内各个元器件
2	现场控制柜检查	变电检修人员 2 人	手电筒 1 只、端子螺丝刀 1 把、电工工具 1 套、数字万用表 1 只	1. 柜内应无异响，无气味、烟雾、振动、受潮、锈蚀、破损等现象。 2. 面板开关指示灯状态应与断路器或三工位开关状态相符。 3. 按测试按钮检查声光报警器正常。 4. 温湿控制器显示正常，加热器附近无变形现象。 5. 继电器应无异响或过热现象。 6. 二次接线端子、导线无过热、褪色现象，无异味。 7. 接触器触头是否有过热变形现象。 8. 对柜内接线端子紧固，检查导线是否有绝缘层破裂现象。 9. 电缆牌标示正确，封堵正常
3	GIS 开关柜本体检查	变电检修人员 2 人	手电筒 1 只、套筒扳手 1 套、6-24 呆扳手 1 套、6-24 梅花扳手 1 套、电工工具 1 套	1. 开关无异常的噪声或气味，柜体无显著的锈蚀或破损。 2. 螺栓和螺帽应紧固良好，接地处螺栓无松动。 3. 检查断路器气室气压表 20 °C 时显示正常（额定/报警/闭锁分别为 0.6 MPa/0.55 MPa/0.5 MPa）。 4. 检查其他 6 个气室气压表 20 °C 时显示正常（额定/报警/闭锁分别为 0.4 MPa/0.37 MPa/0.35 MPa）。 5. 检查开关的机械指示牌“ON/OFF”指示与实际状态相符。 6. 检查断路器、隔离开关、接地开相互之间的闭锁关系
4	GIS 开关柜本体的接头检漏及气室微水测量	变电检修人员 2 人	检漏仪 1 台、微水测试仪 1 台、洗衣粉 1 包	1. 用检漏仪在壳体接头四周检查有无 SF6 气体泄漏。 2. 检漏仪无声光报警表示无 SF6 气体泄漏，如检漏仪有声光报警表示有 SF6 气体泄漏，应查明具体的位置。 3. 检查 SF6 气体泄漏位置，可将洗衣粉泡沫涂在接头处，观察气泡现象。 4. 使用微水测试仪对各气室进行微水测试。 （1）测试时须将微水测试仪用专用接头、管道连接设备气室。 （2）调整设置好试验流量参数，检查无误后开始测试。 （3）记录测试参数并检查确认测试数据符合正常范围

续表

序号	检修项目	人员需求	工具需求	检修步骤
5	GIS 开关柜断路器回路阻值的测试	变电检修人员 2 人	手电筒 1 只、套筒扳手 1 套、6-24 呆扳手 1 套、回路接触电阻测试仪 1 台、AC 220 V 线盘 1 个	1. 撤除 110 kV 断路器两端的一个三工位接地刀的接地铜排。 2. 合上 110 kV 断路器。 3. 首先将测试仪接地，先接接地端再接仪器端。 4. 将电压、电流线分别插入仪器的 V+、V−和 I+、I−两端。 5. 电流线（粗线）和电压线（细线）接在一个钳子上，两个钳子分别夹在 A 相上下两个端口引线端子处。 6. 检查试验接线正确，操作人员征得试验负责人许可后方可加压试验。 7. 打开电源开关，要求测试电流应不小于 100 A，按下测试键开始测量。 8. 待充电电流及测试数据稳定后记录试验结果。 9. 按下返回键，待仪器放电完毕后断开电源（注意：首先要断开仪器总电源）。 10. 挂接好放电棒后，拆除高压试验接线。 11. 拆除仪器端电压、电流线。 12. 最后拆除接地线。 13. 用同样的方法测量 B、C 相的回路电阻，并填写试验数据。断路器回路的阻值不大于交接试验值的 1.2 倍
6	GIS 开关柜断路器绝缘阻值的测试	变电检修人员 2 人	手电筒 1 只、套筒扳手 1 套、6-24 呆扳手 1 套、2 500 V 兆欧表 1 台	1. 撤除 110 kV 断路器两端的一个三工位接地刀的接地铜排。 2. 测试时油温应在 10～40 °C，同时记录湿度。 3. 将变压器各绕组所以出线端子分别用导线短接；高压及中压应连接各自中性点一起测量，防止流过绕组的电流影响绝缘电阻值。 4. 高压测试连接线应尽量保持架空，确需使用支撑时，要保证支撑物的绝缘状态和绝缘距离，必要时加以确认，以保证测量结果的可信性。 5. 用兆欧表的 2 500 V 进行逐项测试，升压开始后记录 15 s 时和 60 s 时的绝缘电阻值，即 R_{15}、R_{60} 阻值。测试完毕后将高压对地放电。 6. 对照历史试验记录，绝缘阻值不应发生明显变化，进行判断。 7. 吸收比 $K=R_{60}/R_{15}$ 不应小于 1.3。 8. 当湿度较大时，应对套管进行屏蔽，用以消除套管表面泄漏电流的影响。 9. 如需复测，需对绕组放电 10 min 方可再次测量。测试回路的绝缘应大于 2 500 MΩ

续表

序号	检修项目	人员需求	工具需求	检修步骤
7	GIS 开关柜断路器分合闸时间测试	变电检修人员 2 人	手电筒 1 只、套筒扳手 1 套、6-24 呆扳手 1 套、开关测试仪 1 台、万用表 1 只	1. 撤除 110 kV 断路器两端的一个三工位接地刀的接地铜排。 2. 将仪器标有“INPUT”引线接在端子排 XR13 上，将断路器合闸回路引出线标有“CLOSE COIL OUTPUT”接在 XR19，将断路器分闸回路引出线标有“TRIP COIL OUTPUT” 接在 XR21 上。 3. 额定合闸时间不大于 100 ms、额定分闸时间不大于 30 ms、三相不同期（合闸/分闸）不大于 3 ms/不大于 2 ms
8	GIS 开关柜整个回路阻值的测试	变电检修人员 2 人	手电筒 1 只、套筒扳手 1 套、6-24 呆扳手 1 套、微欧计 1 台、AC 220 V 线盘 1 个	1. 撤下 110 kV GIS 出线套管处与主变相连的钢芯铝绞线。 2. 拉开主变压器前 110 kV GIS 除进线快速地刀的所有接地刀闸，合上 110 kV GIS 开关柜所有的三工位隔离开关和断路器。 3. 测试方法与 GIS 开关柜断路器回路阻值的测试一样，开关柜整体回路的阻值不大于交接试验值的 1.2 倍
9	GIS 开关柜元器件更换	变电检修人员 2 人	手电筒 1 只、套筒扳手 1 套、6-24 呆扳手 1 套、电工工具 1 套	1. 更换元器件应首先断开控制电源。 2. 将 110 kV 断路器操作机构进行分合闸各一次进行能量释放。 3. 打开操动机构的上盖，拆下分合闸线圈上的导线，然后更换分合闸操作线圈，接上导线准确调整线圈与掣子机构操作杆之间的间距。 4. 在紧急情况下，分闸回路的第一分闸线圈坏后，还可将线圈上的接线改在第二分闸线圈使用。 5. 更换储能电机的限位开关，拆下储能电机坏的限位开关，换上新的限位开关。 6. 调整限位开关与控制凸轮之间的间隙，复位工作应当非常准确并仔细检查，可通过手动储能方式检查限位开关是否正确。 7. 安装和调整工作结束后，应逐个将黏合剂涂在螺栓的螺纹上防松

（四）检修结束

1. 恢复安全措施、清理工作现场

（1）撤除安全措施，恢复到电力调度下令前的状态。

（2）安全措施恢复完毕后，工作负责人会值班长共同检查确认。

（3）值班长向电力调度销令，结束工作票。

（4）电力调度对 110 kV GIS 送完电后，工作负责人和值班长现场观察设备运行状态是否正常。

2. 收工会

工作负责人组织作业组成员召开收工会，总结本次作业情况，对存在不足的问题，提出整改措施。

三、35 kV GIS 的维护

35 kV GIS 作为环网供电的主体，其设备性能稳定，日常维护以及小修、中修是必不可少的。

（一）日常保养

（1）查看微机保护测控装置：开关状态是否正常，是否有报警信息，电压及电流参数是否正常，并抄录数据。

（2）查看开关柜有关装置累计动作次数，并抄录数据。

（3）查看隔离开关、接地刀闸位置显示是否正常。

（4）查看开关柜带电显示指示是否正确。

（5）查看开关柜气压是否正常。

（6）查看开关柜低压室内二次接线是否有松动，控制电源是否正常。

（二）小　修

1. 结构外观检查

（1）结构、内部、外壳无生锈、无脱漆、无破损、无积尘、无脏污现象。

（2）柜门锁正常开/闭、无破损、无生锈、无卡滞。

（3）开关柜基础牢固，无倾斜、下沉、开裂等现象，各穿孔正常封堵。

（4）接地装置无松动、无生锈、无电弧烧黑、无磨损现象。

（5）各个密封面无松动现象，密封良好。

（6）防爆膜外观良好，没有破损现象，必要时，使用便携式检漏仪检测有无漏气现象。

（7）柜内各部件固定连接螺栓紧固，无生锈。

2. 断路器操作机构

断路器操作机构有无卡滞现象，动作指示应与实际动作次数相符。

3. 电流、电压互感器二次接线检查

二次接线应紧固，无锈蚀。

4. 加热功能检查

加热器接线应紧固、无松动，投入加热器时能够正常加热，且相关部件、接线无发热现象。

5. 备自投装置转换开关

备自投装置转换开关位置应指示正常。

四、35 kV GIS 的检修

（一）安全措施办理

1. 人工需求

监护人 1 人、操作人 1 人。

2. 工具需求

操作工具：35 kV 操作工具。

安全工具：绝缘靴 2 双、绝缘手套 1 双、安全帽 2 顶、交流验电器 1 支。

3. 安全措施办理步骤

1）母线检修

（1）接到电力调度准许作业命令后，由监护人和操作人确认相对应的 35 kV 断路器都在分位。

（2）确认与本所相关的邻所 35 kV 断路器在分位。

（3）确认 110 kV 1（2）号 GIS 断路器在分位（主所）。

（4）将 35 kV Ⅰ（Ⅱ）段断路器操作模式倒至“就地”，拉开相对应的 35 kV 进出线及馈线柜、35 kV 母联提升柜Ⅱ段（Ⅰ段）侧三工位隔离开关。

（5）拉开 110 kV 1（2）号 GIS 主变侧三工位隔离开关（主所）。

（6）合上相对应的 35 kV 进出线、母联提升柜及馈线三工位接地刀，合上相对应的断路器（前提条件进出线柜对侧地刀在合位），断开断路器的控制电源。

（7）合上 35 kV 母联断路器，并断开控制电源。

（8）将 110 kV 1（2）号 GIS 控制柜操作模式倒至“就地”，悬挂“禁止合闸，线路有人工作”标示牌。

（9）在 35 kV Ⅰ（Ⅱ）段开关柜操作手柄处，悬挂“禁止分闸，线路有人工作”标示牌。

（10）工作负责人和监护人共同检查安全措施，确认满足作业要求。

（11）工作负责人组织作业组成员开开工会。

2）非母线检修

（1）接到电力调度准许作业命令后，由监护人和操作人确认相对应的 35 kV 断路器都在分位。

（2）确认与本所相关的邻所 35 kV 断路器在分位。

（3）确认 110 kV 1（2）号 GIS 断路器在分位（主所）。

（4）将 35 kV Ⅰ（Ⅱ）段断路器操作模式倒至“就地”，拉开相对应的 35 kV 进出线及馈线柜，35 kV 母联提升柜Ⅱ段（Ⅰ段）侧三工位隔离开关。

（5）拉开 110 kV 1（2）号 GIS 主变侧三工位隔离开关（主所）。

（6）断开 35 kV Ⅰ（Ⅱ）段对应 35 kV 进出线及馈线柜控制电源。

（7）将 110 kV 1（2）号 GIS 控制柜操作模式倒至“就地”，悬挂“禁止合闸，线路有人工作”标示牌。

（8）工作负责人和监护人共同检查安全措施，确认满足作业要求。

（9）工作负责人组织作业组成员召开开工会。

4. 作业前注意事项

（1）办理安全措施之前一定要确认邻所断路器的状态。

（2）对断路器机构内部检查前，应先合分一次断路器进行释放弹簧能量。

（3）通过预留试验头做各种试验，不要轻易撤电缆头。

（4）在恢复试验堵头时，硅橡胶头要做清洁，外观不得有划伤，表面涂润滑膏。

（5）安装电压互感器时仔细检查硅橡头处的鱼鳞片不得损伤和倾斜。

（二）检修实施过程

检修实施过程见表 4-1-2。

表 4-1-2 检修实施过程

序号	检修项目	人员需求	工具需求	检修步骤
1	设备除尘	变电检修人员 4 人	毛刷 2 把、棉布 2 张、吹风机 1 台、AC 220 V 线盘、电筒 1 支	1. 清除柜体外部灰尘。 2. 打开低压室柜门，拆下 35 kV 柜前面 3 块板，并通过对断路器进行分合闸各一次进行释放弹簧能量。 3. 由上至下先扫后吹，再擦拭柜内各个元器件
2	断路器柜体检查	变电检修人员 2 人	手电筒 1 只、毛刷 1 把	1. 柜体检查应无烧伤、放电、锈蚀现象。 2. 各种螺栓连接应紧固。 3. 柜体各部位接地应良好。 4. 柜体应安装水平、牢固、无破损、变形，基础无破损、下陷。 5. 各机械、电气联锁功能应正常。 6. 检查带电指示、残压指示器、位置指示等表示功能状态应良好、指示正确。 7. 检查各气室气压正常、无漏气
3	低压室检查	变电检修人员 2 人	手电筒 1 只、专用螺丝刀 2 把	1. 继电器、空气断路器等元器件检查。 2. 端子排、连接线紧固检查。 3. 二次接线应正确，排列整齐、线号清晰。 4. 光纤电缆不紧绷、无扭折情况。 5. 加热器外观应无烧坏痕迹，发热良好
4	三工位机构检查	变电检修人员 2 人	手电筒 1 只、检修专用工具 1 套、数字万用表 1 只	1. 对活动部位、轴承表面（如联锁、分闸弹簧、辅助的偏转机构等）进行润滑。 2. 三工位活门有无卡滞。 3. 检查内部元件应无受潮、生锈、污秽。 4. 检查连接部位、二次接线、插针应接触良好、安装到位。 5. 检查三工位、断路器机械指示牌与实际位置相符

续表

序号	检修项目	人员需求	工具需求	检修步骤
5	断路器机构检查	变电检修人员2人	手电筒1只、检修专用工具1套、数字万用表1只	1. 检查储能电动机电源已断开，打开断路器面板，手动操作断路器分合闸各一次释放断路器弹簧能量。 2. 检查操动机构、传动机构零件无变形，紧固件（包括螺栓、螺母、卡簧、挡圈和弹簧销等）锁紧。 3. 检查螺栓、拐臂等处安装的开口销状况，检查固定螺栓无松动现象。 4. 全面复查操动机构并进行整组性能试验。 5. 按照产品说明书规定使用专用润滑剂对断路器机构进行润滑
6	电压互感器拆装	变电检修人员2人	手电筒1只、专用工具1套、6-24梅花扳手1套、ϕ25铜管1根	1. 使用不含溶剂的清洁剂和一块不掉毛的布，对硅橡胶接头和内锥式铸塑树脂插孔进行清洁。 2. 在硅橡胶接头和内锥式铸塑树脂插孔上均匀涂抹防卡膏。 3. 将电压互感器缓慢降低到母线外壳上。 4. 为了在安装电压互感器过程中将多余空气从接头中排出，将一根尼龙线或电缆带安装到电压互感器安装板的内锥体中。 5. 将电压互感器的一次端子缓慢插到安装板上的内锥体中，同时将电缆带拉出。 将低压插头连接到电压互感器。 6. 拧紧安装板上固定支架的4个M8固定螺栓。 7. 拆卸过程与上述过程相反
7	回路接触电阻试验	变电检修人员2人	手电筒1只、检修专用工具一套、35 kV操作工具1套、250 mm扳手2把、回路电阻测试仪1台、35 kV试验电缆头（2#）2套，线包1套	以进出线断路器测试为例： 1. 测试该段母线Ⅰ（Ⅱ）段全部停电，并做好第三项所述安全防护措施。 2. 拆下被测设备的电缆堵头，清洗电流试验头（2#），插入到A、D处被测试断路器试验孔内并紧固。 3. 先断开断路器，将两台断路器三工位接地刀拉开，然后再合上三工位隔离刀闸。 4. 合上被测的两个断路器。 5. 分别在两个被测断路器的测试电缆头处接上测试线加量测试。 6. 测试方法与GIS开关柜断路器回路阻值的测试一样，测试回路的阻值不大于185 μΩ

续表

序号	检修项目	人员需求	工具需求	检修步骤
8	断路器分合闸及同期试验	变电检修人员2人	手电筒1只、检修专用工具一套、35 kV操作工具1套、250 mm扳手2把、断路器机械特性测试仪1台、35 kV试验电缆头（2#）2套，线包1套，线盘1个	以进出线断路器测试为例： 1. 测试该段母线Ⅰ（Ⅱ）段全部停电，并做好第三项所诉安全防护措施。 2. 拆下被测设备的电缆堵头，清洗电流试验头（2#），插入到被测试断路器试验孔内并紧固。 3. 确认三工位开关在接地位。 4. 将测试仪接线分别接入电缆试验头与本柜三工位接地刀端的外壳铜排上进行测试。 5. 将仪器标有“INPUT”引线接在端子排XC30的301端子上，将断路器合闸回路引出线标有“CLOSE COIL OUTPUT”接在XQ0的63端子上，将断路器分闸路引出线标有“TRIP COIL OUTPUT”接在XQ0的65端子上。 6. 合上低压柜中储能电机电源空开F10与控制电源空开F20，待断路器储能完毕后，对断路器进行测试。 7. 合闸时间不大于95 ms，分闸时间不大于70 ms，同期时间不大于2 ms
9	35 kV开关柜SF6气体检漏及微水测试	变电检修人员2人	检漏仪1台、微水测试仪1台、洗衣粉1包	1. 用检漏仪在壳体接头四周检查有无SF6气体泄漏。 2. 检漏仪无声光报警表示无SF6气体泄漏，如检漏仪有声光报警表示有SF6气体泄漏，应查明具体的位置。 3. 检查SF6气体泄漏位置可将洗衣粉弄成泡沫，涂在接头处，观察气泡现象。 4. 使用微水测试仪对气室微水进行检测，检测方法与110 kV GIS相同

（三）检修结束

1. 恢复安全措施、清理工作现场

（1）撤除安全措施，恢复到电力调度下令前的状态。

（2）安全措施恢复完毕后，工作负责人会同作业组安全员。

（3）值班长向电力调度消令，结束工作票。

（4）电力调度对35 kV GIS开关柜送完电后，工作负责人现场观察设备运行状态是否正常。

2. 收工会

工作负责人组织作业组成员召开收工会，总结本次作业情况，对存在不足的问题，提出整改措施。

电流互感器巡视

电压互感器巡视

电流互感器二次回路故障处理

户外隔离开关巡视

任务练习

1. 请简述 110 kV GIS 组合电器检修安全措施办理步骤。

2. 列举 110 kV GIS 组合电器检修项目，选择其一进行详细阐述并实施。

3. 列举 35 kV GIS 开关柜检修项目，选择其一进行详细阐述并实施。

任务二　变压器的维护与检修

一、油浸式电力变压器的维护

油浸式主变压器作为主变电所的“庞然大物”，停电影响范围大，其维护也是耗时、耗力的大工程。根据城市轨道交通变电设备检修试验规程要求，每年定期进行主变表面清洁维护、有载调压装置检查、电气连接回路可靠性检查、主变预防性试验，以便发现主变内部缺陷，及时排除主变隐患，确保安全运行。

（一）日常保养

（1）变压器的油温和温度计应正常，储油柜油位应与温度相对应，各部位无渗油漏油，有载调压分接开关及其附件各部位应无渗漏油。

（2）套管油位应正常，套管外部无破损裂纹、无严重油污、无放电痕迹及其他异常现象。

（3）变压器运行声音正常，无异味，无闪络、跳火和内部振动。

（4）吸湿器完好，吸附剂干燥。

（5）引线接头、电缆、母线不过热，雨天无蒸汽。

（6）本体每个阀门、表计、法兰连接处、焊缝处，以及高、低压及中性点套管冷却器等处，无渗漏油。

（7）有载调压控制器电源指示灯显示正确，亮红色为电源有电；有载调压分接位置指示器，应指示正确。

（8）有载调压分接开关储油柜的油位、油色、吸湿器及其干燥剂均应正常。

（9）各控制箱和二次端子箱应关严，保持干燥。

（10）各接地装置应良好，可靠。

（二）小　修

1. 主油箱及油枕

（1）油漆涂层应完好，变压器油箱应正常。

（2）外壳无脱漆、无渗漏、无破裂、无锈蚀。

（3）螺栓无锈蚀。

2. 有载调压开关

（1）读取计数器的读数，清洗各挡位触头，冲击释放装置，外部转轴及法兰连接处无漏油。

（2）有载调压开关，开关本体检查应正常。

（3）检查及清扫有载调压开关控制箱，继电器、空气开关常开、常闭触点信号指示应正确。

（4）有载调压开关外观无发黑，无破裂。

（5）进行调压开关的手动、电气操作检查，无异常情况。
（6）二次回路绝缘电阻不小于 1 MΩ。
（7）有载调压开关控制箱密封良好。
（8）密封无破损，密封整齐。
（9）端子螺栓紧固。
（10）二次线排列整齐，加热器接线无发热、无变黑。
（11）正常发热，并按规定投入加热器。

3. 冷却系统

（1）楔形平滑动阀门或蝴蝶阀门的位置应正确。
（2）法兰连接处及焊接处无漏油。
（3）检查并清洗风扇，清洗散热器，各部件清洁、检修及运转情况均正常。

4. 变压器本体

（1）高低压侧电缆连接头，绝缘子应牢固、无破损、无放电痕迹，进出线套管应无破损、无放电痕迹，瓷套表面小面积掉瓷时补瓷。
（2）瓷套与法兰连接处无渗油，螺栓无锈蚀、破裂情况。

5. 110 kV 进线及线夹检查

（1）螺栓紧固、无破裂。
（2）线夹外观无发黑、无破裂、无锈蚀。
（3）线索无发黑、无散股、无锈蚀氧化。

6. 瓦斯继电器

（1）两端连接无漏油，玻璃窗完好，冷凝水排水孔畅通。
（2）相关开关柜信号，信号指示正确。
（3）进行壳体、密封清洁及检查，壳体、密封干净，密封无漏油。
（4）继电器内所充的变压器油油位正常。
（5）各接点正常、动作良好，信号正确。
（6）连接电缆无锈蚀，绝缘良好。
（7）进行继电器功能测试，检查触点分合动作情况，报警信号正确，跳闸信号正确。

7. 油位表、温度表

（1）检查和检修油温表、绕组温度表外观、指针、二次接线。
（2）各部零件、连线应完好，指示正确。
（3）无锈蚀、破裂，连接固定。
（4）储油柜油位计，连杆在最低油位和最高油位时无卡滞现象，并可发出报警信号。

8. 变压器绝缘油

绝缘油油位应符合标准，变压器取油送检。

9. 进油阀、出油阀、蝶阀等阀门检查

阀门的转轴、挡板等部件应完整、灵活和严密，外壳无锈蚀等情况。

10. 压力释放阀检查

紧固法兰，防爆密封良好，膜片完整、无积尘，回路畅通。

11. 变压器散热器检查

外表清洁，涂油、涂漆。

12. 安装基础检查

对接地装置接地部件、现场基础接地装置、接地连接部件（电缆扁钢等）进行涂漆涂油，螺栓紧固。

变压器的巡视　　　　变压器巡视的重点内容

二、油浸式电力变压器的检修

（一）安全措施办理

1. 人工需求

监护人 1 人、操作人 1 人。

2. 工具需求

操作工具：110 kV GIS 操作工具、35 kV 开关柜操作工具。

安全工具：绝缘靴 2 双、绝缘手套 1 双、安全帽 2 顶、35 kV 交流验电器 1 支、接地线 1 组。

3. 安全措施办理步骤

（1）接到电力调度准许作业命令后，由值班长和值班员确认 110 kV 断路器和 GIS 主变侧三工位隔离开关、35 kV 进线侧断路器都在分位。

（2）由值班长和值班员根据工作票的要求办理安全措施，合上 110 kV GIS 主变侧的快速地刀。

（3）拉开相对应的 35 kV 进线开关柜三工位隔离开关，然后合上接地刀，合上进线断路器。

（4）在主变高压侧、35 kV 侧验电各挂 1 组地线。

（5）合上中性点接地刀闸。

（6）断开 110 kV GIS 控制柜 110 kV GIS 主变侧的快速地刀、相对应的 35 kV 进线开关柜，中性点隔离开关的控制电源（一号线二期采用 ABB 开关柜，通过断路器接地后三工位隔离开关控制电源开关自动跳闸）。

（7）在 110 kV GIS 控制柜悬挂“禁止合闸，线路有人工作”标示牌；35 kV 进线开关柜操作处，悬挂“禁止分闸，线路有人工作”标示牌。

（8）工作负责人和值班长共同检查安全措施，确认满足作业要求。

（9）工作负责人组织作业组成员开开工会。

4. 作业注意事项

（1）在进行安全措施办理时，必须认真仔细检查相应的断路器和隔离开关及地刀已断开，本体上的位置与控制柜上指示灯显示一致。

（2）在进行加压试验前，必须将试验区和其他区域用网栅隔开。

（3）每次试验结束，均须立即对被试品进行充分放电，再拆除试验线。

（4）每次试验结束，要立即检查所做试验参数是否符合相关的规程规定。

（5）110 kV GIS 倒闸操作时禁止将控制柜上的释放转换开关倒至“释放”。

（6）充氮灭火装置试验时要先关闭与变压器相连两根管子的阀门，关闭氮气瓶的阀门，拧松充氮阀出口侧的管子和排流重锤的压板，试验完后恢复正常运行方式。

（二）检修实施过程

检修实施过程见表 4-2-1。

表 4-2-1 检修实施过程

序号	检修项目	人员需求	工具需求	检修步骤
1	设备除尘	变电检修人员 4 人	毛刷 2 把、毛巾 4 条、吹风机 1 台、AC 220 V 线盘、电筒 1 支、海绵若干，隔离围栅 1 副	1. 清扫变压器高、中、低压导管的灰尘。 2. 清扫变压器器身、散热片、储油罐的灰尘。 3. 清扫中、低压侧的避雷器和放电计数器表面的灰尘。 4. 清扫中性点接地刀、避雷器、操作机构内的积灰。 5. 清除充氮灭火装置柜内的灰尘。 6. 清除小电阻接地装置柜内的灰尘，擦拭绝缘子
2	紧固检查	变电检修人员 4 人	手电筒 1 只、力矩扳手 1 套、6-24 呆扳手 1 套、6-24 梅花扳手 1 套、仪表螺丝刀 1 套、电工工具 1 套	1. 对高、中、低压侧接线柱、中性点接地回路、铁心接地回路螺栓紧固检查。 2. 主变油管回路检查紧固。 3. 本体端子箱、有载调压端子箱二次线进行紧固。 4. 对主变温度计校验检查
3	设备外观检查	变电检修人员 2 人	手电筒 1 只、套筒扳手 1 套、6-24 呆扳手 1 套、6-24 梅花扳手 1 套	1. 检查设备的接地线安全有效接地。 2. 检查一、二次接线正确、牢固。 3. 电缆头表面绝缘良好，无烧伤痕迹，绝缘胶带无脱落现象。 4. 避雷器表面无损伤，绝缘良好，放电计数器外观完好。 5. 设备柜内封堵检查。 6. 对充油设备进行排气检查。 7. 检查充氮灭火装置机械部分动作灵活可靠，压力显示正常，控油阀运行位，每 2 年对单向节流阀之间的专用隔离密封垫进行更换。 8. 检查小电阻接地装置电阻片无烧伤，片与片之间无粘连，绝缘支撑件无裂纹，电气连接部分螺栓无松动，无锈蚀、无发热，智能监测装置应显示正常

续表

序号	检修项目	人员需求	工具需求	检修步骤
4	小电阻接地装置电阻测试	变电检修人员2人	套筒扳手1套、6-24呆扳手1套、调压器1台，万用表1只，电流表1只	1. 撤下电阻柜的进线电缆。 2. 将调压器的火线端接电流表进线端，电流表出线端接电阻片的进线端，调压器的零线端接电阻片的尾端。 3. 利用调压器加电测试，欧姆定律 $R=U/I$ 计算出回路阻值，25 °C 时电阻值允许误差 ± 5%
5	充氮灭火装置试验	变电检修人员2人	套筒扳手1套、6-24呆扳手1套、短接线2根、2 500 mm扳手1把	1. 充氮灭火装置试验时要先关闭与变压器相连两根管子的阀门。 2. 关闭氮气瓶的阀门和减压阀，拧松充氮阀出口侧的管子，取下排流重锤的压板上的两颗螺栓。 3. 将控制箱操作面板上“自动/断开/手动”转换开关置于“手动”，打开控制箱面板上的防护罩按下“手动启动”按钮，本装置将立即执行灭火动作。 4. 将控制箱操作面板上“自动/断开/手动”转换开关置于“自动”，在变压器本体箱内短接探测器报警信号，然后在变压器瓦斯继电器上按一下重瓦斯，本装置将立即执行灭火动作。 5. 试验完后将设备恢复到试验前的状态，特别仔细检查各个阀门的位置
6	放电计数器动作试验	变电检修人员2人	放电计数器测试棒	1. 将测试棒的接地引线夹在计数器的接地端。 2. 然后打开电源，等待几秒后，测试棒高压输出端迅速接触计数器与避雷器连接体，同时观察计数器是否动作。 3. 测试3～5次，均应正常动作，测试后计数器指示应调到“0”

（三）检修结束

1. 恢复安全措施、清理工作现场

（1）撤除安全措施，恢复到电力调度下令前的状态。

（2）安全措施恢复完毕后，工作负责人会值班长共同检查确认。

（3）值班长向电力调度销令，结束工作票。

（4）电力调度对主变送完电后，工作负责人和值班长现场观察设备运行状态是否正常。

2. 收工会

工作负责人组织作业组成员召开收工会，总结本次作业情况，对存在不足的问题，提出整改措施。

变压器呼吸器油杯油更换、吸潮剂更换

三、干式变压器的维护

干式变压器与油浸式变压器不同，属于户内变压器，保养维护也比油浸式变压器方便。本节主要介绍干式动力变压器、干式整流变压器的维护。

（一）干式动力变压器维护

1. 日常保养

（1）查看动力变压器温控仪温度显示是否在正常范围内。

（2）查看动力变压器运行是否正常，声音是否为均匀的“嗡嗡”声，是否有放电现象。

2. 小　修

（1）绕组三相挡位应一致。

（2）目视无发热、放电痕迹。

（3）螺栓紧固，连接片无生锈现象。

（4）绕组外观清洁，无破裂。

（5）进线/出线铜排绝缘子、各支撑件、上部或下部绝缘衬垫块目视无放电痕迹，绝缘衬垫块无破裂、无移位松动现象。

（6）低压柜与动力变压器出线之间连接导体螺栓紧固，目测无破裂及锈蚀等现象。

（7）箱体外壳（动力变）目视柜体无倾斜现象，基础孔洞封堵密实。

（8）接地良好，使用规定力矩坚固螺栓，并划防松标记。

（9）门锁灵活、无卡滞现象，螺栓紧固后，湿喷防锈剂。

（二）干式整流变压器维护

1. 日常保养

（1）查看整流变压器温控仪温度显示是否在正常范围内。

（2）查看整流变压器运行是否正常，声音是否为均匀的“嗡嗡”声，是否有放电现象。

2. 小　修

（1）绕组三相挡位应一致。

（2）目视无发热、放电痕迹。

（3）螺栓紧固，连接片无生锈现象。

（4）绕组外观清洁，无破裂。

（5）进线/出线铜排绝缘子、各支撑件、上部或下部绝缘衬垫块目视无放电痕迹，绝缘衬垫块无破裂、无移位松动现象。

（6）接地良好，使用规定力矩紧固螺栓，并划防松标记。

（7）门锁灵活、无卡滞现象，螺栓紧固后，湿喷防锈剂。

干式变压器的运行与巡视检查

四、干式变压器的检修

（一）安全措施办理

1. 人工需求

监护人 1 人、操作人 1 人。

2. 工具需求

操作工具：35 kV、1 500 V、400 V 操作工具、干式变压器柜门（网栅）钥匙。

安全工具：绝缘靴 2 双、绝缘手套 1 双、安全帽 2 顶、交流验电器 1 支、直流验电器 1 支、400 V 低压验电笔 1 支、接地线 1 组。

3. 安全措施办理步骤

1）整流变压器检修

（1）接到电力调度准许作业命令后，由监护人和操作人确认相对应的 35 kV、1 500 V 断路器和 1 500 V 上网隔离开关状态在分位。

（2）将 35 kV 整流变柜断路器操作模式倒至“就地”，拉开相对应三工位隔离开关。

（3）合上 35 kV 整流变压器开关柜三工位接地刀，合上相对应的断路器，并断开其控制信号电源（如合肥地铁一号线二期采用 ABB 开关柜，通过断路器接地后断路器和三工位隔离开关控制电源开关自动跳闸）。

（4）断开整流变温控器控制电源。

（5）将 1 500 V 上网隔离开操作模式倒至“就地”。

（6）打开整流器柜门，分别在直流输出侧验电各挂 1 组接地线。

（7）在 35 kV 整流变压器开关柜操作手柄处，悬挂“禁止分闸，线路有人工作”标示牌。

（8）在 1 500 V 上网隔离开关操作手柄处，悬挂“禁止合闸，线路有人工作”标示牌。

（9）工作负责人会同监护人共同检查安全措施，确认满足作业要求。

（10）工作负责人组织作业组成员召开开工会。

2）干式变压器检修

（1）接到电力调度准许作业命令后，由监护人和操作人确认相对应 35 kV、400 V 进线开关状态在分位。

（2）将 35 kV 相对应配电变开关柜断路器操作模式倒至“就地”，拉开相对应三工位隔离开关。

（3）断开交直流屏对应交流进线断路器，并拉开对应的隔离开关（主所）。

（4）将相对应 400 V 进线断路器操作模式倒至“就地”，并将小车拉至试验位，并断开其控制电源。

（5）合上 35 kV 相对应干式变压器开关柜三工位接地刀，合上相对应的断路器，并断开其控制电源（如合肥地铁一号线二期采用 ABB 开关柜，通过断路器接地后断路器和三工位隔离开关控制电源开关自动跳闸）。

（6）断开相对应配电变温控器控制电源。

（7）打开对应干式变压器柜门，在低压侧验电挂 1 组接地线。

（8）在相对应 35 kV 干式变压器开关柜操作手柄处，悬挂“禁止分闸，线路有人工作”标示牌。

（9）在相对应 400 V 进线断路器操作手柄处，悬挂“禁止合闸，线路有人工作”标示牌。

（10）工作负责人会同监护人共同检查安全措施，确认满足作业要求。

（11）工作负责人组织作业组成员召开开工会。

4. 作业注意事项

（1）变压器线圈直流电阻测试时，选择测试电流不要超量程或欠量程。超量程时，由于电流达不到预设值，仪器会一直显示“正在充电”状态；欠量程时，显示“电流太小”，或者测量值不能及时稳定，缓慢往上升，造成测试数据读取不准确。当出现以上两种状态时要重新选择量程，选择合适的测试电流进行测试。

（2）线圈直流电阻测试完毕后，拆除测试线前，必须要等仪器放电结束，报警声停止后，再关掉直流电阻测试仪电源，拆除测试线。

（3）使用绝缘电阻测试仪时要选择适当的挡位，绝缘电阻测试完毕后，设备必须要对地充分放电。

（4）测试时，测试人员必须与被测试设备保持安全距离，人员要呼唤应答。

（5）做完安全措施后，35 kV 配电（整流）变压器柜的控制电源要断开或者装上接地挂锁，不然在打开柜门时，断路器会跳闸。

（二）检修实施过程

检修实施过程见表 4-2-2。

表 4-2-2　检修实施过程

序号	检修项目	人员需求	工具需求	检修步骤
1	设备除尘	变电检修人员 2 人	毛刷 2 把、棉布 2 张、吹风机 1 台、AC 220 V 线盘、电筒 1 支	1. 清除柜顶灰尘。 2. 擦拭支撑绝缘子。 3. 器身清洁除尘。 4. 用吹风机对变压器高低压通道除尘
2	紧固检查	变电检修人员 2 人	手电筒 1 只、套筒扳手 1 套、6-24 呆扳手 1 套、6-24 梅花扳手 1 套	1. 进出线电缆（母排）螺栓紧固。 2. 变压器分接头连接片螺栓紧固。 3. 变压器夹件螺栓紧固。 4. 变压器本体接地线，固定电缆支架螺栓紧固。 5. 变压器铁心接地螺栓检查
3	电缆检查	变电检修人员 2 人	手电筒 1 只、套筒扳手 1 套、6-24 呆扳手 1 套、6-24 梅花扳手 1 套	1. 检查电缆头表面绝缘应良好，无放电、爬电痕迹，绝缘胶带无脱落现象。 2. 电缆屏蔽层接地线应无断股、脱落现象，绑扎稳固。 3. 进出线电缆封堵检查良好，电缆标示牌清楚、明晰
4	温控器检查	变电检修人员 2 人	数字万用表 1 只、手电筒 1 支、十字/一字螺丝刀各 1 把	1. 打开温度控制器电源，检查温控器报警值（140 °C）、跳闸值（150 °C）正确。 2. 检查变压器绕组和铁心的 PT100 铂电阻插入到位。 3. 检查紧固温控器端子排，航空插头螺栓。 4. 检查温控器底板处二次线绝缘无损伤，封堵正常

续表

序号	检修项目	人员需求	工具需求	检修步骤
5	线圈直流电阻测试	变电检修人员2人	套筒扳手1套、6-24呆扳手1套、调压器1台，万用表1只，电流表1只	测试方法与GIS开关柜断路器回路阻值的测试一样
6	绝缘电阻测量	变电检修人员2人	套筒扳手1套、6-24呆扳手1套、短接线2根、2 500 mm扳手1把	测试方法与GIS开关柜断路器绝缘阻值的测试一样

（三）检修结束

1. 恢复安全措施、清理工作现场

（1）撤除安全措施，恢复到电力调度下令前的状态。

（2）安全措施恢复完毕后，工作负责人会同作业组安全员共同检查确认。

（3）工作负责人向电力调度消令，结束工作票。

（4）电力调度对干式变压器送完电后，工作负责人现场观察设备运行状态是否正常。

2. 收工会

工作负责人组织作业组成员召开收工会，总结本次作业情况，对存在不足的问题提出整改措施。

任务练习

1. 分别列举变压器检修安全措施办理步骤。

____

____

____

____

____

2. 分别列举变压器检修项目，选择其一进行详细阐述并实施。

____

____

____

____

任务三　整流器的维护与检修

整流器肩负着将交流电变为直流电的责任，其设备状态直接影响直流的输出，因此整流器的设备维护十分重要。根据城市轨道交通变电设备检修试验规程要求，每 2 个月应对整流器进行一次例行检查，对整流二极管进行清洁除尘、清除蜘蛛网等杂物，检查电气连接回路螺栓，每 6 个月做一次保护信号试验，每年还应对二极管进行一次反向峰值特性测试，确保整流器安全稳定可靠工作。

一、整流器的维护

（一）日常保养

查看整流器显示屏上温度显示是否正常，并抄录数据；查看电流、电压值，其应符合标准。

（二）小　修

（1）二极管表面用乙醇溶液除尘或电子仪器清洁剂清洁，螺栓紧固检查。
（2）阻容元件表面用乙醇溶液除尘或电子仪器清洁剂清洁，进行熔断检查，螺栓应紧固。
（3）二次回路端子排螺栓紧固。
（4）进行绝缘支撑件外观破损检查、固定检查。
（5）正负极母排外观用酒精除尘或电子仪器清洁剂清洁。
（6）电缆出线端外观应无锈蚀，检查散股情况；检查螺栓紧固情况。

二、整流器的检修

（一）安全措施办理

1. 人工需求

监护人 1 人、操作人 1 人。

2. 工具需求

操作工具：35 kV 操作工具，正极隔离开关远方/就地钥匙，负极隔离开关操作杆、整流器柜门钥匙。

安全工具：绝缘靴 2 双、绝缘手套 1 双、安全帽 2 顶、直流验电器 1 支、接地线 2 组。

3. 安全措施办理步骤

（1）接到电力调度准许作业命令后，由监护人和操作人确认相对应的 35 kV、1 500 V 断路器和 1 500 V 上网隔离开关状态在分位。

（2）将 2 台 35 kV 整流变开关柜操作模式倒至“就地”。

（3）拉开 2 台 35 kV 整流变开关柜三工位隔离开关。

（4）合上 2 台 35 kV 整流变开关柜三工位地刀，然后合上 2 台 35 kV 整流变开关柜断路器，并断开控制电源（合肥地铁一号线二期采用 ABB 开关柜，通过断路器接地后断路器和三工位隔离开关控制电源开关自动跳闸）。

（5）打开整流器柜门，分别在直流输出侧验电各挂 1 组接地线。

（6）断开整流器交直流控制电源。

（7）在 35 kV 的 2 台整流变开关柜操作手柄处悬挂“禁止分闸，线路有人工作”标示牌。

（8）将对应的 1 500 V 上网隔开操作模式倒至“就地”。

（9）工作负责人会同监护人共同检查安全措施，确认满足作业要求。

（10）工作负责人组织作业组成员召开开工会。

4. 作业注意事项

（1）在进行整流器二极管特性测试时，必须拆除整流器交流侧一次电缆和交直流侧采样电源线。

（2）做完 35 kV 整流变柜安全措施后，控制电源要断开或者装上接地挂锁，不然在打开整流器柜门时，断路器会跳闸。

（3）在进行加压时，测试装置电流选择 50 mA 挡，调压器应缓慢匀速上升至 3 800 V。

（4）每次测试完毕后，应先对直流输出电缆进行放电，再拆除试验线。

（5）二极管更换时应注意极性，安装前表面应清洁，涂硅脂，安装定位完后要加量复查。

（6）螺杆热缩管不得有破损。

（二）检修实施过程

检修实施过程见表 4-3-1。

表 4-3-1　检修实施过程

序号	检修项目	人员需求	工具需求	检修步骤
1	设备除尘	变电检修人员 2 人	毛刷 2 把、棉布 2 张、吹风机 1 台、AC 220 V 线盘、电筒 1 支	1. 清除柜顶灰尘。 2. 拆下正面防护板。 3. 由上至下先扫后吹，再擦拭柜内各个部件

续表

序号	检修项目	人员需求	工具需求	检修步骤
2	紧固检查	变电检修人员2人	手电筒1只、力矩扳手1套、6-24呆扳手1套、6-24梅花扳手1套	1. 第一次用扭力矩扳手（20 N·m）对整流二极管螺栓进行紧固检查，并做标记，下次检查时看标记有无变位，如有变化再加力矩紧固。 2. 对母排各个电气连接点进行螺栓紧固检查。 3. 进出线电缆连接螺栓紧固检查
3	二次回路及保护回检查	变电检修人员2人	手电筒1只、一字螺丝刀1把、电工工具1套、数字万用表1只	1. 对二次接线进行紧固。 2. 过电压抑制电路板检查，对电气连接处进行紧固。 3. 对直流测阻容回路进行紧固。 4. 负载电阻检查，对电气连接处进行紧固。 5. 测量回路紧固，用万用表测量串联电阻阻值，每个阻值为200 kΩ左右
4	声光信号试验	变电检修人员2人	手电筒1只、短接线1根	1. 合上二次电源开关。 2. 拔出一个微动开关或者不同臂的多个微动开关做一个整流管损坏报警试验，EK2中间继电器动作。 3. 拔出同臂的两个微动开关做两个整流管损坏跳闸试验，EK3中间继电器动作。 4. 拔出压敏电阻熔断器微动开关做压敏电阻损坏跳闸试验，EK4中间继电器动作。 5. 先关闭整流器前后柜门，然后打开其中的一扇门，AK5中间继电器动作。 6. 短接整流管散热器温控开关输出接点3L1、111，做140 °C超温报警试验，AK3中间继电器动作。 7. 短接整流管散热器温控开关输出接点3L1、112，做150 °C超温跳闸试验，AK4中间继电器动作。 8. 短接母排温控开关输出接点3L1、113，做母排80 °C超温报警试验，AK1中间继电器动作。 9. 短接母排温控开关输出接点3L1、114，做母排90 °C超温跳闸试验，AK2中间继电器动作
5	电缆检查	变电检修人员2人	手电筒1只、套筒扳手1套、6-24呆扳手1套、6-24梅花扳手1套	1. 出线电缆接地线检查，无断股、脱落现象。 2. 电缆头表面绝缘良好，无烧伤痕迹，绝缘胶带无脱落现象。 3. 电缆接触面润滑检查。 4. 进出线电缆封堵检查
6	二极管特性测试	变电检修人员2人	万用表，电压发生器，防雷元件测试仪	1. 用万用表对二极管逐个进行测试，正向导通，反向截止。每个整流元件的正向电压降不大于1 V，正向电阻为3 000～3 500 Ω，反向电阻为无穷大。 2. 用防雷元件测试仪测试反向漏电流，反向1 000 V时测试漏电流为零
7	整流器二极管安装	变电检修人员2人	手电筒1只、力矩扳手1套	1. 用干净的布清洁散热器的支撑面和新的整流管接触面。 2. 散热器支撑及整流管接触面上应用硅脂涂均匀。 3. 将整流管接触面上的中心定位孔对准散热器上的定位销，放置好整流管与散热器安装位置。 4. 将整流管做旋转运动，以均匀硅脂。 5. 用20 N·m的力矩扳手，分别对三根螺杆的螺母按顺时针方向，慢慢旋转，三要螺杆紧固受力均匀，再分别对三根螺杆做一次旋转检查，听到“嗒”声即可

（三）检修结束

1. 恢复安全措施、清理工作现场

（1）撤除安全措施，恢复到电力调度下令前的状态。

（2）安全措施恢复完毕后，工作负责人会同作业组安全员共同检查确认。

（3）工作负责人向电力调度消令，结束工作票。

（4）电力调度对整流器送完电后，工作负责人现场观察设备运行状态是否正常。

整流元件的拆卸与安装

2. 收工会

工作负责人组织作业组成员召开收工会，总结本次作业情况，对存在不足的问题，提出整改措施。

任务练习

1. 列举整流器检修安全措施办理步骤。

2. 列举整流器检修项目，选择其一进行详细阐述并实施。

任务四　直流开关柜的维护与检修

根据城市轨道交通变电设备检修试验规程要求，每半年应对 1 500 V 正极柜、负极柜、馈线柜进行停电检查，对电气连接部位紧固检查，保护装置校验，设备表面清洁除尘。每年还应对断路器各项参数进行测试，保护装置校验，1 500 V 开关柜框架绝缘测试，确保设备处于良好工作状态。

一、直流 1 500 V 开关柜的维护

（一）日常保养

直流 1 500 V 进/馈线柜巡视：查看进线柜母线电压、馈线电压、馈线电流是否正常，并抄录数据；查看指示灯是否指示正确：红色为合位，绿色为分位。

（二）小　修

（1）对进馈线柜、端子柜进行二次维护。

（2）维护开关柜 PLC、SEPCOSS 保护装置。

（3）检查表计、指示灯。

（4）检查并紧固低压室柜内各个组件接线（含通信线）。

（5）检查并紧固低压室二次端子排接线。

（6）检查并紧固直流小车本体二次端子排接线。

（7）检查直流小车本体二次元器件。

二、直流 1 500 V 开关柜的检修

（一）安全措施办理

1. 人工需求

监护人 1 人、操作人 1 人。

2. 工具需求

操作工具：35 kV 操作工具、馈线柜门钥匙、上网隔离开关柜门钥匙、正负极隔离开关操作手柄。

安全工具：绝缘靴 2 双、绝缘手套 1 双、安全帽 2 顶、直流验电器 1 支、接地线 2 组。

3. 安全措施办理步骤

（1）接到电力调度准许作业命令后，由监护人和操作人确认相对应的 35 kV、1 500 V 断路器和 1 500 V 上网隔离开关状态在分位。

（2）将 2 台 35 kV 整流变开关柜操作模式倒至“就地”。

（3）拉开 2 台 35 kV 整流变开关柜三工位隔离开关。

（4）合上 2 台 35 kV 整流变开关柜三工位接地刀，然后合上 2 台 35 kV 整流变开关柜断路器，并断开控制电源开关（合肥地铁一号线二期采用 ABB 开关柜，通过断路器接地后断路器和三工位隔离开关控制电源开关自动跳闸）。

（5）将上网隔离开关操作模式倒至“就地”。

（6）在 1 500 V 直流正负极母线上各挂 1 组接地线。

（7）合上轨电位限制装置，并断开控制电源。

（8）断开正、负极柜及所有 1 500 V 馈线柜控制电源。

（9）在 2 台 35 kV 整流变柜断路器操作处悬挂“禁止分闸，线路有人工作”标示牌。

（10）在对应上网隔离开关操作手柄处悬挂“禁止合闸，线路有人工作”标示牌。

（11）工作负责人会同监护人共同检查安全措施，确认满足作业要求。

（12）工作负责人组织作业组成员召开开工会。

4. 作业前注意事项

（1）绝缘试验时注意呼唤应答，防止电击。

（2）框架测试前先拔下再生制动装置上、下位机航空插头。

（3）拆出分流器采样线时注意极性，防止恢复时极性接反，导致保护装置拒动。

（二）检修实施过程

检修实施过程见表 4-4-1。

表 4-4-1 检修实施过程

序号	检修项目	人员需求	工具需求	检修步骤
1	设备除尘	变电检修人员 2 人	毛刷 2 把、棉布 2 张、吹风机 1 台、AC 220 V 线盘、电筒 1 支	1. 清除柜顶灰尘。 2. 打开 1 500 V 开关所有柜门。 3. 绝缘子、母排尘、低压室、电压、隔离开关、避雷器清扫除尘。 4. 对柜内测试回路室元器件进行清扫除尘。 5. 对轨电柜清扫除尘
2	紧固检查	变电检修人员 2 人	手电筒 1 只、套筒扳手 1 套、6-24 呆扳手 1 套、6-24 梅花扳手 1 套、电工工具 1 套	1. 对母排螺栓、进出线电缆螺栓紧固检查。 2. 电压、电流测量回路接线紧固检查。 3. 柜内元器件二次线及各个电气连接点紧固检查
3	电缆检查	变电检修人员 2 人	手电筒 1 只、套筒扳手 1 套、6-24 呆扳手 1 套、6-24 梅花扳手 1 套	1. 检查电缆头表面绝缘应良好，无放电、爬电痕迹，绝缘胶带无脱落现象。 2. 电缆屏蔽层接地线应无断股、脱落现象，接地应良好，绑扎稳固。 3. 进出线电缆封堵检查良好，电缆标示牌清楚、明晰 4. 电缆接触面润滑应良好

续表

序号	检修项目	人员需求	工具需求	检修步骤
4	1 500 V 断路器检查	变电检修人员2人	手电筒1只、电工工具1套、塞尺、6-24呆扳手1套、6-24梅花扳手1套、毫伏发生器1套、万用表1支、游标卡尺	1. 活门系统检查 （1）活门固定螺栓紧固。 （2）活门上下移动灵活。 （3）小车与活门之间的配合灵活。 2. 拆卸灭弧室 （1）拆卸螺栓（1）。 （2）松开两侧螺母（2），将法兰（3）旋转90°以松开灭弧角（4）。 （3）小心旋转灭弧罩（5）旋转到断路器一侧。 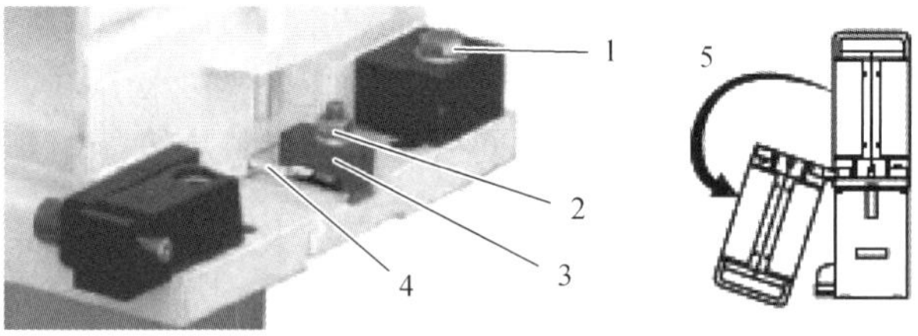 3. 断路器灭弧罩检查 （1）检查限弧板（5）当局部烧毁深度达到零件原始厚度的一半时（20 mm），需更换。 （2）灭弧角（7）当其横截面磨损至原始横截面的一半时（$20\times4\ mm^2$），需更换。 （3）观察电极（3）厚度。 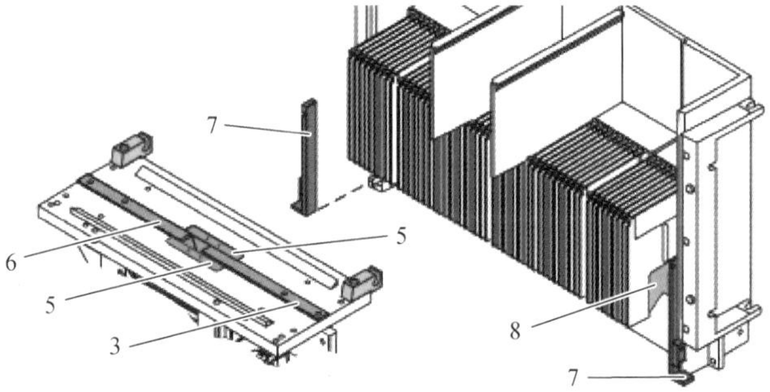 （4）去离子板（5）当局部烧毁深度达到零件原始厚度的一半时（2.5 mm）或当发现垂直裂缝，需更换。 （5）隔弧板（4）：两个隔板相接触，当隔板高度磨损（1）至原始高度的一半时，需更换。 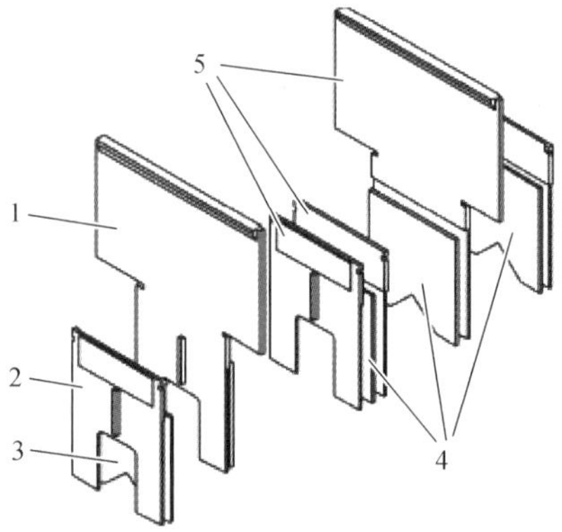

续表

序号	检修项目	人员需求	工具需求	检修步骤
4	1 500 V 断路器 检查	变电检修 人员 2 人	手电筒 1 只、电工工具 1 套、塞尺、6-24 呆扳手 1 套、6-24 梅花扳手 1 套、毫伏发生器 1 套、万用表 1 支、游标卡尺	4. 润滑检查 （1）断路器的各传动部分。 （2）手车和柜体上与手车推进有关的传动部分。 （3）用刷子向拨叉单元（2）和棘齿限位块（3）涂抹润滑油脂。 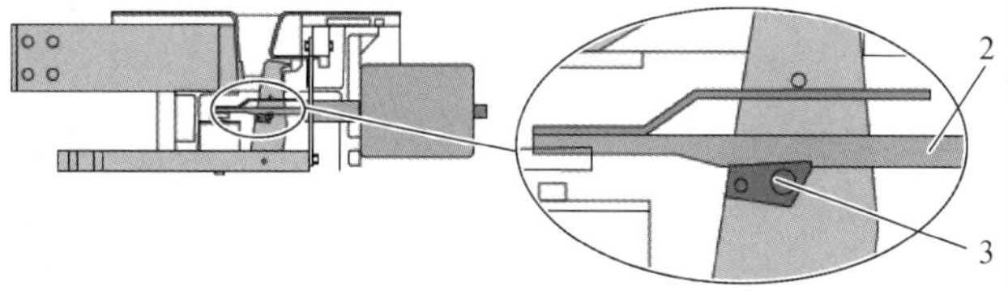 5. 断路器参数测量 （1）触头磨损度测量（断路器必须处于合闸状态）。 ① 拆卸火花避雷器（1）。 ② 使用柔性卷尺测（2），测量静触头底座（3）与动触头（5）的羊角（4）之间的间隙 W_1，如果 $W_2 \leq (38 \pm 1)$ mm，更换主触头。 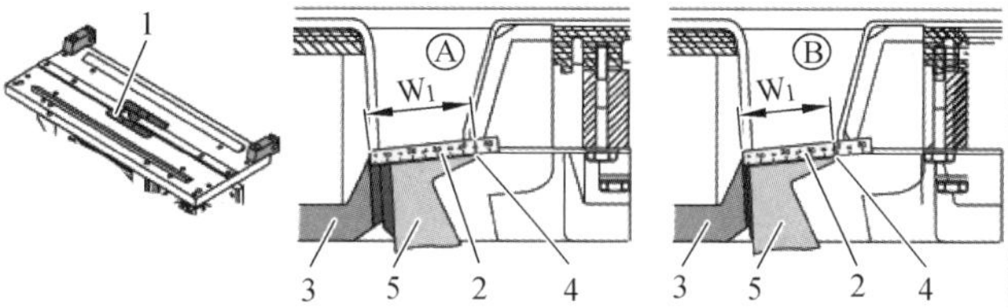 （2）间隙 X 测量 $X=(2 \pm 0.5)$ mm（测量必须在断路器分闸和安全状态下进行） ① 检查间隙 X。有以下两种方式： a. 用深度尺或比较仪测量合闸装置（3）突出部分（2）的长度。 首先，在不向突出部分（2）轴线方向上施加压力的情况下，测量长度 A。 其次，沿突出部分（2）轴线方向施加压力（6），使拨叉（4）压紧限位块（5），测量长度 B。 测量值 A 和 B 的差值即为间隙 X。 b. 拆卸灭弧室和火花避雷器（7）。将塞尺（8）插入拨叉（4）与两个卡位块（5）之一间的间隙。 ② 如果间隙宽度不在允许值范围内，则需要调整 X 间隙。 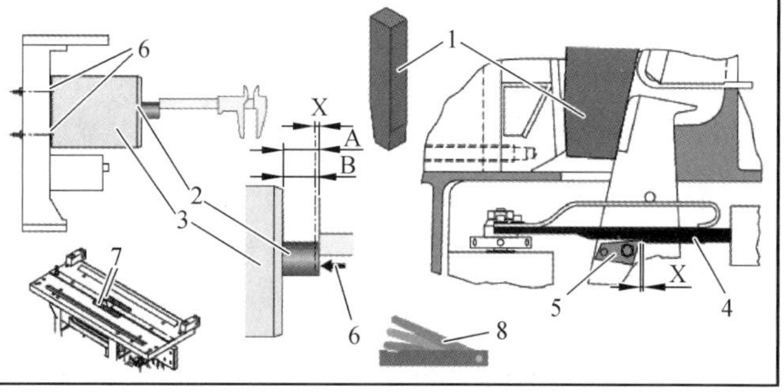

续表

序号	检修项目	人员需求	工具需求	检修步骤
4	1 500 V 断路器 检查	变电检修人员 2 人	手电筒 1 只、电工工具 1 套、塞尺、6-24 呆扳手 1 套、6-24 梅花扳手 1 套、毫伏发生器 1 套、万用表 1 支、游标卡尺	调整：通过增加或减少合闸装置 3 个螺钉处的垫片来进行调整，直到获得合适的间隙 X（增加垫片可使间隙 X 变大）。 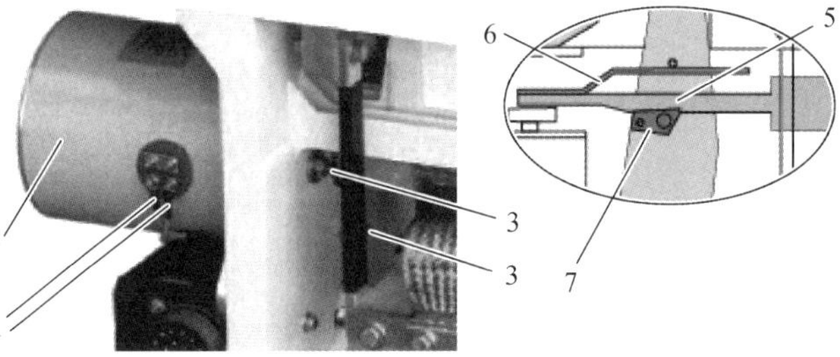 （3）间隙 Y 测量 $Y=2.0^{+0.2}_{-0.5}$ mm（断路器必须处于合闸状态）。 ① 测量 塞尺同时在拨叉的两臂（6）测量 Y 间隙。如测量值存在差异，取其平均值 $Y=(Y_1+Y_2)/2$。 ② 调整 松动锁定螺母（1）和螺母（2），转动螺栓（2）来调整间隙 Y，然后重新拧紧螺栓（1）。 调整后，在重新检查间隙 Y 前至少执行 2 次的分合闸操作。 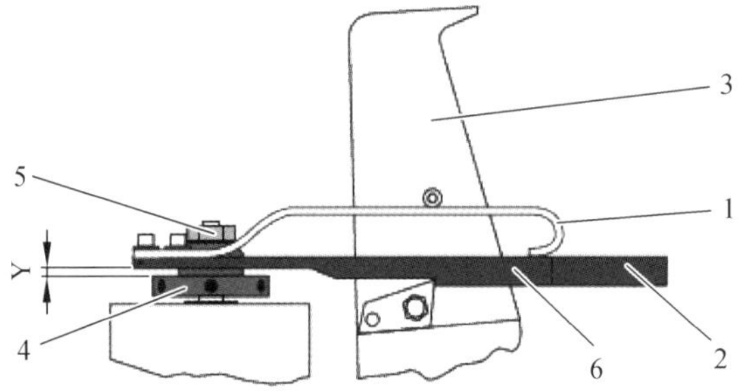 （4）间隙 Z 测量 $Z=(1.6\pm0.2)$ mm ① 拆除透明盖板（5）。 ② 使用塞尺在推进机构（8）的尖端测量间隙 Z。 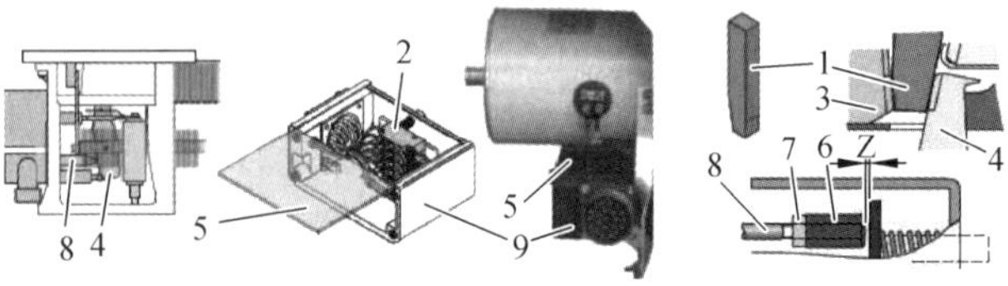 6. 绝缘电阻测试（每年/次） 用 2 500 V 摇表测量断路器上触头对下触头、母线与外壳绝缘电阻测试，绝缘电阻不小于 10 MΩ

续表

序号	检修项目	人员需求	工具需求	检修步骤
5	直流 1 500 V 正、负极柜检修	变电检修人员 2 人	手电筒 1 只、电工工具 1 套、塞尺、6-24 呆扳手 1 套、6-24 梅花扳手 1 套、毫伏发生器 1 套、万用表 1 支	1. 隔离开关检查 （1）隔离开关一次回路连接螺栓紧固检查。 （2）检查机构动作情况应灵活、无卡滞现象。 （3）检查负极隔离开关电磁铁解锁灵活。 （4）手动操作隔离开关（灵活、无卡滞）。 （5）对触头、传动部位进行润滑检查。 （6）检查触头接触面应无烧伤和锈蚀现象。 2. 测量放大器加量检查 （1）正极柜电流测量放大器输入端 6 和 7 号线加 50%额定输入量（30 mV），输出 2 000 A；加 100%额定输入量（60 mV），输出 4 000 A，加 150%额定输入量（90 mV），输出 6 000 A。 （3）正极柜电压测量放大器输入端 3 和 4 号线加 50%额定输入量（5 V），输出 1 000 V；加 100%额定输入量（10v），输出 2 000 V。 （3）负极柜电流测量放大器输入端 6 和 7 号线加 50%额定输入量（30 mV），输出 2 000 A；加 100%额定输入量（60 mV），输出 4 000 A，加 150%额定输入量（90 mV），输出 6 000 A
6	绝缘测试	变电检修人员 2 人	绝缘电阻测试仪 1 台、放电棒 1 支、绝缘手套 1 双	1. 主回路绝缘测试（2 500 V）：测量母线与设备外壳之间的绝缘电阻。 2. 框架对地绝缘测试（1 000 V）： （1）在负极柜内拆下框架接地端悬空绝缘。 （2）测量框架绝缘前应断所有保护装置的控制电源。 （3）选用 1 000 V 兆欧表测试框架对地绝缘电阻，应大于 1 MΩ。 （4）将 1 000 V 兆欧表的 L 端接框架，E 端接地，以 120 r/min 的转速摇，读取的数据为框架绝缘电阻值
7	框架保护试验（每 2 年/次）	变电检修人员 2 人	毫伏发生仪 1 套、6-24 呆扳手 1 套、绝缘手套 1 双	1. 电流型框架 （1）合上 35 kV 交流机组、1 500 V 开关馈线柜断路器（三工位隔离开关不合）。 （2）拆下负极柜内框架分流器上的 1 根线。 （3）将毫伏发生仪正极端接分流器的 6 号线，负极端接分流器的 7 号线，在调节毫伏发生仪输出大于 13 mV，本所的 35 kV 交流机组、1 500 V 开关馈线柜全部跳闸并闭锁，邻所 1 500 V 断路器只跳闸不闭锁。 2. 电压型框架 （1）合上 35 kV 交流机组、1 500 V 开关馈线柜断路器（三工位隔离开关不合）。 （2）拆下负极柜内框架分流器上的 1 根线。 （3）将毫伏发生仪正极端接分流器的 3 号线，负极端接分流器的 4 号线，在调节毫伏发生仪输出值，根据电压值的大小和延时长短，跳本所的 35 kV 交流机组、1 500 V 开关馈线柜全部跳闸并闭锁，邻所 1 500 V 断路器不跳闸

续表

序号	检修项目	人员需求	工具需求	检修步骤
8	逆流保护试验（每年/次）	变电检修人员2人	毫伏发生仪1套、6-24呆扳手1套、绝缘手套1双	1. 合上35 kV交流机组、1 500 V开关馈线柜断路器。 2. 拆下正极柜分流器上的1根线。 3. 将毫伏发生仪下正极端接分流器的下面1根线，负极端接分流器的上面1根线在调节毫伏发生仪输出大于3 mV，35 kV交流机组、1 500 V开关馈线柜全部跳闸
9	轨电位限制装置试验（每年/次）	变电检修人员2人	毫伏发生仪一套、6-24呆扳手1套、绝缘手套1双、绝缘靴2双、直流电阻接触测试仪、保护装置测试仪	1. 取下轨电位装置一次侧进出线电缆并悬空。 2. 确认轨电位装置控制电源空开F12在合位。 3. 将保护装置测试仪的直流输出端的一端接100 Ω的电阻的一端，电阻另加一端接轨电位装置进线铜排，保护装置测试仪的直流输出端的另一端接接轨电位装置出线铜排。 4. 调节保护装置电压输出值大于整定值92 V，PLC检测到电压大于整定值，延时1 s，接触器K56闭合，断开保护装置输出电压，闭合10 s后接触器K56断开，合上保护装置输出电压，装置再次检测电压，如果还大于整定值，接触器K56再次动作，1 min连续动作3次并闭锁，直到人工复位断开，如果小于整定值，接触器不动作。 5. 关闭一段电压保护，调节保护装置电压输出值大于整定值150 V，接触器K56直接动作一次并闭锁，直到人工复位断开。 6. 关闭一、二段电压保护，调节保护装置电压输出值大于整定值360 V，晶闸管触发板检测电压值大于启动值，触发板开通晶闸管导通，然后接触器K56闭合并闭锁，直到人工复位断开。 7. 拆下分流器R1二次线的一端，用毫伏发生器在分流器二次线上加量大于30 mV，接触器K56直接闭合闭锁，直到人工复位断开。 8. 用直流电阻接触测试仪在F23电流继电器两端缓慢加量60 A，接触器K56闭合并闭锁，直到人工复位断开。 9. 用500 V手动兆欧表检查晶闸管，关闭一、二段电压保护，检查触发板电压在360 V挡，将兆欧表的L端接轨电位装置进线铜排，E端接轨电位装置出线铜排，以120 r/min的转速摇，接触器K56闭合并闭锁，直到人工复位断开。将触发板电压调整在600 V挡，以120 r/min的转速摇，接触器K56不闭合。 10. 测试完后要将保护恢复到测试前的状态

（三）检修结束

1. 恢复安全措施、清理工作现场

（1）撤除安全措施，恢复到电力调度下令前的状态。

（2）安全措施恢复完毕后，工作负责人会同作业组安全员共同检查确认。

（3）工作负责人向电力调度消令，结束工作票。

（4）电力调度对1 500 V母线送完电后，工作负责人现场观察设备运行状态是否正常。

2. 收工会

工作负责人组织作业组成员召开收工会，总结本次作业情况，对存在不足的问题，提出整改措施。

任务练习

1. 列举直流开关柜检修安全措施办理步骤。

____

____

____

____

____

2. 列举直流开关柜检修项目，选择其一进行详细阐述并实施。

____

____

____

____

____

项目五
城市轨道交通电力监控系统

学习目标

1. 理解电力监控系统的功能。
2. 掌握电力监控系统的构成及网络。
3. 理解电力监控系统日常维护要点。

知识要求和技能要求

1. 能说明电力监控系统的功能。
2. 能说明清楚电力监控系统的构成。
3. 能进行电力监控系统日常维护工作。

任务一　电力监控系统的功能和构成

供电系统设有控制中心，统一指挥供电系统在正常及事故情况下的运行工作，并集中管理沿城市轨道交通线分布的许多变电所中的电力设备。为了保证供电系统运行的可靠性和经济性，控制中心必须及时地掌握系统的实际运行情况。从电力调度工作出发，一方面需要收集信息，要求变电所能将断路器的位置信号、事故信号及主要运行参数等迅速、正确、可靠地反映给控制中心；另一方面，控制中心了解到系统的运行情况并进行判断处理后，应对变电所下达命令，去直接操作某些设备或调整某些参量，或完成实时控制任务。

电力监控系统主要由计算机、通信设备、测控单元（智能设备）组成，为变配电系统的实时数据采集、开关状态检测及远程控制提供基础平台。它可以和检测、控制设备构成复杂的监控系统，在变配电监控中发挥核心作用，可以降低运作成本，提高生产效率，加快变配电过程中的反应速度。

远动技术是随着生产过程自动化程度的日益提高而发展起来的，是自动化技术和远程通信技术在电力生产上的有机结合。电力监控系统具有远程性和实时性。

一、电力监控系统的主要功能

电力监控系统的主要设备设置在控制中心。远程控制终端（RTU），设置在各变电所内，RTU 通过通信网络与控制中心设备相连，控制中心命令由 OCC 发出，通过通信网络设备传送至各站 RTU，再由 RTU 传向供电系统对应的智能装置，实现控制中心监视和控制供电系统各个间隔设备。

电力监控系统所有的计算机和 RTU 都有自监功能，系统设备具有高度可靠性，各设备状态可在电力监控系统上显示。

电力监控系统的主要功能可概括为“四遥”，即遥控、遥测、遥信和遥调。

（一）遥　控

遥控是指控制中心向城市轨道交通沿线各被控变电所中的开关电气设备发送“合闸”“分闸”指令，实行远距离控制操作。遥控对象应包括下列基本内容。

（1）主变电站、开闭所、降压变电所、牵引变电所、降压变电站内 1 kV 及以上电压等级的断路器、负荷开关及系统用电动隔离开关。

（2）牵引变电所的直流快速断路器、直流电源总隔离开关，降压变电所的低压进线断路器、低压母联断路器、三级负荷低压总开关。

（3）接触网电源隔离开关。

（4）有载调压变压器的调压开关。

（二）遥　测

遥测是指控制中心对城市轨道交通沿线各变电所中的工作状态参数进行远距离的测量。遥测对象应包括下列基本内容。

（1）主变电所进线电压、电流、功率、电能。

（2）变电所中压母线电压、电流、功率、电能。

（3）牵引变电所直流母线电压。

（4）牵引整流机组电流与电能、牵引馈线电流、负极柜回流电流。

（5）变电所交（直）流操作电源的母线电压。

（三）遥　信

遥信是指控制中心对城市轨道交通沿线各变电所中被控对象（如开关电器等）的工作状态信号进行监视。遥信对象应包括下列基本内容：

（1）遥信对象的位置信号，如开关电气设备所处的“分闸”“合闸”位置信号。

（2）高（中）压断路器、直流快速断路器的各种故障跳闸信号。

（3）变压器、整流器的故障信号。

（4）交（直）流电源系统的故障信号。

（5）降压变电站低压进线断路器、母联断路器的故障跳闸信号。

（四）遥　调

遥调是指通过命令直接对被控场所某些牵引供电设备的工作参数进行远距离调整，如调整变压器的原边电压等。

根据系统的功能完善，很多电力监控系统现在还有遥设功能，即用于远方修改分散继电保护装置的定值、控制字，以及调整各种仪表的工作状态。

其他管理功能主要有报表管理、事故追忆、故障分析、数据统计、信息管理、权限管理等。

电力监控系统实现了集中监控，提高了安全运行水平，通过电力监控可及时获知事故发生地点，及时处理事故。其优点主要表现在以下两个方面。

（1）集中控制，提高劳动生产率和操作质量。

（2）运行费用减少，经济效益显著。

城轨供电综合自动化系统的构成　　城轨供电综合自动化系统的功能

二、电力监控系统的构成及网络

（一）电力监控系统的构成

开放、分层分布式结构是当前计算机监控系统的主流，该种结构的主要特点是将系统分为若干相对独立的单元和层次，各层次通过网络连接。根据电力系统的构成，将电力监控系统分为站控层（站级管理层）、网络层（网络通信层）和间隔层（间隔设备层）。本节以电力监控系综合自动化系统的 RT21-SAS 型号为例加以介绍。

1. 站控层

站控层设备主要包括设置在控制信号盘内的站控主单元、人机接口模块、电源、通用测控装置和报警装置等。站级管理层实现对本变电所设备的监视、控制和报警功能，并实现变电所电力监控系统与车站级（或中心级）电力监控系统之间的数据交换。

站控层的设备主要包括操作员站、工程师站、远动站（通信工作站）、五防工作站等。

（1）操作员站：对现场上送的数据进行处理、分类、汇总、分析，用于对现场运行人员进行监视和控制设备。

（2）工程师站：处理继电保护信息，包括定值的查询、修改及动作报告的查询等。

（3）远动站（通信工作站）：通过现场网络采集数据，处理后上送上级调度中心。

（4）五防工作站：实现对全站设备操作五防闭锁功能，主要通过对电子钥匙进行操作、模拟，然后与监控系统相结合，进行开关、刀闸的合分操作。

“五防”：一是防止带负荷分、合隔离开关；二是防止误分、误合断路器、负荷开关、接触器；三是防止接地开关处于闭合位置时关合断路器、负荷开关；四是防止在带电时误合接地开关；五是防止误入带电间隔。

2. 网络层

网络通信层实现站级管理层与智能监控单元层之间的通信，该层包括以太网和现场总线的通信光缆及电缆、网络交换机和光电转换器等通信传输转换设备。

网络层设备由太网光纤收发器、工业交换机、串口服务器等组成，如图 5-1-1 ~ 图 5-1-3 所示。

图 5-1-1　光纤收发器

图 5-1-2　串口服务器

图 5-1-3　工业交换机

网络是通信系统的基础，在电力监控系统中涉及串行通信和以太网通信。

（1）串行通信。

接口形式：RS232、RS485、RS422。

特点：传输距离短、传输速率慢、受干扰的概率大、传输数据量小。

传输介质：一般使用两芯或四芯屏蔽双绞线。

（2）以太网通信。

接口形式：电接口（RJ45）、光接口。

特点：传输速率高、距离长、实时性高。采用光缆受干扰的可能性大大降低。

传输介质：五类双绞线、超五类双绞线、多模光缆、单模光缆。

3. 间隔层

间隔层设备主要包括计算机型继电保护测控装置、多功能测控单元、变压器温控器、测控 PLC 等带有通信接口的设备等，主要执行电力监控系统对供电系统设备的控制、监视、测量、保护等功能，并可实现对基础设备数据的采集、测量等功能。

（二）电力监控系统网络

变电所综合自动化系统包括站控层（站级管理层）、网络层（网络通信层）和间隔层（间隔设备层）。

1. 站控层

站控层的组成：

（1）RT21 计算机监控系统。

（2）C300 系列通信控制单元。

（3）D200 系列通用测控单元。

（4）硬件支撑平台。

站控层的主要功能：

（1）RT21-SAS 主要功能：监视、控制、组态、通信。

（2）通信控制单元主要功能：核心部件是通信控制器。通信控制器是整个变电所电力监控系统的核心设备，负责管理整个变电所电力监控系统的运行。

（3）D200 通用测控装置：采用最新 DSP 软、硬件技术，提供丰富灵活的人机界面，具有完善的配置组态功能。

2. 网络通信层

（1）网络通信层实现站级管理层与智能监控单元层之间的通信。

（2）通信电缆包括屏蔽双绞线和屏蔽网线。

3. 间隔层

（1）智能监控单元主要包括计算机型继电保护测控装置、多功能测控单元、变压器温控器、测控 PLC 等带有通信接口的设备。执行电力监控系统对供电系统设备的控制、监视、测量、保护等功能，并实现对基础设备数据的采集、测量等。

（2）间隔层主要设备有：

① 35 kV、1 500 V 计算机型保护测控装置。

② 400 V 多功能测控单元。

③ 整流器测控 PLC。

④ 交直流屏监控装置。

⑤ 整流变、动力变温控器。

⑥ 轨电位测控 PLC。

⑦ 杂散电流监测装置。

继电保护及自动装置巡视

任务练习

1. 简述电力监控系统的功能，并举例说明。

____

____

____

2. 简述电力监控系统的网络构成。

____

____

____

任务二　电力监控系统的维护

一、维护工具

电力监控系统维护常用的工具有：高精度数字万用表、各型号十字及一字螺丝刀若干、斜口钳、拨线钳等若干、示波器 1 台（双路输入，40 MHz）等。

二、维护操作注意事项

（1）屏柜应良好、可靠地接地。

（2）当使用交流电源的电子测量仪器对电路参数进行测量时，测量仪端子与电源侧应绝缘良好，仪器的外壳应与保护屏柜在同一点接地。

（3）检验或检修时，不宜用电烙铁。如必须使用时，应将电烙铁与屏柜在同一点接地。

（4）避免用手接触集成电路元器件的管脚。实在不能避免时，应有防止人身静电损坏集成电路的措施。

（5）断开直流电源后才允许插、拔插件。

（6）拔芯片时应使用专用起拔器。插入芯片时应注意芯片的插入方向，并注意管脚是否插入正确。插入芯片后，应经第二人核对后，才可通电检验或使用。

（7）测量绝缘电阻时，应拔出装有集成电路芯片的插件。

（8）各保护测控单元的地址（或编号）一旦确定，严禁随意变更。在更换备品备件时，要特别注意核对地址和编号，应保证与以前设置绝对一致。

（9）现场宜用更换插件的方法进行检修，不允许使用电烙铁对微机保护进行检修，以免扩大插件的损坏程度或给装置留下隐患。

（10）不得随意退出计算机监控应用程序，更不能利用变电站主计算机做与变电所监控无关的事情。

（11）变电所主计算机必须退出运行时，应按照计算机退出运行的操作顺序退出，严禁通过直接切断电源的方式，强制退出。

（12）计算机使用的 UPS 电源，应定期进行检查、维护和充放电，保持其始终处于良好的工作状态。

（13）对远动通道，应有防雷及各种抗操作过电压的措施。

三、日常保养

（1）查看通信控制器装置是否正常，具体包括：查看状态指示灯是否正常闪动；查看各装置控制电源状态是否正常。

（2）查看通用测控装置是否正常，具体包括：查看状态指示灯是否正常闪动；查看各装置控制电源状态是否正常。

（3）查看计算机监控系统操作界面，具体包括：查看画面显示各类设备状态及参数是否正常；打开界面“简报”菜单，查看是否有故障报警信息。

四、常见问题及解决方法

（一）后台监控机报通信退出

后台监控机报通信退出的处理流程如图 5-2-1 所示。

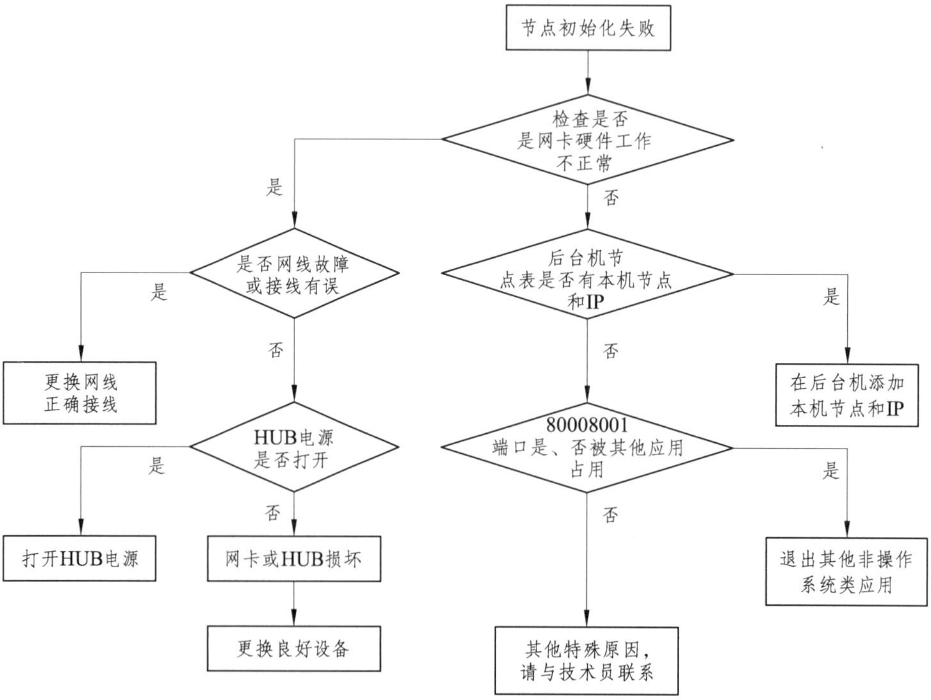

图 5-2-1　后台监控机报通信处理流程

（二）遥信与实际不符

遥信与实际不符处理流程如图 5-2-2 所示。

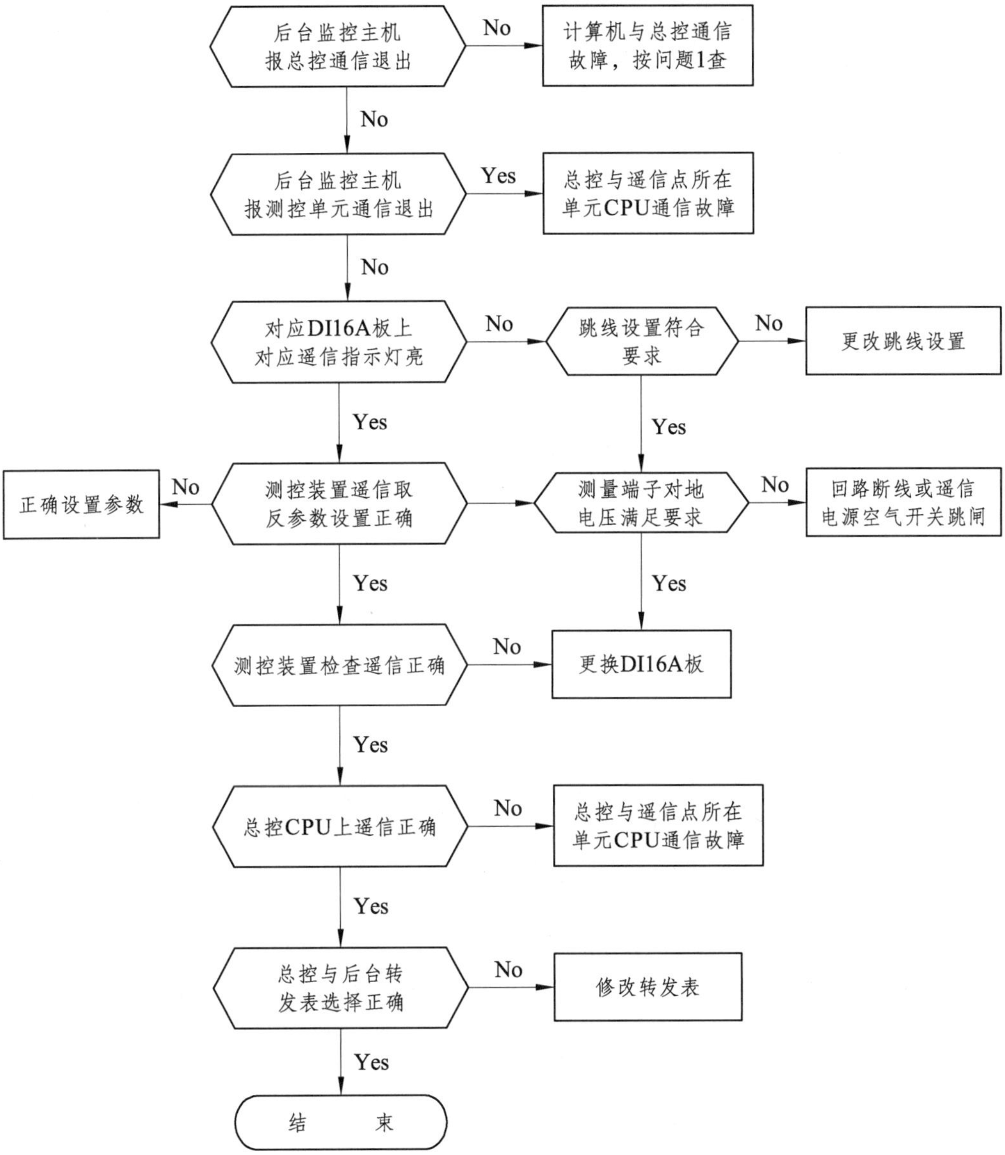

图 5-2-2　遥信与实际不符处理流程

（三）调度做遥控不执行

调度做遥控不执行处理流程，如图 5-2-3 所示。

（四）后台所有遥测数据不变

后台所有遥测数据不变处理流程，如图 5-2-4 所示。

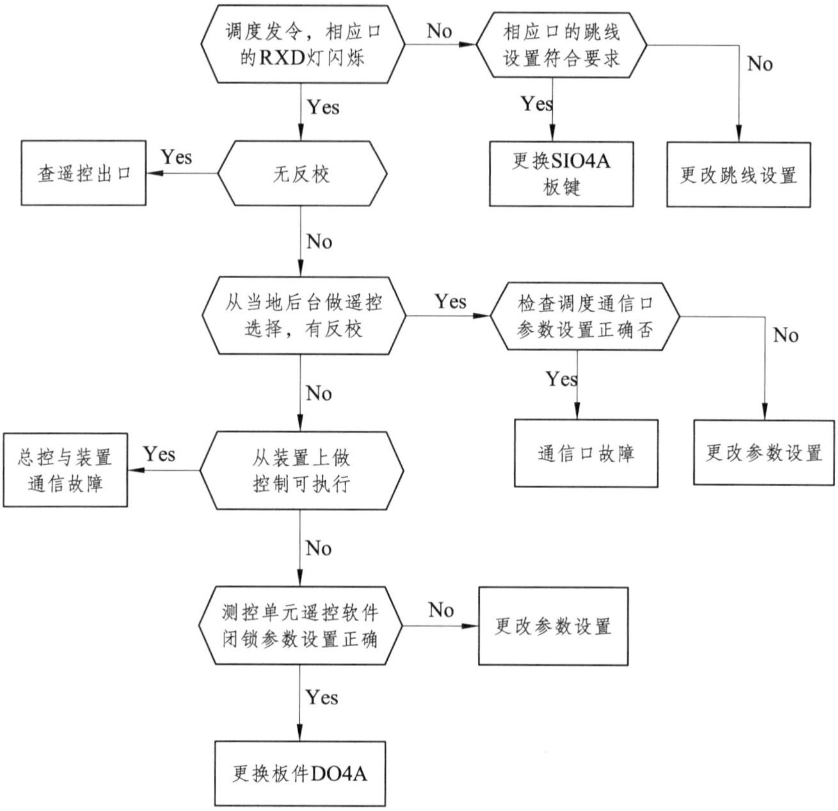

图 5-2-3 调度做遥控不执行处理流程

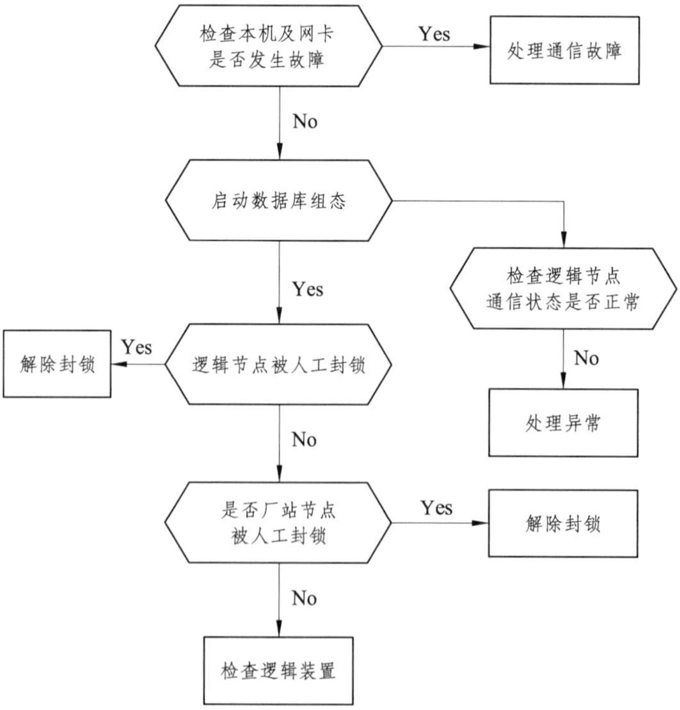

图 5-2-4 后台所有遥测数据不变处理流程

（五）后台机某线路有功 P 或无功 Q 为 0

后台机某线路有功 P 或无功 Q 为 0 处理流程如图 5-2-5 所示。

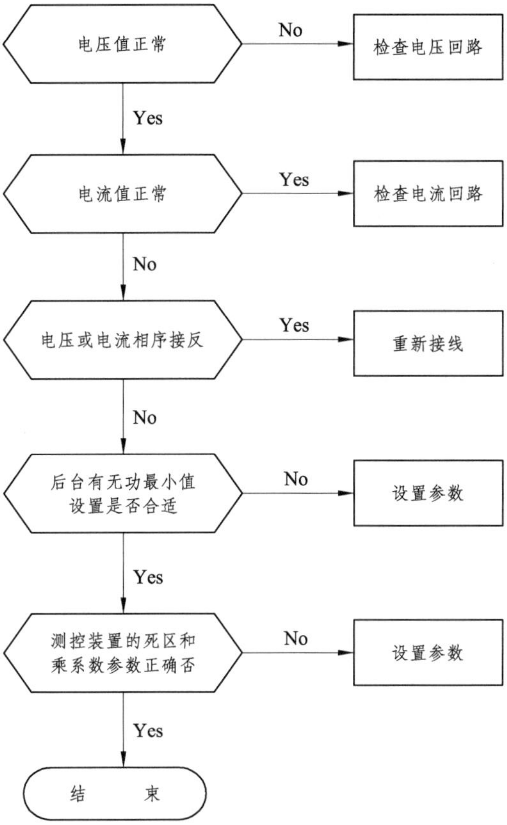

图 5-2-5　后台机某线路有功 P 或无功 Q 为 0 处理流程

（六）后台主接线图上某一开关变位不报警

后台主接线图上某一开关变位不报警处理流程如图 5-2-6 所示。

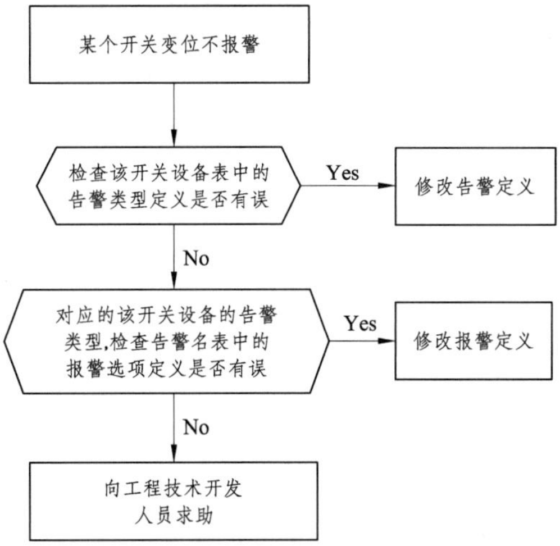

图 5-2-6　后台主接线图上某一开关变位不报警处理流程

任务练习

1. 电力监控系统日常维护有哪些内容？

2. 根据遥信与实际不符故障解决方案，请设计遥测与实际不符故障解决方案。

项目六
交直流电源系统

学习目标

1. 熟悉城轨变电所 400 V 交流电源系统的构成。
2. 熟悉城轨变电所直流电源系统的构成及原理。
3. 熟悉直流电源系统的重要作用。
4. 熟悉蓄电池的维护及充放电试验。

知识要求和技能要求

1. 掌握城轨变电所 400 V 交流电源系统的构成及作用。
2. 掌握城轨变电所直流电源系统的构成及工作原理。
3. 会分析处理直流电源系统各类缺陷故障。
4. 能对蓄电池组进行充放电试验。

任务一　交流 400 V 系统

交流 400 V 系统将变电所交流 35 kV 电压经过降压变压器降为交流 400 V，通过各种开关给车站、车厂及控制中心一、二、三级负荷供电。

一、400 V 低压电源系统

典型降压变电所交流 400 V 设备包括 2 台进线开关柜 801 和 802，各低压负荷开关柜 901、902，母联开关柜 803。其主接线如图 6-1-1 所示。

进线开关柜 801、802，为两段 400 V 母线提供两路电源。

负荷开关柜 901、902 为各路 380 V /220 V 低压负荷电源供电。

400 V 低压开关柜采用单母线分段接线。正常情况下，两段 400 V 母线分列运行，母联开关 803 分闸。例如，当 400 V 一路（802）进线失电时，母联开关 803 合闸，由另一路（801）进行担负本段负荷用电，如图 6-1-2 所示。

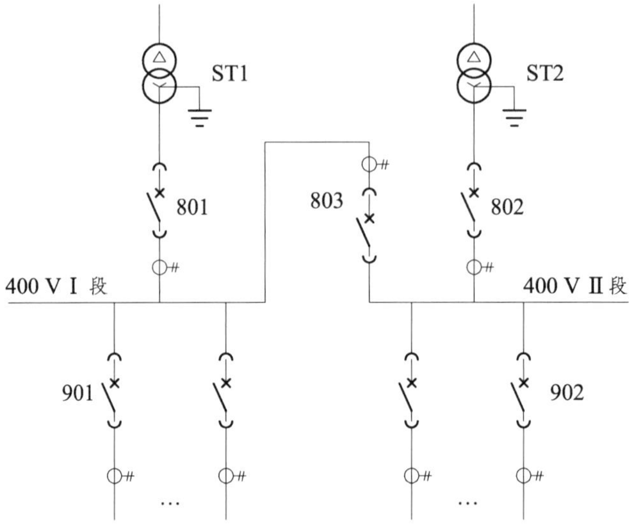

图 6-1-1　降压变电所主接线图

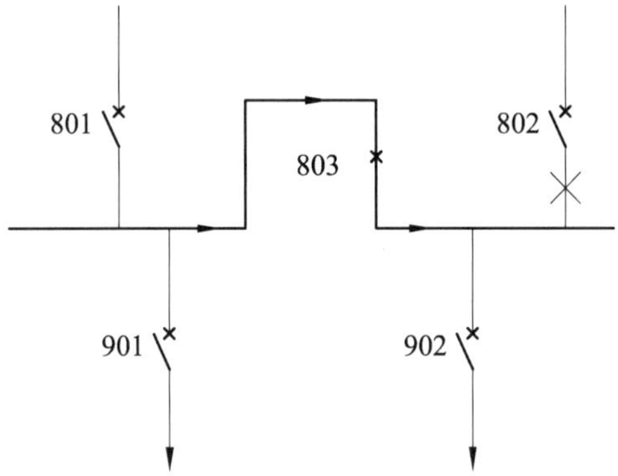

图 6-1-2　400 V 非正常情况下运行方式

400 V 母联断路器配置备自投装置，当母联转换开关在远方/就地自投自复位时，母联备自投功能自动投入，400 V 两段母线分列运行，两路进线断路器合闸运行，母联断路器分闸运行。当一路进线电源失电时，该路进线断路器失压分闸，三级负荷断路器分闸，母联断路器延时自投，由另一路进线断路器担负该段全部的一、二类负荷；当该路进线电源恢复正常时，母联断路器分闸，该路进线及三级负荷断路器自复合闸。故障跳闸或人为分闸，母联断路器自动退出备自投功能。

馈线抽屉开关柜主要为所有一、二、三级负荷电源进行供电。一级负荷为消防电源、通信、站厅照明、电梯等；二级负荷为站厅二级小动力等；三级负荷为广告照明、区间照明等。一级负荷平时由两路互为备用的独立电源供电，保证不间断供电。

二、400 V 低压开关柜设备

进线、母联、三级负荷、其他大容量负载采用框架断路器；其他负载采用抽屉开关，配置塑壳断路器，分单相和三相两种。如图 6-1-3 所示。

框架断路器具有工作位、试验位、隔离位 3 个位置。框架式低压断路器的结构特点是所有的部件都装在框架内，导电部分加装绝缘。它能实现各种不正常运行（短路、过载、欠压等）时的保护。这类低压断路器采用弹簧储能，有多种操作方式，如手动、电动和远动操作等；有数量较多的辅助触点，以满足低压断路器本身、继电器及信号指示的需要。

图 6-1-3　框架开关和抽屉塑壳开关

抽屉塑壳开关具有工作位、试验位、隔离位、允许抽入抽出位。只有在工作位或试验位时，才可以对开关进行分合闸操作。断路器的触头、灭弧系统、脱扣器及操动机构都安装在一个封闭的塑料外壳内，只有引出的进、出线导板和操作手柄露在壳外。抽屉开关无须储能，只能手动分、合闸及复位，不能进行电气和遥控操作。

低压断路器是一种既可以接通、分断电路，又能对负荷电路进行自动保护的电器。它主要是靠空气灭弧，当负荷电路发生短路、过载、欠压等故障时，能自动切断电路，可以手动直接操作和电动操作，也可以远方遥控操作。其正面结构如图 6-1-4 所示。

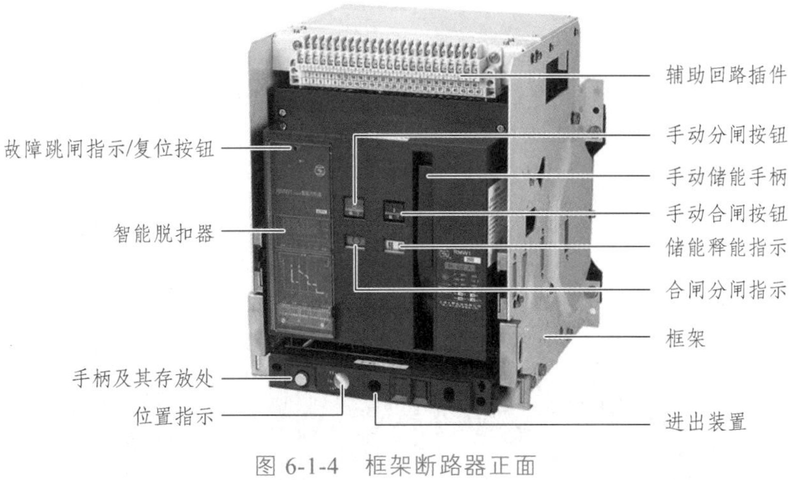

图 6-1-4　框架断路器正面

低压断路器的类型虽然很多，但基本结构和工作原理是相同的，主要由下述 4 部分组成。

（1）触点系统是低压断路器的执行元件。在接通或分断电路运行时，能安全可靠地接通或分断极限短路电流；按标称电寿命，在规定次数内接通和分断电路后，不致严重磨损；满足长期工作制的载流能力。

（2）灭弧系统的主要作用是熄灭触点在切断电流时产生的电弧。一般低压断路器的灭弧系统常采用铁板制成的栅片和窄片相结合的复式结构，增强了灭弧能力，有效限制了灭弧的距离，从而提高了灭弧系统的断流容量。

（3）脱扣器是断路器的感知元件。接收操作人员或继电保护装置发出的信号，通过传动机构使断路器跳闸而切断电路。断路器的保护装置由各种脱扣器来实现。断路器的脱扣器形式有过电流脱扣器、欠电压脱扣器、分励脱扣器、半导体电子型脱扣器等。过电流脱扣器还可以分为过载脱扣器和短路脱扣器。

（4）低压断路器的分、合指示电路。安装有低压断路器的低压配电柜，在配电柜的仪表板上都装有红、绿指示灯作为低压断路器的分、合指示电路。绿灯亮、红灯灭时，说明低压断路器处在分闸位置；绿灯灭、红灯亮时，说明低压断路器处在闭合位置，已投入运行。若绿灯、红灯均不亮，有可能是红绿灯控制回路有故障或指示灯损坏，也可能是低压断路器电源侧无电或没有控制电源。

任务二　交直流屏和蓄电池系统

一、交直流屏设备构成及工作原理

直流系统的交流侧由低压配电柜引入两路三相交流 AC 400 V 输入电源，两路进线电源互为备用，并设置进线双电源投切装置。正常供电时，充电单元对蓄电池组进行充电或浮充电，同时为系统的经常性直流负荷提供电源，由蓄电池组向冲击负荷供电。交流失电后，由蓄电池向全部负荷，包括经常性负荷、事故负荷、冲击负荷和事故照明负荷供电。

交直流屏系统开关柜通常由 1 面交流配电屏、1 面直流充电屏、1 面直流馈电屏和 1 面蓄电池屏组成，如图 6-2-1 所示。

图 6-2-1　直流电源屏系统

交直流屏系统的供电负荷主要有二次控制回路、保护装置、智能控制装置、CP 盘、电机储能回路等（加热、照明回路为交流电源）。直流系统的用电负荷极为重要，对供电的可靠性要求很高。直流系统的可靠性是保障变电站安全运行的决定性条件之一。

直流屏系统主要由交流配电单元、充电模块、直流馈电、集中监控单元、绝缘监测单元、降压单元和蓄电池组等部分组成。直流屏系统原理如图 6-2-2 所示。

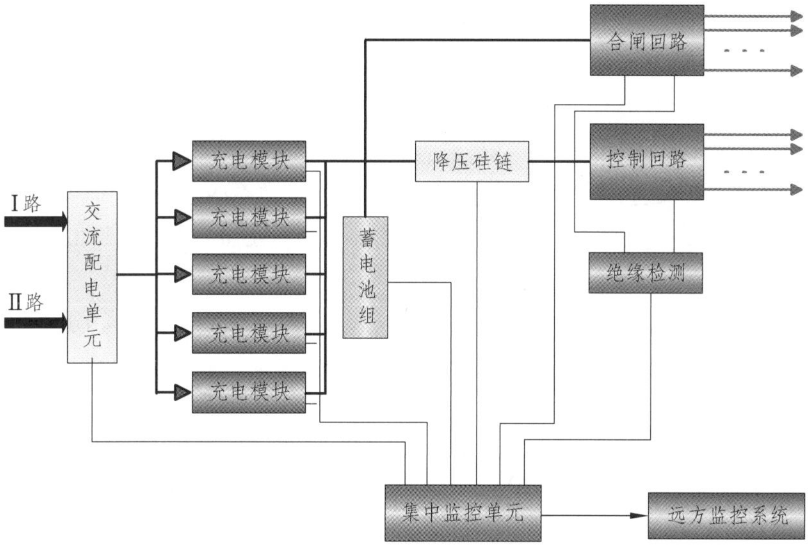

图 6-2-2　直流屏系统原理框图

两路交流输入经交流配电单元互投后选择其中一路交流输入提供给充电模块。充电模块输出稳定的直流电源，一方面对蓄电池组补充充电并提供合闸输出，另外通过降压单元提供控制输出，为负载提供正常的工作电源。绝缘监测单元可在线监测直流母线和各支路的对地绝缘状况。集中监控单元可实现对交流配电单元、充电模块、直流馈电、绝缘监测单元、直流母线和蓄电池组等运行参数的采集与各单元的控制和管理，并可通过远程接口接受后台操作员的监控。当交流输入电源故障停电时，充电模块停止工作，由蓄电池组不间断地给直流负载供电。

变电所直流电源系统

二、直流系统的基本概念

（1）直流母线：直流电源屏内的正、负极主母线。

（2）合闸母线：直流电源屏内供断路器电磁合闸机构等动力负荷的直流母线。

（3）直流馈线：直流馈线屏至直流小母线和直流分电屏的直流电源电缆。

（4）均衡充电：用于均衡单体电池容量的充电方式，一般充电电压较高，常用于快速恢复电池容量。

（5）浮充电：保持电池容量的一种充电方法，一般电压较低，常用来平衡电池自放电导致的容量损失，也可用来恢复电池容量。

（6）正常充电：蓄电池正常的充电过程，即由均充电转到浮充电的过程。

（7）定时均充：为了防止电池处于长期浮充电状态可能导致电池单体容量不平衡，而周期性地以较高的电压对电池进行均衡充电。

（8）限流均充：以不超过电池充电限流点的恒定电流对电池充电。

（9）恒压均充：以恒定的均充电压对电池充电。

三、直流充电、馈电屏

直流系统接线图如图 6-2-3 所示，AU1 ~ AU3 为高频开关充电模块，R1、R2 为分流器，CB 为蓄电池，QF3 为高频充电模块输出开关，QS 为蓄电池输出开关，AVR 为硅堆调压装置。

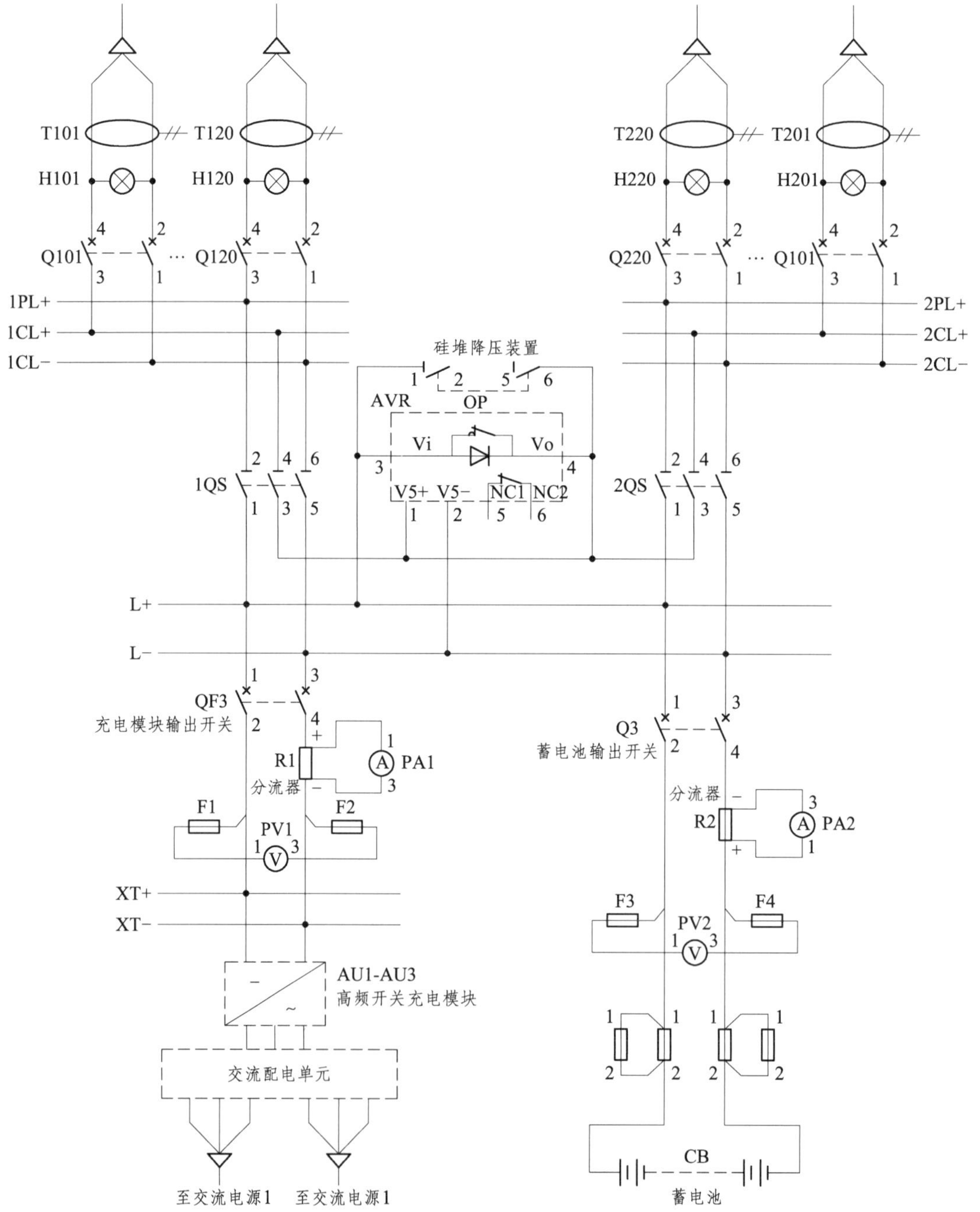

图 6-2-3　直流系统接线图

图 6-2-2 中直流充电屏配置 5 组充电模块，图 6-2-3 中直流充电屏内配置 3 组充电模块，充电模块具体数量和额定电流根据负载大小决定，各充电模块并联运行。从交流配电屏两段母线各馈出一路开关到直流充电屏，作为直流充电屏内充电模块的交流输入端。充电模块输出直流 240 V 电压，送到直流母线和蓄电池屏，再通过直流馈电屏硅链进行降压为直流 220 V，供给全所的直流用电负荷。正常供电时，充电单元对蓄电池组进行均充电或浮充电，同时为系统的经常性直流负荷提供电源，由蓄电池组向冲击负荷供电。交流失电后，由蓄电池向全部负荷，包括经常性负荷、事故负荷、冲击负荷和事故照明负荷供电。

（一）充电模块

直流电源充电模块多采用自冷和风冷相结合的散热方式，在轻载时自然冷却，符合电力系统的实际运行情况。目前采用的充电模块均采用高频开关电源技术，高频开关电源的基本电路如图 6-2-4 所示。

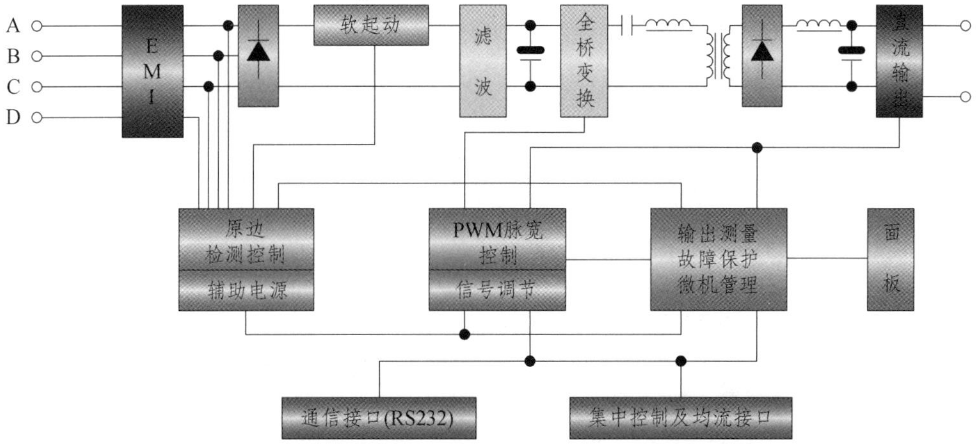

图 6-2-4　高频开关电源模块原理图

高频开关电源（充电模块）由以下几部分组成。

（1）主电路：从交流电网输入、直流输出的全过程，完成功率转换任务，包括原边检测控制电路，其用于监视交流输入电网的电压，实现输入过压、欠压、缺相保护功能及软启动的控制。

（2）EMI 输入滤波器：其作用是过滤电网存在的杂波，同时也阻止本机产生的杂波反馈到公共电网。

（3）软启动：消除开机浪涌电流。

（4）整流与滤波：将电网交流电源直接整流为较平滑的直流电，以供下一级变换。

（5）全桥变换：将整流后的直流电变为高频交流电，这是高频开关电源的核心部分，频率越高，体积、重量与输出功率之比越小。

（6）输出整流与滤波：根据负载需要，提供稳定可靠的直流电源。

（7）控制电路：一方面从输出端取样，经与设定标准进行比较，然后去控制逆变器，改变其频率或脉宽，达到输出稳定，另一方面，根据测试电路提供的数据，经保护电路鉴别，提供控制电路对整机进行各种保护措施。

（8）检测电路：除了提供保护电路中正在运行中各种参数外，还提供各种显示仪表数据。

（9）辅助电源：提供所有单一电路的不同要求电源。

充电装置采用 $N+1$ 个高频开关电源模块并联工作。模块数量可按如下公式选择：

$$N \times I_n \geqslant I_j + I_{C10}$$

式中 I_n——一台充电模块的额定电流；

I_j——直流系统经常性负荷；

I_{C10}——蓄电池组恒流充电电流，阀控式铅酸电池为 0.1C10。

例如，直流电源系统电压等级为 DC 220 V，蓄电池容量为 300 A · h，经常性负荷为 5 A（最大经常性负荷不超过 7 A）。充电电流（0.1C10 × 300 A · H）+ 最大经常性负荷（约 7 A）= 37 A。选用 20 A 电源模块 2 个即可满足负荷需求（$N=2$），再加一个备用模块，共配置 3 个电源模块并联即可构成所需系统。

单个充电模块的额定输出电流有 5 A、10 A、20 A、25 A、30 A、40 A、50 A 等 7 种，额定输出电压有 DC 220 V、DC 110 V、DC 48 V 等 3 种，常用的是 DC 220 V 和 DC 110 V 两种。

高频开关充电模块具有以下特点。

（1）模块化处理，故障模块可单独退出运行。

（2）自动均流技术。

（3）独立风道设计，散热效果好。

（4）效率高，可达 95%以上。

（5）稳压限流运行功能。

（6）输出电压、电流调节功能。

（7）LED 显示功能

（8）保护功能（输入过压保护、欠压保护、过流保护、短路保护、输出过压保护等）

图 6-2-5 展示了高频开关充电模块基本介绍，图 6-2-6 展示了高频开关充电模块面板功能。

图 6-2-5　高频开关充电模块

注：变电所直流系统充电模块（高频开关电源模块）具有稳压稳流、精度高、体积小、重量轻、效率高、谐波小、可靠性高等优点。一般按 $n+1$ 或 $n+2$ 配置，当单只出现故障或需要进行清灰检查时，可带电插拔，只需停用单只充电模块，不影响系统正常运行。

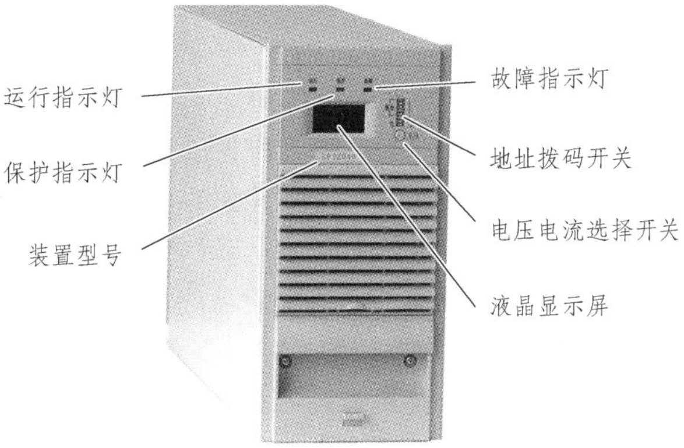

图 6-2-6　高频开关充电模块面板

直流系统
监控模块

（二）监控模块

监控模块在电源系统中，对充电模块、充电柜、馈电柜、微机电池监测仪、微机绝缘监测仪等下级智能设备实施数据采集并加以显示；亦可根据系统的各种设置数据进行报警处理、历史数据管理等动作；同时，能对这些处理的结果加以判断，根据不同的情况实行电池管理、输出控制和故障回叫等操作；监控模块还可以实现与后台机的通信。

监控模块通过 RS 485 通信口将各充电模块监控、充电柜监控、馈电柜监控、绝缘监测模块连接为一体，同时提供 RS 232 和 RS 485/RS 422 接口与后台计算机通信。通过对不同监控发出数据采集或各种控制命令，获得系统各种运行参数，实施各种控制操作，很好地实现电源系统的“四遥”功能。

监控模块系统如图 6-2-7 所示。

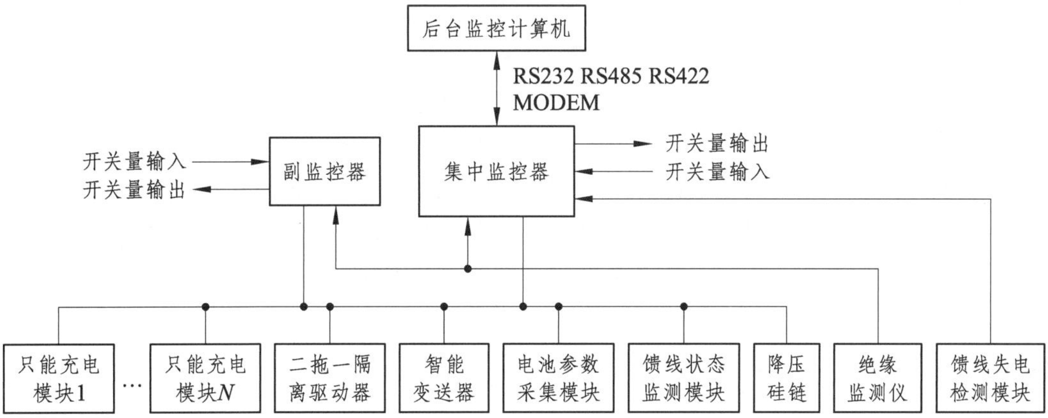

图 6-2-7　监控模块系统

监控系统可实现对直流系统的全方位监控，主要包括：绝缘及蓄电池检测，通过绝缘巡检单元及蓄电池巡检单元对相关量进行检测；模块监视，读取充电模块电压、电流数据、控制充电电压、电流；模拟量、开关量监视，合闸、控制母线电压、电流、熔断器熔断、开关跳闸、避雷器击穿等。

（三）绝缘监测模块

绝缘监测模块用于监测直流系统电压及其绝缘情况，在直流电压过、欠压或直流系统绝缘强度降低等异常情况下发出声光告警，并将对应告警信息发至集中监控器。该装置安装在馈线柜上，支路巡检的传感器，分别装在每回馈线开关的抽屉内，各馈线开关的引出线穿过传感器的中心孔。该装置监测正负直流母线的对地电压和绝缘电阻，当正、负直流母线的对地绝缘电阻低于设定的报警值时，自动启动支路巡检功能。支路巡检采用直流有源 CT，不需向母线注入信号。每个 CT 内含 CPU，被检信号直接在 CT 内部转换为数字信号，由 CPU 通过串行口上传至绝缘监测仪主机。支路检测精度高和抗干扰能力强。采用智能型 CT，所有支路的漏电流检测同时进行，支路巡检速度高。其工作原理如图 6-2-8 所示。

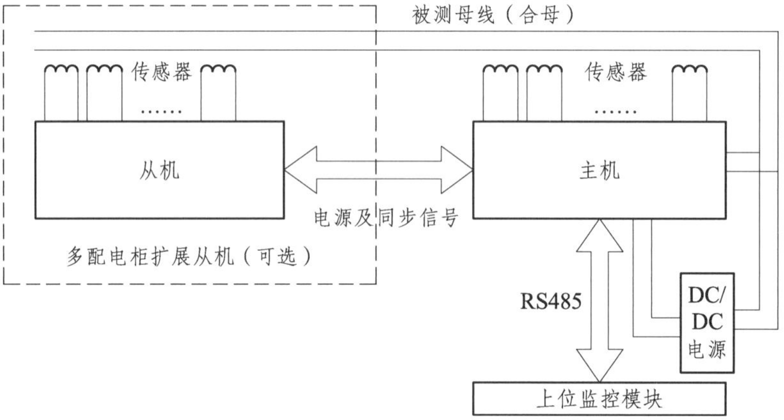

图 6-2-8　绝缘监测模块原理框图

（四）降压装置

对于阀控式铅酸蓄电池直流系统，充电装置对蓄电池组的充电电压会超过直流控制母线允许的变化范围（标称电压值的 87.5% ~ 110%），因此，在充电装置、蓄电池组与直流控制母线之间需要串联一个降压装置，把控制直流母线的电压稳定在规定的范围之内。

硅堆降压装置由降压硅堆（硅链）、执行继电器、控制单元和控制转换开关组成，如图 6-2-9 所示。降压硅链由多只大功率硅整流二极管串接而成，利用 PN 结基本恒定的正向压降，通过改变串入电路的 PN 结数量来获得适当的压降。正常运行时将转换开关置于“自动”挡位，装置处于自动调压状态，这时调压装置实时检测控制母线电压，并与设定值进行比较，根据比较结果，控制硅链的投入级数，从而保证控制母线电压波动范围。

（五）直流馈电回路

直流馈电单元一般指直流系统输出部分，包括合闸母线开关、控制母线开关、母线开关、联络开关、逆变输出开关等组成，根据不同要求安装在馈电柜内的下面，负荷种类一般包括经常性负荷，事故负荷和冲击负荷等。

由于直流灭弧比交流灭弧困难得多，在直流柜中必须采用直流专用断路器。使用时除要选择额定电压、额定电流外，还应注意开关的极性和上下进线方式不能接错。

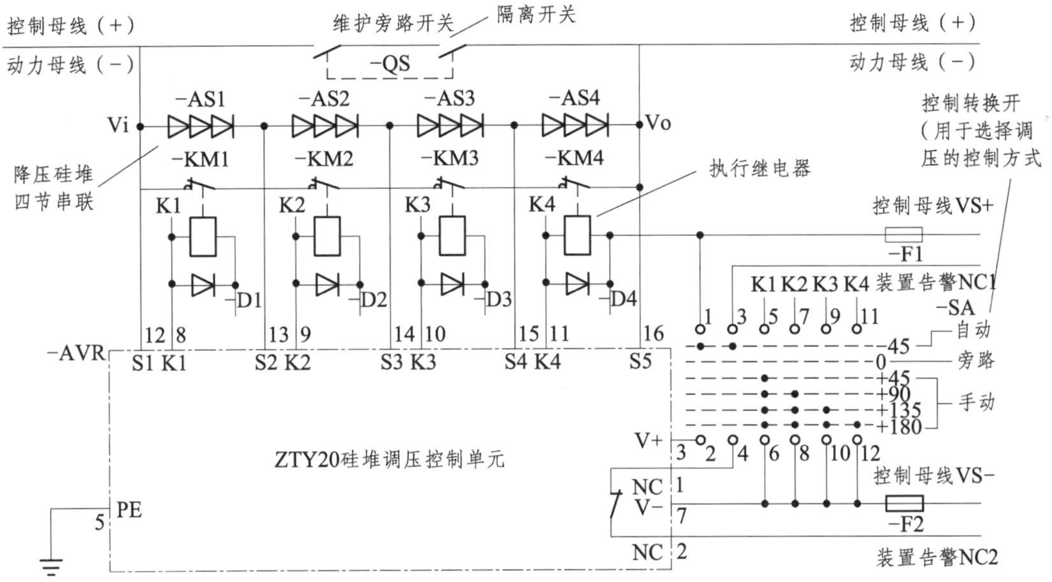

图 6-2-9　硅堆降压装置原理

（六）电池巡检单元

电池巡检单元多采用分布式结构，每台采集单元可检测多只电池端电压及 2 个特征点温度；同时测量蓄电池组总电压/电流，具有核对蓄电池组容量及容量安时计量功能；放电电流、电池组放电终止电压、单只蓄电池放电末期允许电压、放电时间等放电控制参数软件可设，终止条件达到时，自动控制放电停止，自动计算放电安时容量；采集单元可独立工作，与主机通信连接配合。

图 6-2-10 展示了蓄电池巡检仪装置和功能。

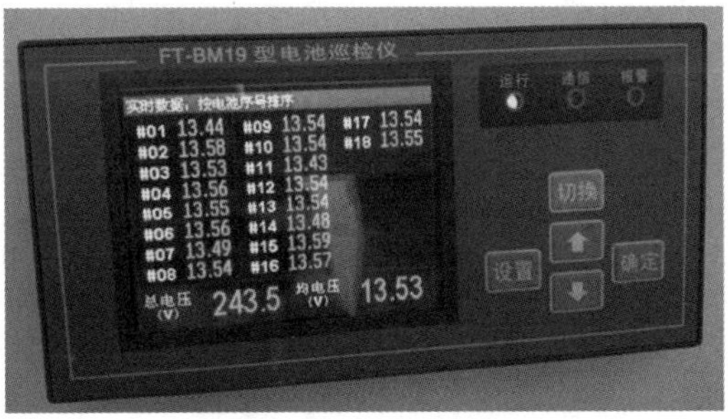

图 6-2-10　蓄电池巡检仪

注：蓄电池巡检仪实时监视每瓶蓄电池的电压值，可以方便查询历史数据，当有单个蓄电池电压异常升高或降低时，会及时报警，提醒专业技术人员及时进行处理。可通过网络实现远程集中监控。

四、蓄电池组

（一）蓄电池概述

变电站所用的有铅酸蓄电池和镉镍蓄电池两种。一般采用阀控密封式铅酸蓄电池。

由多个蓄电池串联起来形成规定电压的蓄电池组，作为变电站直流系统的后备电源。正常情况下，蓄电池组浮充电运行，当站用交流电源因故失压、整流装置故障等情况发生时，蓄电池组自动投入供站用直流母线运行。变电站蓄电池直流标称电压一般有 2 V、6 V、12 V，蓄电池组标称电压有 220 V、110 V、48 V。

阀控密封式铅酸蓄电池正常使用时保持气密和液密的状态。当内部气压超过预定值时，安全阀自动开启，释放气体。当内部气压降低后，安全阀自动闭合使其密封，防止外部空气进入蓄电池内部。因此，使用过程中不会有酸雾溢出，对环境、设备和工作人员不会造成危害，但在充电末期会有气体生成，主要成分是氢气，因此需要做好防火工作。

正常运行时，充电单元对蓄电池进行浮充电，并定期均充。当交流失电情况下，直流电源由蓄电池组提供。

铅酸电池的化学反应如下：

$$PbO_2 + 2H_2SO_4 + Pb \underset{充电}{\overset{放电}{\rightleftharpoons}} PbSO_4 + 2H_2O + PbSO_4$$

放电时正极板中的二氧化铅和负极板上的海绵状铅与电解液中的硫酸发生反应变成硫酸铅，所以电解液中的硫酸的浓度不断降低。

充电时变成硫酸铅的正负两极活性物质将反应，失去硫酸根，分别变成海绵状铅及二氧化铅，电解液中的硫酸浓度不断增大。

充电后期在正极板产生氧气，在负极产生氢气。

正极：$H_2O \rightarrow 1/2O_2 + 2H+ \ + 2e$

负极：$2H+ \ + 2e \rightarrow H_2$

正极的总反应：$2H_2O \rightarrow O_2 + 4H+ \ + 4e$

负极的总反应：$O_2 + 4H+ \ + 4e \rightarrow 2H_2O$

综上所述，从正极板产生的氧气在充电时很快与负极板的活性物质起反应并恢复成水，由于损失极少，由此使蓄电池成为密封式电池。

图 6-2-11 展示了蓄电池实物及构成。

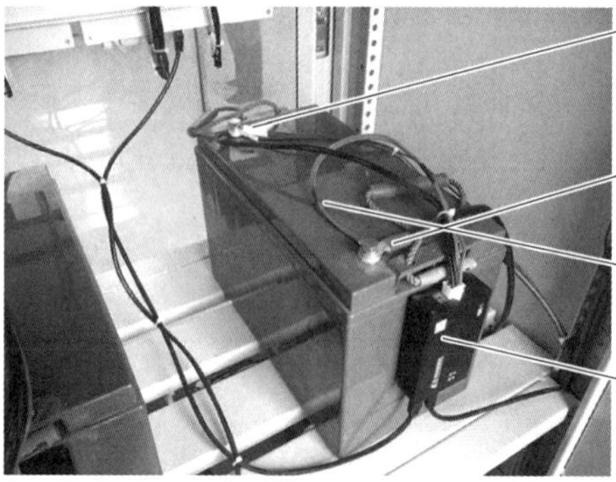

图 6-2-11　蓄电池

直流电源系统中的蓄电池

注：变电所用蓄电池有 2 V、6 V 和 12 V，此图为单瓶 12 V，容量 100 A · h 蓄电池。

（二）蓄电池工作状态

（1）初充电状态：此工作状态只是在使用传统铅酸蓄电池时，对蓄电池进行初充电的一种工作状态。初充电时，首先将微机监控单元均充电压设定值设置到所需初充电电压，手动启动均充电状态，对蓄电池进行初充电，充电完毕后，再将均充电压设定值设回所需均充电压值。

（2）浮充电状态：系统正常长期工作状态为浮充电状态。以 2 V 蓄电池为例，浮充电压一般取 2.23 ~ 2.27 V 乘以电池节数。

（3）均充电状态：均充是在系统交流输入失电、蓄电池较大容量放电后，进行快速补充充电而采用的一种运行方式，同时也作为消除长期浮充电状态运行的蓄电池差异而采用的一种运行方式。以 2 V 蓄电池为例，均充电压一般取 2.35 ~ 2.40 V 乘以电池节数。

（4）核对性放电：蓄电池在长期运行一定时间后，按相关运行维护规程，应对其进行核对容量充放电试验。

浮充电状态、均充电状态是系统经常工作状态，此时蓄电池接于系统直流母线运行。通过微机监控单元自动按运行曲线控制或人为操作微机监控单元前面板，可以实现两种工作状态的转换。

（三）蓄电池的管理

（1）充电柜中电池参数设置：电池组的标称容量指电源系统所挂的电池组的标称容量，设置标称容量时，应根据电池的实际情况加以修正，当电池使用时间过长时，可相应减小电池的标称容量值，此值的设置可使在循环使用电池时容量的计算更加准确。

（2）电池管理参数设置：均充、浮充电压要根据电池厂家的要求设置。设置的均充、浮充电压值是根据所用电池组节数以及电池厂家推荐的单体电池均充电压值、单体电池浮充电压值计算得来的。

（3）智能电池管理：以电池组剩余容量、电池充电电流为依据，控制电池由浮充转入均充；以充电电流，充电时间为依据，控制电池由均充转入浮充。如果系统配有温度传感器，其均/浮充电压可根据温度作适当补偿。保证负载电流基本不变，以电池电流和总负载电流作为主要参考依据（主要输入基准），通过调节模块输出电压及限流点，稳定负载电流，控制电池电流及电压，防止电池充电过流，从而延长电池使用寿命。蓄电池外观如图 6-2-12 所示。

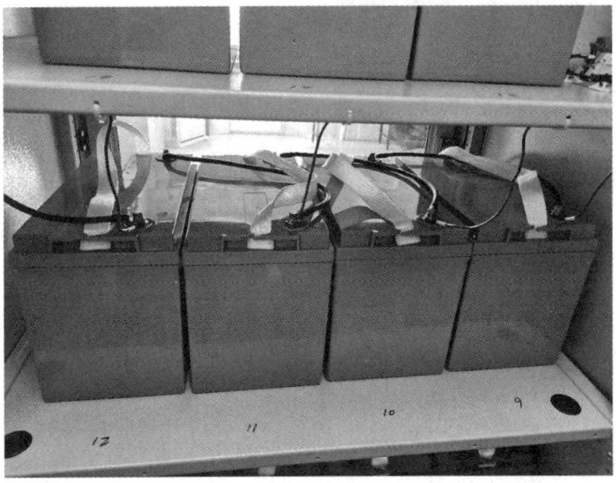

图 6-2-12　蓄电池外观

蓄电池的运行及维护

（四）蓄电池充放电试验

长期浮充电方式下运行的蓄电池，极板表面将逐渐产生硫酸铅晶体（硫化），堵塞极板的微孔，阻碍电解液的渗透，从而增大了蓄电池的内阻，降低了极板活性物质的作用，蓄电池容量大为降低。通过对蓄电池组核对性充放电试验，可以检查蓄电池组容量，发现电池劣化情况，活化落后电池，恢复容量，提高蓄电池使用寿命。

通过蓄电池充、放电试验，测定蓄电池组的单体及整体电压、容量等参数。在充、放电期间按规定时间记录每个蓄电池的电压及表面温度，以监视蓄电池的性能；测量整组蓄电池的电压及电流，依据这些数据整理绘制蓄电池充、放电特性曲线，供以后维护时参考。

在正常情况下，充电机对电池进行浮充充电。在下述情况下，充电机将自动进入均充状态：电池连续浮充 720 h（时间可设）以上；交流电源中断时间超过 10 min，交流恢复供电时。除上述两种情况外，如需要对电池进行工人均充时，只需在数据显示屏按确认键，充电机就会进入均充状态。

在均充状态下，若交流中断，交流恢复时，充电机将继续工作在均充状态。

正常运行时，微机的投入或退出不影响系统运行，因此微机单元若出现故障，可将微机关掉，此时，充电机将工作在浮充状态。

通常每年对蓄电池进行一次核对性充放电试验，一般放出蓄电池额定容量的 30%；每三年进行一次全充放电试验，放电至蓄电池终止电压，验证蓄电池容量情况。

如图 6-2-13 所示，以某品牌蓄电池为例，解读了蓄电池铭牌。

图 6-2-13　蓄电池铭牌解读

蓄电池充放电作业

五、交直流屏及蓄电池维护保养

（一）交流屏维护保养

交流屏维护及标准见表 6-2-1 所示。

表 6-2-1　交流屏维护项目及维护标准

序号	维护项目	维护标准
1	一次设备维护保养	检查、清扫柜体及柜内一次设备。设备安装牢固，无倾斜，外壳接地良好，基础无锈蚀、外壳无积尘。元器件无过热发黑、烧焦、变色现象
2	二次设备维护保养	检查、清扫柜内二次设备。电气连接部分牢固无松动，元器件无过热发黑、无异味、无烧焦现象。用螺丝刀将端子排上的端子进行紧固
3	监控装置、仪表及馈线检查	检查微机无报警，两路交流进线电压、电流，无交流接地、电压过低、过高、缺相；检查仪表显示正常；检查各交流馈线开关，在正常工作位置，指示灯显示正常
4	进线电源装置备自投功能测试	分别断开交流屏两路交流进线开关进行测试，双电源开关自动切换功能正常
5	进线电源手动切换回路测试	转动交流屏进线手动测试旋钮，手动切换功能正常，带动机械主轴切换无卡滞
6	信号回路测试	在进行功能性测试时，信号上传本体及后台正常

（二）直流屏维护保养

直流屏维护及标准见表 6-2-2 所示。

表 6-2-2　直流屏维护项目及维护标准

序号	维护项目	维护标准
1	一次设备维护保养	检查、清扫柜体及柜内一次设备。设备安装牢固，无倾斜，外壳接地良好，基础无锈蚀、外壳无积尘。元器件无过热发黑、烧焦、变色现象
2	二次设备维护保养	检查、清扫柜内二次设备。电气连接部分牢固无松动，元器件无过热发黑、无异味、无烧焦现象。用螺丝刀将端子排上的端子进行紧固
3	充电模块、监控装置、仪表、馈线及定值检查	检查充电模块输出电压正常，通信正常，整体运行良好；检查微机无报警，动母、控母、正负对地电压、电池电压、电流显示正常，三相无交流接地、电压过低、过高、缺相；检查仪表显示正常；各馈线开关绝缘正常，在正常工作位置，指示灯显示正常；微机关键定值设置正确
4	降压、调压元件手动功能测试	操作手、自动调压开关，开关操作正常，手动调压功能正常
5	浮充转放电、均浮充切换测试	断开充电模块输出开关，对应蓄电池组能正常放电。在主监控单元更改均浮充状态，装置功能切换正常
6	信号回路测试	在进行功能性测试时，信号上传本体和后台正常
7	交流进线联锁功能测试	分别断开直流充电屏Ⅰ、Ⅱ路交流进线开关，两路接触器能实现机械和电气互锁功能，监控单元显示正常
8	检查直流充电模块	充电模块工作灯常亮，通信灯闪烁，无报警
9	检查指示仪表及各种保护整定值	各仪表显示正常，无数码管断码或黑屏等现象，核对交直流屏定值表，核对交直流屏集中监控器和绝缘检测仪的参数设置

（三）蓄电池屏维护保养

蓄电池屏维护及标准见表 6-2-3 所示。

表 6-2-3　蓄电池屏维护项目及维护标准

序号	维护项目	维护标准
1	蓄电池屏一、二次设备维护保养	检查、清扫蓄电池支架，元器件及二次线，无积尘，无过热发黑现象
2	蓄电池屏电池外壳、极柱清洁	清洁电池外壳、极柱。检查电池外壳无变形、无破损，干净、无渗漏；安全阀无堵死
3	蓄电池巡检模块	蓄电池巡检仪绿色运行灯常亮，红色通信灯闪烁；集中监控模块上显示的单节电池电压正常

直流系统巡视　　直流系统接地故障分析

任务练习

1. 交直流屏系统的直流供电负荷主要有哪些？

____

____

____

2. 用下面给出的词语选择填空。

监控系统	$N+1$	核对性充放电	2 V
自冷	阀控密封铅酸	充电模块	12 V
6 V	110 V	220 V	风冷
全充放电	终止电压	380 V	直流控制母线

（1）直流电源充电模块多采用________________和________________相结合的散热方式。

（2）变电所的直流系统充电模块通常按______________原则配置，当出现充电模块故障时，故障模块可单独退出运行。

（3）______________可实现对直流系统的全方位监控，主要包括绝缘及蓄电池检测、充电模块监视、合闸母线控制母线电压等监视。

（4）在充电装置、蓄电池组与直流控制母线之间串联降压装置的目的是把____________的电压稳定在规定的范围之内。

（5）城轨牵引变电所直流系统多采用________________蓄电池，单瓶蓄电池标称电压有____________和____________。蓄电池组的标称电压多采用___________或___________。

（6）通常每年对蓄电池进行一次_________________试验，一般放出蓄电池额定容量的30%；每三年进行一次____________试验，放电至蓄电池终止电压，验证蓄电池容量情况。

3. 蓄电池的工作状态有哪几种？

____

____

____

4. 将下表中的内容，对应填入图 6-2-14 中①、②、③、④。

蓄电池电压信号采集线	单体电池监控模块
蓄电池正极	蓄电池负极

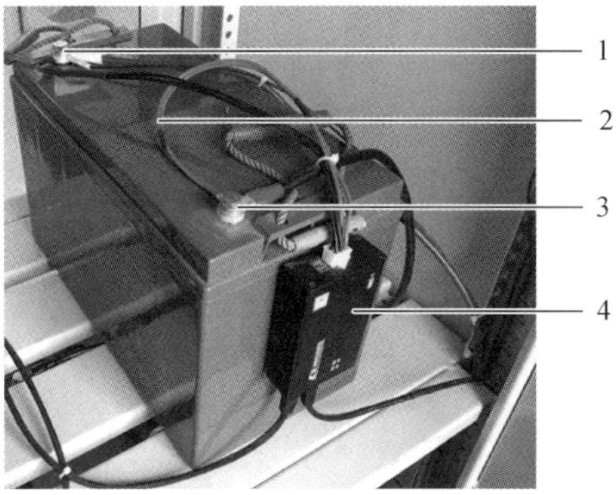

图 6-2-14　蓄电池外观示意图

①____

②____

③____

④____

参考文献

[1] 中国城市轨道交通协会. 城市轨道交通变电检修工[M]. 成都：西南交通大学出版社，2018.

[2] 王吉峰. 城市轨道交通供电综合自动化技术[M]. 2版. 成都：西南交通大学出版社，2022.

[3] 刘让雄. 城市轨道交通供电系统运行与管理[M]. 成都：西南交通大学出版社，2015.

[4] 李学武. 城市轨道交通供变电技术[M]. 北京：中国铁道出版社，2016.

[5] 刘宏泰. 城市轨道交通变电检修工[M]. 北京：人民交通出版社，2017.

[6] 陶艳，朱闻名. 城市轨道交通供电技术[M]. 北京：人民交通出版社，2022.

[7] 邓春兰. 轨道交通牵引供变电技术[M]. 合肥：中国科学技术大学出版社，2021.

[8] 何江海，何霖. 城市轨道交通供电系统运行与维修[M]. 北京：中国建筑工业出版社，2020.

[9] 邓建峰，于小四. 电气化铁道暨轨道交通供电系统安装工艺技术（中）[M]. 北京：中国铁道出版社，2016.